Sarah Kofman

女の謎

L'énigme de la femme

La Femme dans les textes de Freud

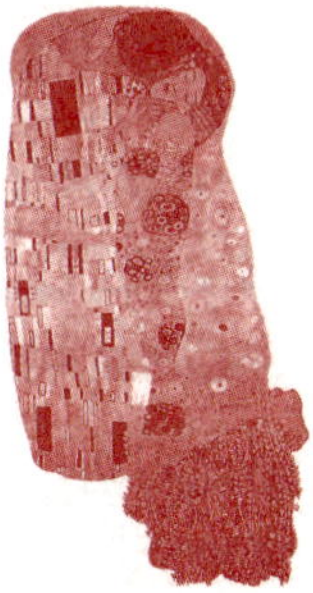

フロイトの女性論

サラ・コフマン

鈴木晶訳

せりか書房

女の謎——フロイトの女性論／目次

第一部　謎とヴェール

第二部　フロイトは探求する

女の謎——フロイトの女性論

G. R. E. PH（哲学教育研究集団）と、
ソルボンヌ、ジュネーヴ、バークレーの学生たちに

パリ、ジュネーヴ、バークレーにて
1977–1979

ここで次のようなことを強調しておくのもおそらく無駄ではなかろう。すなわち、女性の愛情生活をこのように述べたからといって、これはけっして私が女性を**見下そうとする偏見**（**Tendenz zur Herabsetzung**）に囚われているせいではない。そもそも私は偏見などというものとは無縁であるが、それを別としても私は〔……〕男性的な類型に従って恋愛の特徴である性的過大評価をも示すような女性が現実に大勢いることを認めるのにやぶさかではない。

——ジクムント・フロイト「ナルシシズム入門」
（一九一四、強調引用者）

ほとんどの男は、自分の性行為は女性に対する尊敬の念に邪魔されていると感じており、自分が**見下している**（**erniedrigtes**）性的対象を相手にしたときにしか性的能力を十分に発揮することができない。これは彼の性目標に倒錯的な要素が混入しているためでもある。自分が尊敬する女性が相手だと、その倒錯的な要素を満足させることができないのだ。〔……〕本当に自由で幸福な愛情生活を送りたい人は、女性に対する尊敬の念を捨て去り、母や姉妹との近親相姦という観念になじんでいなければならない。

——ジクムント・フロイト
「愛情生活に見られる蔑視という普遍的傾向について」
（一九一二、強調引用者）

＊フロイトの著作からの引用に際して末尾のカッコ内にしるした数字は『フロイト著作集』（人文書院）の巻数およびページ数である。ただし、人文書院版を大いに参考にさせてはいただいたけれども、訳文はかならずしも一致しない。

第一部　謎とヴェール

人間に対するこの上なく鋭い識別眼をもった人の共感的な好奇心をもってしても、ある特定の女性がこの謎の解決あるいはこの解決の謎にどうやって対処しうるのかを言い当てることはできない。

――フリードリッヒ・ニーチェ『悦ばしき知識』第二書、七一

謎とは、対立し合う物の間に垂れ下がっているヴェールの構造である。

――ジャック・デリダ『弔鐘』

1　男と女の闘い

フロイト本人が予言していたのではなかったか――フェミニストたちは私の著作を槍玉にあげ、こと女に関するかぎり私の著作は男性的偏見に満ち満ちていると弾劾するであろう、と。実際、女をめぐる問題は、精神分析の外部からだけでなくその中核を担っている人たちからも反感を買い、深刻な内部闘争を引き起こしてきた。女の精神分析家たちは精神分析を逆手にとってその創始者に反抗し、こう批難する――フロイトは公平ではなく、男に生まれたがゆえに男の肩をもっている、と。早い話が、彼女たちにいわせれば、こと女に関するかぎり、およそ男には（たとえフロイトであろうと）客観的・中立的・科学的な論を打ち立てることはできない。男にできることはせいぜい**思弁すること**、哲学すること、すなわち**固定観念**という、観察ではなく自己認識に基づいた偏見を正当化することを目的とした、一つの体系を作り上げることだけであり、だから結局は狂気、パラノイアに陥るのが関の山なのだ、と。

「女というもの（**Die Weiblichkeit**）」（一九三二）と題するフロイトの講演（正確には講演ス

タイルの論文）がある。これは最近、ある女性精神分析家によって[1]――控えめにいっても――侮辱されたものだが、その中でフロイトは、男女双方に向かって（講演の形式で書かれたこの論文の冒頭で、彼はごく平凡な言い方を用いて「紳士淑女のみなさん」と呼びかけているが、じつはそれによって、後に語られる謎の奇怪さを際立たせようとしている）、アイロニーをこめて、こう力説している――女にとって不利なことが述べられるたびに、女の精神分析家たちは男に疑惑の眼を向け、男は男ゆえの偏見に根っから染まっているので公平無私にはなれないのではないかと疑う、と。

フロイトはさまざまな議論を援用してその疑惑を振り払おうとする。フロイトにいわせれば、精神分析を論争の武器として用いるだけでは、この議論に決着をつけ、フロイトと女性分析家たちのどちらが正しいかを決定することはできない。精神分析は**両刃の剣**[2]であり、女の主張に反論するためにも使えるからだ。なぜなら女は、自分の最も強い欲望に反するもの、たとえば男女平等のような、たいていの女が熱烈に求める概念に反するものは、何一つ受け入れることができないか、受け入れることを望まない。このことは精神分析を使えば理解できる。したがって、「フェミニスト」がフロイトのいう女性的超自我という概念をどうしても認めようとしない理由も、精神分析を用いれば一目瞭然である。フェミニストたちにいわせれば、この概念は男の「男性コンプレックス」から生まれたものに他ならず、女を見下して抑圧しようとする男性の生来の傾向を理論的に正当化しようとするものである。実際、論争の種となるのはほとんど決まって、**女性的超自我**という概念とその理論的帰結、つまり女は知的にも文化的にも男より劣っているという点である。したがってフロイトにしてみれば、次のような爆弾的結論を公言するには相当の勇気を必要とする。

公言するのは憚られるのだが、次のように考えないわけにはいかない。すなわち、何が道徳的に正常かという水準は、女と男では異なる。女性の超自我は、男性の場合に要求されるほどには冷酷でも非個性的でもなく、その情動の起源から独立していない。昔から批評家たちが指摘してきた女の性格特徴は〔……〕〔すべて〕彼女たちの超自我形成が男の場合とは違うということから十分に説明がつくだろう。〔……〕男女は立場も価値も完全に等しいという見方を必死にわれわれに押しつけようとしているフェミニストたちがいかに反対しようとも、このような結論を曲げてはならない。(「解剖学的性差がもたらすいくつかの心理的帰結」〔以下「解剖学的性差」と略記。5-169–70〕)

オイディプス・コンプレックスがもたらす結果は女の子と男の子では異なり、それが男女それぞれの超自我の差異をもたらすのであり、「男女は同等の権利をもつというフェミニストの主張は、ここではあまり役に立たない」(「オイディプス・コンプレックスの解消」6-314)。

私、フロイトは「真理」である。私が語れば、やがて「真理」はあらゆる圧迫、多かれ少なかれヒステリックな「フェミニスト」の要求を撥ね返すであろう。汝、女よ、汝らが私に対して精神分析を使おうというなら、私としてはそのほうがずっと好都合だ、精神分析を汝らに使うのがずっと容易になる。うわべだけは多少とも譲歩してみせよう。仲間うちの男女間の紛争を収め、男性分析家と女性分析家との間に「礼儀正しい合意」を取り戻すために、いくつかの妥協もしてみせよう。私は君主の余裕をもって喜んで認めよう――「純粋な女性性」とか「純粋な男性性」などというものは純粋な理論的装置にすぎず、そのような思弁的構成物の内容はあくまでも不確かである、と。さらに、ほとんどの男は男性としての理想からは遠く隔たっていることも認めようではないか。なぜなら「すべての人間は、その両性的素質や交叉的遺伝の結果として、男性的性格と女性的性格をともにそなえているのである」(「解剖学的性差」5-170)。

この内部抗争において、両性性というテーゼは、女性精神分析家からの批難に終止符を打つための武器である。女をめぐるフロイトの中傷的な論述はもはや女性の分析家に係わるものではない。なぜなら彼女たちは法則の例外であり、女性的よりむしろ男性的だからである。

〔女性性をめぐる〕議論は、性差によって特別の魅力（Reiz）が加わった。彼女たちは、ある比較が彼女らにとって不利になるように思われるたびに、次のような疑惑を表明することができた。すなわち、われわれ男性分析家は女性とは何かについての根深い偏見を克服していないため、男性の研究はどうしても偏ったものになる、と。それに対してわれわれ男性は、両性性という立場に立脚して、無礼なことを容易に回避することができた。こう言いさえすればよかったのだ。「これはあなたがたには当てはまりません。あなたがたは例外であり、この点に関しては女性的ではなくむしろ男性的なのです[3]」。（「女というもの」1-481）

女性分析家は、同性愛的とまでは言わずとも、女性的ではなくむしろ男性的なのである。「ある女性同性愛の事例の心因」（以下「ある女性同性愛」一九二〇）は次のように強調する――この患者は「じつはフェミニストであった。彼女は、少女が少年と同じ自由を享受しないのは不公平だと感じ、女性一般の運命に異議を唱えたのだった」（11-50）。

両性性というテーゼはたんにフロイトが擁護する理論というだけでなく、フロイト理論は反フェミニズムだという批難に対する防壁でもある。そしてこれもまた両刃の剣である。これのおかげでフロイトは最も頑強で、最も因襲的で、最も形而上学的な男性優越主義の言説を繰り返すことができた——もしおまえたち女が男と同じくらい知的だとしたら、それはおまえたちがじつは女性的ではなく男性的だからだ、と。こうしてフロイトは女たちを黙らせ、女たちの要求と批難に終止符を打つことができた。だが同時にこのテーゼは、それが問題視している形而上学的カテゴリーを揺るがすことを可能にする。なぜならこのテーゼは、男性的／女性的という対立は純粋に思弁的なものだと主張しているのだ。かくして両性性のテーゼは次のような含みをもつ——ジクムント・フロイト自身もまた**純粋に**単純に一人の男性（vir）であったはずはなく、**純粋に**男性的な偏見をもてるはずもなかった、と。男は偏見に満ちていると主張することは、そう主張する人間の形而上学的偏見を暴露するだけのことである。

しかし、フロイト自身は自己を弁護するにあたってけっしてその議論を持ち出すことはなく、女性分析家たちの男性性を強調しながら、自分の女性性についてはいっさい触れない。原則としてすべての人間にあてはまると宣言されたこの両性性のテーゼは、結局のところ、女性に関する戦略的武器としてしか用いられない。その点についてはのちに詳しく論じる。まるで、自分自身の女性性、自分のパラノイアを密かに否認していることを隠蔽するために、両性性の普遍性を声高に強調していたかのようである。

2　思弁、観察

実際、フロイトは、典型的実証主義者として、（哲学的）思弁と（科学的）観察を区別するたびに、あるいは自分には哲学の才能がないと言い張るたびに、妄想的だと批判されるのではないかと予想して、必死に自己弁明につとめる。彼からみれば、思弁的なのはつねに敵──たとえばユング──のほうである。「ナルシシズム入門」において最も重要なことは、ナルシシズムが、とくにパラノイアに関して、不毛で狂気じみた思弁に溺れるという点を証明することである。フロイトはこの論文でユングの哲学的一元論[4]を論駁しようとする。ユングの考えでは、リビドーはかならずしも性的ではなく、自我欲動エネルギーと自我リビドー、自我リビドーと対象リビドー、性的リビドーと非性的エネルギーとを区別する必要もない。フロイトにいわせれば、そのような思弁的節約は、「非生産的な理論上の論争」（「ナルシシズム入門」5-112）のために観察を犠牲にしてはじめて可能になるものである。それとは対照的に、彼が打ち立てるさまざまな区別、彼の執拗な二元論[5]は、神経症や精神病の緻密な観察にもとづいて研究をすすめ、ある仮説を立てて「その仮説が放棄されるか確証されるかが判明するまで徹底的に」（5-112）吟味することから生まれたものである。非生産的な思弁に対して、フロイトは物理学の生産的なモデルを対置する――

これこそまさに思弁的理論と、経験的解釈の上に築かれた学問との違いである。思弁のほうが論理的に非の打ちどころのないすっきりとした基盤をもっているが、学問はそうしたことで思弁を羨んだりはせず、むしろ漠然とした、ほとんどイメージの浮かばないような基本概念で満足するだろう。学問はその発展の過程で、その基本概念をいっそう明確に把握しようと望んでいるが、他の概念と置き換えることにもやぶさかではない。というのもそれらの概念は、その上にすべてがのっているような学問の基盤ではない。基盤をなすのは観察のみである。それらの概念は構造全体の基底ではなくむしろ最上部であり、構造に打撃をあたえることなく置き換えたり取り去ったりできる。今日、物理学においても同じことが起きているのであり、物質、力の中心、引力などに関する物理学の基本概念が、精神分析においてそれらに相当する概念よりも疑問の余地が少ないということはけっしてないのである。（「ナルシシズム入門」5-112–3）

「私はユングとは違う。私はパラノイアではない」と、フロイトは執拗に繰り返す。「女というもの」という講演においてフロイトがどうしても証明しなければならないと考えたことは、彼、フロイトは、ペニスの欠如が女性性の形成において果たす重要な役割を繰り返し強調しているとはいえ、けっして固定観念《イデー・フィクス》[6]に囚われているわけではない、ということのようだ。彼は講演の最後のところでそのように主張している（古典的な否認！）。この論文もまた観察と思弁の対立から始まっているが、それは偶然ではない——何人も私の議論の性的な立場について評価を下すことはできない、なぜなら論じたり思弁したりしているのはジクムント・フロイトという病理学的主体ではなく、学問という超越的な主体なのであり、学問が主張することは観察された事実のみに基づいているのである。「本日の講演で〔……〕語られることはすべて観察された事実であり、思弁はほとんどいっさい付け加わっていない」（「女というもの」1-478）。それらの事実に関して、「私」はなんの役割も演じていないし、どちらの側の味方もしていない、というのである。

しかし、フロイトは『快感原則の彼岸』では、死の願望という仮説を、ひょっとしたら神話にルーツ[7]をもってはいるかもしれないが、あくまで純粋に思弁的なものとして、躊躇することなく提唱している。それを考えると、ここで彼が露《あらわ》にしている思弁に対する執拗な憎悪はなんだか怪しい。思弁的なものに対する彼の攻撃全体は、ある意味では彼の役に立っている。なんの役割も演じていないとか、どの立場の味方もしていない、と主張することは、おそらく自分をより大きく見せることになるのであろう。いずれにせよ、観察の重要性を強調することには、**女性分析家たちを自分の共犯者**とすることによって自分から偏見という汚点を拭い去るという焦眉の目標があった。フロイトはこのことを何度も執拗に繰り返す――自分にとって最も重要な材料を提供してくれたのも、女性の性に対して眼を見開かせてくれたのも、これら「卓抜した女性の仲間たち」であり、自分は彼女たちがすでに述べていることを少し明快にわかりやすくしただけだ。自分の仕事はたくさんの人の貢献の一つにすぎず、自分は賛成か反対かという最も重要な点をいくつか指摘しただけだ、と[8]。彼は別の場所では、自分の発見は、しばしば過去の優れた詩人たち[9]によって予告されてはいたが、新たな発見であることには違いない、と強調している。ところがここでは、戦略的な理由から自分の思想が独創的であることを否定して、女性分析家たちに多くを負っていることを公に示さなければならないのだ。

主題が女性なので、この場を借りて、この研究に貴重な貢献をした女性の名を二、三挙げたいと思う。前オイディプス期における固着に退行してオイディプス的状況にまったく到達しなかった神経症の例を最初に記述したのは、ルース・マック・ブルンシュヴィック博士である。〔……〕ジャンヌ・ランプル＝デ・グロート博士は母親に対する女児の信じられないほどの男根的能動性を**確実な観察**によって突き止め、ヘレーネ・ドイッチュ博士は、同性愛女性の性愛行動が母子関係の再現であることを明らかにした。（「女というもの」1-492）〔強調引用者〕

観察の重要性を訴えることは、ここでは基本的な戦略的価値がある。だが彼は考えてもみなかったのだろうか、これは彼が他のところで暴露している軽率さとは相容れないということを。すなわち彼は、完全に確証されてはいないと彼自身が認めているような結果を、あらゆる学問的警告に逆らって、性急に公表している。彼の言い訳は、自分にはわずかな時間しか残されていないというものだ。以前は、純粋な学問的義務感から患者の**秘密**を暴露するまでに、ドーラの事例を四、五年控えていたくせに。彼のもう一つの言い訳は、いずれ女性分析家たちが自分の仕事を利用して完成させてくれるだろう、というものだ。彼は論文「解剖学的性差がもたらすいくつかの心理的帰結」の冒頭にこう書いている。「価値があるかないかを決定するためには緊急に追試する必要があるような事柄をここで発表することは、けっして誤りではないと思う」（「あるヒステリー患者の分析の断片」〈いわゆる事例ドーラ〉5-162）。

3　フロイトの遅延

女をふたたび遠ざけるためにあわてて女について書く、死によって自分がこの世から遠ざけられるのではないかという恐怖からあわてて書く――まるでフロイトは最後の最後まで、女について書くというこの不可能な仕事から尻込みしていたかのようだ。彼は女についての論文の中で、娘と母親との前オイディプス的関係というまったく新たな重要性を強調し、神経症の核としてのオイディプスの優位を疑問視するようになるが、そうした論文はすべて最晩年に書かれたものであり、「ここほんの数年に得られた成果」(「女というもの」1-492) なのである。この課題からの尻込み、それはおそらく女の性そのものからの尻込みだ。なぜなら女は恐怖/快感を掻き立てるからであり、また女は自身のうちに死の脅威を秘めているらしいからだ。というのも、女の死をも性をも直視することはできない。女の性について書くこと、それは危険な秘密を暴露することであり、なんらかのかたちで、女の恐ろしい性を明るみに引きずり出し、その覆いを剥ぐ(de-couvrir)ことだ。男にとって女が恐ろしく脅威的に見えるのは、男に罪悪感（この語のあらゆる意味において）があるからだ。[10]

ここでスピノザを思い出さずにはいられない。その『国家論』は死によって未完に終わったが、中断した場所は、ちょうどスピノザが政治における女性の地位の問題に取りかかり、従僕と同じく女にはたとえ自由で民主的な政体であろうともいっさいの政治的権利を与えるべきではないと断言したところだった。

女について結論を下そうとすれば、結論につきものの危険をおかすことになろう。謎に対して決定的な答えを出すことは、先がないという危険に陥ることではなかろうか。それゆえにフロイトは長いこと女の問題に対しては極度に慎重で、たとえば最初は女の子のオイディプス・コンプレックスと男の子のそれとの単純な類似・併行関係を打ち出したが、しかるのちに前オイディプス期の発見とともに、**まったく異なる存在**としての女を発見し、死の恐怖を前にして急いでそれを発表したのだ。

死の恐怖のせいで、フロイトは長いこと（五年間）しまっておいた論文を発表しようと決断したのだった。じつはそうしたことはこれが初めてではなく、『夢判断』のある夢の場合もそうだった。当時はまだ死の恐怖などという言い訳のできる年齢ではなかったのだが。

それは有名な、ブリュッケの指示でフロイトが自分自身の骨盤を解剖するという夢だ（『夢判断』2-370–3, 392–3）。これはその顕在内容とは裏腹に欲望実現の夢だが、この夢の最大の特徴は、夢をみている者が、自分自身の解剖という「この奇妙な仕事」（2-392）に当然ともなうはずの**恐怖感**（Grauen）をまったくおぼえていないことである。フロイトは次のように解釈する。

この夢の本を出版することによって、ある意味で私は自己分析を遂行しなければならない。解剖はこの自己分析を象徴している。自己分析はひじょうに辛く、私はそのために完成稿の印刷を一年以上も延ばしたのだった。そして私の中に、そうした感情を克服したいという願望が生まれた。だから私は夢の中でいっさい恐怖（Grauen）を感じないのだ。同時に私は別の意味のGrauenも克服できればと願った。すでに私はかなり白髪がある。この灰色（grau）の頭もまた私に、出版をこれ以上延ばしてはいけないと警告している。（2-392–3）

Grauenをめぐって重要な言葉遊びをしているこの解釈の断片は、この夢の中心的な解釈の一部をなしているのではなく、観念連想によって、有名な詩人になった旅回りの仕立て見習い職人の夢（2-388–90）と繋がっている。その夢は、欲望充足という夢の一般的法則と矛盾しているようにみえる。実際、懲罰の夢のように思われる。だが、分析によって明らかになるのは、この夢の底にある無意識的欲望はいつまでも若いままでいたいという欲望、すなわち老いつつある人間の、辛い、けっして癒されることのない欲望だということである。[11] フロイトは、この見習い仕立て職人の夢を、ブリュッケの夢だけでなく、もう一つ別の自分自身の夢と結びつけている。その夢の中で、彼は医者としてのキャリア上最も暗く成功の見込みのまったくなかった時代へと戻っている。その頃、彼はまだ定職もなく、生活の目処《めど》もたたなかった。にもかかわらず、この過去の不運な時期への回帰は欲望実現なのである。若かった頃に戻るのだから。「夢の中で、私は若い頃に戻っていて、苦しい時代を私とともにした女性もまた若かった。〔……〕夢の中で私は数人の女性の中から結婚相手を選ぶことができたのだ！」（『夢判断』2-391）。この最後の連想が証しているように、若さへの郷愁はつねに性的能力への郷愁であり、死と老いの観念はつねに性的不能の観念と結び付いている。それを物語っているのが、夜中に妻から起こされた初老の男がみていた夢の解釈である。妻は、夫が眠ったまま大声で笑ったので、気味がわるくなって起こしたのだ。「夢の作業が、性的不能と死という悲しい考えを滑稽な場面に変え、すすり泣きを笑いに変えたのである」（同右2-388）。

つまり、フロイトを怯えさせ、『夢判断』の出版を急がせた死の恐怖は「純粋な」死の恐怖ではなかった。その恐怖は、性的能力の衰えと結び付いた不安と不可分の関係にある。そして『夢判断』の出版はたんにやがてくる死を遠ざけるだけでなく、あるゆる意味で、若さを、性的能力を、いや全能さえをも取り戻すことなのである。実際、フロイトはこう願っていたのだ——この出版は著者に**不滅の栄誉**をもたらすであろう。それは「何人も足を踏み入れたことのない未知の土地」へと旅立ち、[12]「奇妙な物事」を発見し、近親相姦を含め、ありとあらゆるタブーを破った英雄だけが手にする栄誉だ。『夢判断』の出版は、それがもたらす前代未聞の発見によって、自分を超人に変え、「かの悪名高き謎を解いた最初の人間」、かのオイディプスに匹敵する者にするであろう。[13]自分は超人、ほとんど神のような存在になるのだ。フロイトが自分をアウギアスの厩を掃除するヘラクレスと同一視している夢の解釈は、次のような誇大妄想的な断言で結ばれている。「要するに、私は巨人だったのだ」（同右2-385）（彼は「勢いのいい小便」によって神経症の研究からいっさいの誤謬と偏見を洗い流したのであろう）。

この著作の出版によってフロイトは、たんに不滅という幼児的な欲望を実現できるだけでなく、父親のユダヤ人ヤコブがついに実現できず、息子に託したことをも実現しうるはずだった。キリスト教徒によって帽子を投げ捨てられたという有名な逸話が証しているように、フロイトの父親はけっして英雄ではなく、幼い息子を大いに失望させた。もっとも息子は後に夢の中で、ハンニバルを手本にして、英雄的な父親への郷愁に形を与えたのだった。「死後、純粋で偉大な父親として子どもたちの目の前に立つ、それを願わぬ者がいるだろうか」

（同右2-351）。帽子の逸話を紹介した後、フロイトはこう書いている。

これは、幼い少年の手を引いていく強くて大きな男にはふさわしくない非英雄的な行為だと思った。私はこの状況を、私の感情によりふさわしいもう一つの状況と対比した。それは、ハンニバルの父ハミカル・バルカが少年ハンニバルを家の祭壇の前に立たせ、ローマ人への復讐を誓わせるという光景だ。それ以来、ハンニバルは私の空想の中で確固たる地位を占めてきた。〔……〕若い頃の私にとって、ハンニバルとローマはユダヤ人の執拗さとカトリック教会の組織との葛藤を象徴していた。（同右2-164-5）

こうした背景を踏まえると、フロイトのコンプレックスが何に起因するのかが見えてくる。『夢判断』は彼に不滅の名声をもたらすはずだった（フロイトはこう書いている。骨盤解剖の夢をみた前日、ルイーゼ・Nという婦人が訪ねてきて、何か彼の書いた本を貸してくれと言ったが、フロイトはライダ・ハガードの本を差し出し、私自身はまだ「不滅の作品」を書いていないと言った）（同右2-371-2）。また、別の夢が証しているように、フロイトは自立してあらゆる欲望を実現するために『夢判断』を書き上げてしまいたいと願っていた（これは植物学研究書の夢である。この夢の冒頭の状況はブリュッケの夢と同じだ。一方では自分の骨盤が目の前に見えるが、他方の夢では自分の書いたシクラメン属に関する論文が目の前に見える。「私の書いた研究論文が目の前に置かれていた。〔……〕その前日、ベルリンの友人［フリース］から手紙がきた。その手紙は彼に千里眼の才能があることを物語っていた。『きみの夢の本に没頭している。それが完成して目の前に置かれていて、自分がそのページを繰っているのが見える』。私は友人の千里眼の才能を心から羨ましく思った。その本が完成して目の前に置かれているのを見ることができたらなあ！」（同右2-146）。「この夢は〔……〕自分の思うように行動し、自分が、自分だけが正しいと思うふうに生活を律したいという私の自由に対する情熱的で激しい訴えなのである」（同右2-383））。出版に対するこうした強い欲望にもかかわらず、どうして彼はそれを引き延ばしたのか。どうして出版がそれほど苦痛だったのか。どうして彼に恐怖心（Grauen）を抱かせ、髪の毛が白くなる（grauen）ほどだったのか。いまや私たちはその理由を理解できる。ブリュッケの夢の中では、フロイトはようやく自分の欲望を満足させているように見えるが、同時にこの夢は不安夢でもあり、彼はその中で、願っていた不滅の名声を得るどころか、墓を連想させる木の家の中にいる（ただしその墓はエトルリア人の墓だ。これは夢の策略なのだ。その策略は、彼に受け入れがたいものを受け入れさせ、「この上なく暗い期待をきわめて望ましい期待に変える」（同右2-373）。ちょうど、前日にルイーゼ・Nに貸した本『彼女』（邦題『洞窟の女王』）の主人公である女性のガイドと同じだ。彼女は自分やまわりの人びとに不老不死をもたらすことなく、地下の神秘的な焔に焼かれて死ぬ（2-372）。その理由も私たちは理解できる）。この夢が差し出す唯一の慰めは、おそらく子どもたちは親が手にできなかったものを手にするだろうということだ。親は子どもを通じてのみ不滅性に到達することができる。ある意味で子どもは親と同一なのである。このこともまた、あの「不思議な小説」が示唆している。その小説では、二千年の長きにわたり幾世代をも通じて、登場人物の同一性が保たれている。

自分の著作の出版によって自分自身に不死をもたらすことで、私は父親にも贈り物をすることになり、また子どもたちは私の死後を生きることによって私に不滅性をもたらすだろう——おそらくこれがこの夢の意味なのだ。だが、違ったふうにも解釈できる——英雄的精神に欠けていたために不滅性を得られなかった父親に対する罪悪感ゆえに、私自身は不死を断念し、子どもたちに委ねる。

そう解釈すれば、ハンニバルがローマ入城に遅れ、モーゼが約束の土地に入るのを待ったように、フロイトが（五年間も）[14]出版を引き延ばしたことは、父親が失敗したことに自分は成功したという罪悪感によって説明がつく。もっと広くみても、フロイトが欲望あるいは野心の実現をつねに先送りしたこと、結婚を五年も延期したこと、医師試験を五年も受けなかったこと、それらはすべて罪悪感によって説明がつく。それらの延期の背後には禁止があったのだ。ただしそれだけではない。フロイトには、欲望の即座の満足を我慢し、先に延ばしてもっと十分に満足させようとするだけの**意志力**があったということでもある。まるでこんなふうに考えていたかのようだ——人生のうちの五年なんてなんでもない、時間はまだ無限にある、どんなに遅れようともいつかはかならず目的を達成するのだ、と。ひじょうに意味深長なことに、彼は最も身近な患者たちの治療期間を五年と定めていた。分析がもたらすであろう素晴しい恩恵と比べれば、五年という期間など何ほどのものであろうか。フロイトは知っていた——たとえ父親が貧しいユダヤ人であろうと（彼は夢の中で父親をマイナート教授に置き換えている。もしこの教授の息子だったなら、もっとずっと早く出世したことだろう）、実際には自分自身の——ユダヤ的な——粘り強さがあれば、最後には成功するだろう、と。『「ちょうど私があのことに最後には成功したように、あなたは信じようとしないかもしれないが、**このこと**もやり遂げるだろう』」（同右 2-358-9）と、フロイトは「荒唐無稽な夢」の解釈の中で述べている。その夢の中で、父親はこう語る——自分は一八五一年に酔っ払い、身柄を拘束されたあとで結婚した、と。この結婚によってすぐに——一八五六年に——息子ジクムントが生まれたのだった。

父親ヤコブには欲望の満足を延期するだけの勇気がなかった。この夢が語ろうとしていることは、父は人間にとって最も大切な心の快挙をなしとげることができず、生来の本性を超えることができなかったということだ（「ミケランジェロのモーゼ像」（3-292–313）の末尾を参照）。彼は酔い（夢の象徴大系の中ではセックスをしたことを意味する）、妻を妊娠させ、あわてて結婚し、その罪を隠すために息子の誕生日を二ヵ月遅れさせなければならなかった（父親の汚点を洗い流すために、フロイトの夢では二ヵ月が五年に変えられている）[15]。フロイトはこう述べている――この夢の中に出てくる父親的人物は、法則に逆らって、取るに足らぬ人物を演じているが、じつはマイナート教授を表象しているのだ、と（かつてマイナートはこう言った。「ねえ君、私はいつだって男性ヒステリーの完璧な症例だったよ」（2-358））。こうしてフロイトは父親のヒステリーを隠蔽し、父親が達成できなかった偉業をなしとげるという課題をみずから負った。フロイトは欲望の満足を「英雄的に」延期することによって、「子は父に似る」という諺を否定し、夢の中で、自分自身に似せた父親像を作り上げたのだった。

　こうしてフロイトはいつでも欲望の満足を先送りし、それによって一石二鳥を得た。すなわち、自分が父親より優れていることを示すと同時に、父親が失敗したことに成功した自分を罰したのである。

　だからブリュッケの夢（解剖の夢）でも、自分の本を出版し、独立と不老不死を手に入れるためには、父親の承認を必要とした。父親の代理である老ブリュッケの命令がそれである。なぜブリュッケが父親の代理として選ばれたかといえば、それは「私が研究生活を初めて間もない頃すでに、ブリュッケ教授に強く言われてはじめて自分の発見を公表するということが一度ならずあった」(同右2-372)からであり、また夢をみた前日、ルイーゼ・Nに会ったとき、フロイトは、誰かが彼女の口を借りて出版を促しているのだと感じたからだ。『私たちですら読めると先生がおっしゃる、そのいわゆる究極の説明というのは一体いつ出るんですか』。彼女の言葉にはかすかな皮肉がこもっていた。そのとき私は、誰かが彼女の口を借りて催促しているのだということに気づいた」(同右2-372)。

しかし、以上のことだけでは『夢判断』出版の遅れを説明し尽くすことはできない。自分のいちばん本質的なところをこれほど白日のもとに晒してしまうような本を出版することは恥ずかしかった、とフロイトは述べている。

Das Beste was du wissen kannst,
Darfst du den Buben doch nicht sagen,
おまえは自分の知っている最良のことを
この子らに語ることはできないのだ。[16] (同右2-121)

その本は、彼自身を震えあがらせ、また他の人びとをも震えあがらせたかもしれない「じつに不思議なこと」を明るみに出すことになるのだ。「英雄的に」父親の代わりになることが、かくも恥ずかしく恐ろしいこととは。だが、この「英雄気取り」は、オイディプスのそれと同じく、父親を「殺す」ことだけでなく（プラトンによれば、オイディプスの父親もまた酔って妻に息子をはらませたらしい）、母親と寝ることにもとづいている。息子は、**母親の暗黙の加担と偏愛のおかげ**ではじめて英雄になれるのだ。

ブリュッケの夢の中で、著書を出版して英雄になれと**催促する**のはルイーゼ・Nという母親的存在だ（フロイトの解釈は彼女にたんなる**仲介役**《ゴー・ビトイーン》しか与えていないが）。同様に、運命を司る三女神の夢（2-171）は母親に教育者の役割を与えている。彼女は息子に空腹を我慢させ、欲望を先送りすることを教える。彼女が息子に「英雄」とは何かを教えるのだ。

フロイトは『夢判断』のある註で、古代の何人かの英雄のみたオイディプス的な夢（ユリウス・カエサルのみた母親と交わる夢、ヘロドトスの伝えるヒッピアスの夢）に触れている。それらの夢は古代においてすでに、大地の所有を示す吉兆と解釈されていた。続けてフロイトは次のように述べている。「**母親に特別に可愛がられ**、**依怙贔屓された**人は、実生活において独得の自信と揺るぎない楽天主義をもつ。それらはしばしば英雄的に見え、現実に成功を導くものである」（同右2-329）。晩年になって、「集団心理学と自我分析」の補追Bで、フロイトは世界最初の叙事詩人がいかにして英雄神話を創作したかについて述べ、「父親を殺した唯一の人物が英雄だったのである」と述べたで、次のように書いている。「おそらく英雄の観念と繋がりがあるのは、**母親が偏愛し**、父親の嫉妬から守った、一番下の息子だったにちがいない。原始群族の時代にはこの末っ子が後継者となったのである」[17]（「集団心理学と自我分析」6-246）。

フロイトは、長男ではあったが、自分こそ母のお気に入りだと信じていた。特命教授になりたいという野心の夢について、フロイトはこう自問する。

だとしたら、私にこの夢をみさせた野心は一体何に由来するのだろうか。ふと思い出したのは、子どもの頃にさんざん聞かされた話である。その話によると、私が生まれたとき、うれしがっている母に向かって、ある農家の老婦が、この赤ちゃんは将来きっと大人物になると予言したのだそうだ。この種の予言はけっして珍しいものではなかろう。というのも、子どもの明るい未来を思い描く母親は大勢いることだろうし、この世ではもう物事を左右する力を失ってしまったために未来のことに力を集中している農家の老婆やそれに類した老婦も数多くいることだろう。（同右2-161）

もしフロイトが自分自身と母親のせいで『夢判断』の出版を躊躇し、死の不安をおぼえたのだとしたら、それはこの出版によって自分の二重の罪を明るみに出し、母親が共犯者であることを暴露してしまうことになるからだ。フロイトが七歳か八歳のとき（父親がキリスト教徒に帽子を投げ捨てられるという出来事はちょうどその頃に起きたと思われる）にみた、母親が死ぬという夢は、母親が死ぬという不安が息子の近親相姦的欲望と無関係でないことを物語っている。その夢の中では……

母親が、妙に落ち着いた、眠っているような顔つきで、鳥の嘴をした二人（あるいは三人）の人たちによって部屋に運び込まれ、ベッドに寝かされる。〔……〕私は母親が死ぬ夢をみたから不安を覚えたのではなかった。すでに不安の影響下にあったために、前意識的な加工によって、その夢をそういう意味に解釈したのだ。抑圧を考慮に入れれば、その不安はぼんやりと曖昧な、だが明らかに性的な渇望に由来すると考えられる。性の渇望が夢の視覚的内容の中に適切な表現を見出したのである。（同右 2-479）

自分の夢を公表するということは、自分の（幻想的）近親相姦関係を大衆の前にさらけ出すことである。つまり、彼自身もまたオイディプスだということを公表することだ。彼がオイディプスだというのは、オイディプスと同じく彼もまた有名な謎を解き、彼以前の何人も足を踏み入れたことのない土地に足を踏み出したからだけでなく、それと同時に（というのも、両者は表裏一体なのだ）、父親を「殺し」、母親と寝た（ただし夢の中で。これがフロイトとオイディプスとの唯一の差だ）からでもある。自然の深遠な謎を解こうとする者は、自然の掟を破ること、そして人びとの眼に自分が怪物として、**恐ろしい visu** ものとして映ることを恐れてはならない——すでにニーチェが『悲劇の誕生』の中で明らかにしたように、これこそがオイディプス神話の教訓である。至高の叡知は至高の怪物性を必要とするのだ。英雄になるということはつねに、恐怖心（Grauen）を掻き立てかねない怪物になることであり、自分が求めてきた不老不死を得るどころか、ファルマコスとして社会から放逐されることなのである。

しかも、（メドゥーサの首によって象徴的に表象された）[18] 女性性器（とくに母親の性器）を見たときにほとんどの男がおぼえる感情をあらわすのに、フロイトが恐怖（Grauen）という同じ語——それは一夜にして髪を白くしてしまう（grauen）ほどの恐怖であるが——を用いていることを考えると、フロイトが『夢判断』の中で明らかにしようとした「これらの摩訶不思議な未知の事柄」はひょっとしたら女の性、とくに母親の性と関わりがあるのではないかと思わずにはいられない。夢をみている者は、盲目になり、去勢され、自分の母親がイオカステーのように首を吊るのを見る危険を冒して、あえて母親の性器を直視したのだ。

フロイトはその全著作を通じて、女性性器が掻き立てる不安と恐怖、そして女がもっているらしい壊滅的な影響力を繰り返し強調している。女はその性ゆえにかならずや男の破滅をもたらす。アウトーディダスケルの夢（2-249）はひとつの二者択一を提供する――女が男にもたらすのは身体的な病（梅毒、全身麻痺）か、機能障害（神経症）である、と。フロイト自身は後者の選択肢に落ち着いたらしく、ヘラクレスのようにみずからの生涯を捧げ、女が原因である神経症という「廃棄物」を人類から除去しようとしたのだった。フロイトが『夢判断』によって明らかにしようとしたこれらの摩訶不思議な事柄が女の（母親の？）性と関わりがあるということは、ブリュッケの夢のいくつかの特徴によっても示されている。彼の妻の大好きな花である「シクラメン屬」に関わる植物学研究書の夢との**類似関係**、この夢の形成のきっかけとなった**出来事**、すなわちルイーゼ・Nに貸した本の題名は『彼女』であった。フロイトはこの本について、「奇妙な本だが、さまざまな意味が隠されている〔……〕永遠に女性的なるもの」（同右2-372）と語っている。しかもこの小説の主役は女だ。『夢判断』を出版することは――彼自身の罪深い近親相姦的関係とともに――女の性、母親の性を明るみに引き出すことである。そのような本が恐怖を引き起こさないためには、読者が近親相姦の表象に慣れていて、去勢不安を克服している必要があろう。フロイトがあえてこの本を出版しようとしたということは、彼自身はそうした不安を克服しており、したがって彼の私生活の一番奥にひそむ謎である**自分自身の女性性**をさらけ出すことをもはや恐れていないということでもある。ブリュッケの夢はフロイトを『彼女』の主人公、すなわち不老不死を得ようとして前人未到の地に足を踏み入れるが地下の火に焼かれて死ぬ女の案内人と同一化する。この夢のまた別の細部は、去勢に抵抗しつつも去勢を誇示する。フロイトは自分の目の前に（つまり自分と切り離された）自分の身体（骨盤）を見るが、自分の身体の一部が欠けているという感覚はない。「予備の」骨盤をさらけ出すということは、性器を二つそなえ、それによって厄除けの力をもつということである。フロイトにとって『夢判断』を出版することは、自分の去勢をさらけ出すと同時にそれから身を守る一つの方法なのだ。『夢判断』は、去勢と死、批判者たち、そして反ユダヤ主義者たちから身を守る護符なのだ。実際、すでに知られているように、フロイトにとって割礼は去勢と同じことであり、彼にいわせれば、女性嫌悪と反ユダヤ主義は同じ原因、すなわち女性性器によって掻き立てられる恐怖、つまり去勢不安に由来する。[19] そしておそらくブリュッケの夢のGrauenは、有名な伯父ヨゼフ（これはもちろん聖書に出てくる人物の名だが、フロイトはしばしばこの人物に自分を同一化した）の夢のGrauenと関係があるだろう。この伯父についてフロイトの父はしばしば「ちょっとおつむが弱い」と言っていた。彼は犯罪者であり、ユダヤ人であり、フロイトの父は彼の犯罪をめぐる心労でほんの数日のうちに髪が白くなって（Grauen）しまったのだった（同右2-118）。夢の中でフロイトは伯父ヨゼフに対して深い愛情を感じているが、じつはそれは深い憎しみであり、不可解な反発である。別の夢では、フロイトはこの同じ伯父ヨゼフを、関係省庁から教授任命を拒否された同僚二人と同一視しているが、彼は躊躇なく自分を大臣と同一化し、それによって学識ある優れた同僚たちを、ユダヤ人であるというだけの理由で不当に扱う。結局のところ、伯父ヨゼフの最大の罪はユダヤ人だということだ。彼がおかした犯罪よりもむしろそのことによって、彼は社会にとって恐怖と憎悪の対象となったのである。ちょうど女が、女であるという事実だけで社会から恐怖と憎悪の対象と見なされるように。

夢の中で大臣という迫害者の役を演じることによって、フロイトは、自分は伯父やユダヤ人の同僚たちと同じ運命には屈しないこと、持ち前の「ユダヤ的粘り強さ」とユダヤ人の母親に対する愛情によって自分は教授になるのだということを示す。「学識ある優れた同僚二人をユダヤ人であるという理由だけで虐待し、一方を馬鹿者として、他方を犯罪者として扱うことによって、私は自分を大臣の地位に置き、まるで自分が大臣であるかのようにふるまったわけである。大臣閣下に見事に復讐を加えたのだ。大臣は私の特命教授任命を拒んだ。夢の中で、私は大臣の椅子にすわることによって、彼に仕返しをしたのである」（同右2-

162)。

このように、明るみに出したら人びとの恐怖を掻き立てるのではないかと恐れてフロイトが心の奥底に隠していた恥ずかしい秘密は、彼がユダヤ人であること、女性性、そして去勢不安と、分かちがたく結びついている。この意味で、『夢判断』はもうひとつのメドゥーサの首なのである。

私たちは長々と迂回して、フロイトの夢の数々を辿ってきたが、これが無駄な回り道でないことはやがてわかるだろう。というのもこれらの夢こそ、フロイトの理論的著作において女の性が占める地位をよりよく理解するための王道なのである。いずれにせよこの迂回によって、フロイトが女の性に関する著作の公表を先送りした理由も、死に追いつかれるのではないかという恐怖から最終的には慌てて公表した理由も、明らかになった。

4　他者

死の恐怖に、さらに別の不安が加わる。前オイディプス的なるものの発見である。それは女の根源的他者性の発見であり、これは精神分析を根底からひっくり返しかねない危険をはらんでいる。フロイトはこのまったく他者的なるものの革命的発見を、ギリシア文明の背後に隠されていたミュケナイ文明の発見になぞらえている。「女の子の前オイディプス期の発見は、分野は違うが、ギリシア文明の背後に隠されていたミノア＝ミュケナイ文明の発見にも比すべき驚きをもたらす」（「女の性」5-140）。

フロイトが古代文明の発見を引き合いに出したのは、女の子のリビドー発達における二つの時期を隔てる深い溝を強調するためである。というのも、フロイトの時代の歴史家たちは、ミノア文明に近いミュケナイ文明が栄えた紀元前十四―十二世紀と、紀元前八世紀のギリシア文明の勃興の間には根源的断絶があり、両者の間にはギリシア的中世とも呼ぶべき暗い時代があって、それがいわゆるギリシア世界と前ギリシア的世界とを隔てている、と考えていたのである。だとすると、ミュケナイ人は**前ギリシア人**だということになり、同様に女の子の発達の第一段階は**前**オイディプス期だということになる。そして、前ギリシア人とギリシア人との間になんの共通点もなく、進化の断絶によって前者から後者への移行が困難になったのと同様に、深い溝が、前オイディプス期とオイディプス期、女の子の性的発達と男の子のそれとを隔てていることになる。「われわれは、男女の性的発達はよく似ているのではないかという期待は、遠の昔に捨ててしまった」(同右)。ミュケナイ文明がギリシアの歴史のたんなる**序文**とみなされ、その外に置かれたように、前オイディプス期もまたオイディプス期の前文にすぎない、というわけである。

いうまでもなく、この比較はいまや有効ではない。線文字Bの発見によって、ミュケナイ人はギリシア人だったこと、少なくともギリシア語を話していたこと、ミュケナイ文明はヘレニズムの一部であり、ギリシア史のたんなる序章ではなく**第一章**であることが明らかとなり、古代ギリシアは始まりではなくむしろ延長、あるいは復興とみなされるようになった。要するに、今日の歴史家たちは二つの時代の間の断絶よりも連続性を強調する。

以前の解釈と新しい解釈の間に見られるこの違いと同じものが、フロイトの見方とメラニー・クラインの見方の間にみられる。フロイトは自分が二つの期間のあいだの**断絶**を強調していると思いこんでいるが、前者を**前オイディプス期**と呼んでいることからするに、いまなおオイディプス・コンプレックスを発達全体の究極の**テロス**（目的）と見なしている。いまだにそれが前オイディプス期を支配している。序文はあくまで本の序章であって、その本の完全な外部ではありえない。それと同様に、究極の対象はあくまでオイディプス・コンプレックスである。オイディプス・コンプレックスは、本そのものとおなじく、いっさいの共通基準なしに宣言されるものの基準である。一方、メラニー・クラインはオイディプス・コンプレックスを前オイディプス期に従属させる。厳密にいえば、もはや前オイディプス期を前オイディプス期と呼ぶべきではない、なぜならオイディプス・コンプレックスはもはや指示対象、すなわち発達全体を理解するための原理ではないからである（そしてこのことは男の子だけでなく女の子にもあてはまる）。メラニー・クラインは前オイディプス期のほうへ方向転換したのである。前オイディプス期をオイディプス期の序文と見なそうが、その歴史の第一章と見なそうが、また、両者の断絶を強調しようが、連続性を強調しようが、支配の姿勢は変わらない。どんな場合でも**かならず**オイディプス・コンプレックスへといたる歴史過程の枠内で書き直すかぎり、まったくの他者の特殊性、根源的な異種性は失われ、女の性の発見がもたらす「驚き」は克服されてしまう。もしフロイトが実際にミュケナイ文明を発見したとしても、彼は、婚約者アリアドネを救い出すために「両刃の斧」をたずさえて迷宮へと踏み込んでいくテセウスになることは拒むだろう。フロイトの理想はあくまでオイディプスであり、彼にとって女は婚約者ではなくつねに母親である。[20]
テクストの次元でいえば、前オイディプス期の発見がもたらした驚きの強調は、フロイトの企ての実証主義的な性格を、そしてここでもまた問題は「思弁」ではないことを物語っている。フロイトは、観察がそう要求すれば、女の子と男の子は厳密に同じ道を歩むという以前の仮説を撤回するのにやぶさかではない。講演形式の「女というもの」のなかで、彼は繰り返しこう強調する――自分の観察は、女性精神分析家たちによっても確認されたが、そのために自分は、あらゆる予想に（したがってあらゆる偏見に）反し、たとえば、活動性とか攻撃性に関して女の子が男の子を羨む理由は何一つないことを認めざるをえなくなった、と。あるいは、さらに驚いたことに、女の子は母親の子を生みたい、あるいは母親に子を生ませたいと願うことすらありうることを認めざるをえなくなった、と。そもそも精神分析の魅力（Reiz）というのは、それが最も広く流布している見解や偏見に対してもたらす驚きに由来するのではなかろうか。

5　刺激的な謎

フロイトは「女というもの」において、かつてデカルトが習慣的偏見を攻撃するために用いたのと非常によく似た手続きを踏みながら、自分はそうした通俗的見解を非難しているのだという。それによって女に対する新たな関心を掻き立て、聴衆を驚かせ、魅惑し、興奮させる(Reiz)ことができるのではないか、という。冒頭から、このようなありふれた主題を取り上げたことを弁明するかのように、フロイトはこう強調する――女はこれまでも人間(Menschen)にとってつねに興味深いテーマであり、他のどんなテーマよりも関心を惹いてきた。このテーマは男をも女をも魅了してきた。とくに男女間で、男性精神分析家と女性精神分析家の間で、論争が起きているときには。女の問題は論争を引き起こさずにはおかない。おそらく人間はつねに「興奮」しつづけるために、この性をめぐる絶えざる闘い、両性間の闘争を必要としてきたのだろう。なぜなら、「人間は、歴史始まって以来今日に至るまで、女の本質をめぐる謎を解こうと必死に知恵を絞ってきた」(「女というもの」1-478)。この謎はまったく特異なものである（あらゆる謎の原型であるが）。実際、この謎の解明は不可能だと思われる、というより解明してはいけないように思われる。しかもそれは方法論的・理論的な理由によるのではない。女性が謎めいているのはその性のせいである。なぜなら性こそが、男女の差異を生み出した、生という「大いなる謎」の中身だからである。だからといってフロイトが女をその性に還元しているわけではない。彼は「女というもの」の末尾で、一人ひとりの女は（種としての女はそうではないかもしれないが！）人間存在と見なしてもよい（Die einzelne Frau auch sonst ein menschliches Wesen sein mag[21]）（1-496）、と述べている。「女性的な性」としての女は、純粋な理論的構成物であり、たんなる研究対象である。「われわれは女性を、その本質が性的機能によって規定される面に限って、論じてきたのだということを忘れないでいただきたい」（同右1-496）。性的機能はきわめて重要だが、女について自分が述べてきたことは「不完全で断片的」であり、もっと多くを知りたければ、自分の個人的体験とか、詩とか、生物学とか、他の方面に目を向けなさい、という。後に見るように、じつはこの謙遜した物言いは戦略的なもので、フロイトの言っていることと考えていることはおそらく違うだろう。[22] それでも、女に対する彼のいちばんの興味は男との差異であり、その差異は女の性のなかにある。だから彼は性を研究対象として特権視するのだ。

男の特権

この研究対象はとりわけ曖昧で謎めいている。その第一の理由は、どうやら純粋に**方法論的**理由から、これまでほとんど研究されてこなかったからである。いちばん直接的に観察しやすい物からとりかかる、というのが実証主義のルールである。科学研究に携わるのは男（vir）であるから、自分自身から始めるのはきわめて自然である。フロイトとて例外ではなく、男が彼の出発点であり、モデルであった。だから彼は最初、女を男と同様のものと見なし、たとえば女の子のオイディプス・コンプレックスは男の子のそれとちょうど対称的だと考えたのである。[23] フロイトは例によってこの「実証主義的」出発点のおかげで、認識論的発端にすぎないものを**アルケ**（出発点）に、そして**テロス**（最終目的）にした。そして、アリストテレスとコントの例にならって、女を階層的に男の下に置き、こと性に関するかぎり女はより劣った男だと考えるにいたった。そのために最晩年の著作にいたってはじめて、彼は女の中に、いかなる類推も対称も寄せつけない差異を見出し、「ミノア・ミュケナイ的な」謎そのものに取り組んだのである。だがその段階にいたってもなお彼は、男性的モデルに頼っていた。そのため、女の子の前オイディプス期の驚くべき発見をミノア＝ミュケナイ文明の発見になぞらえたすぐ後、方法論的革命が期待されるまさにその瞬間に、彼はこう言ってのける――自分がこれから取り組もうとする女の性的発達の研究において、「女のさまざまな問題を男のそれと比較することが、大いに研究の役に立つであろう」(女の性5-141)、と。もっと逆説的な例を挙げよう。「マゾヒズムの経済的問題」で、女性のマゾヒズムのほうが観察しやすく、男の多様なマゾヒズムほど謎めいておらず、あらゆる角度から捉えることができ、したがって議論の出発点となる、と述べたすぐ後で、フロイトは、いわゆる**女性的**マゾヒズムの例として男のみを取り上げる、と述べている。「われわれは男におけるこの種のマゾヒズムについてはじゅうぶん知っている(手元にある材料の関係上、もっぱら男についてのみ論じることにする)」[24](「マゾヒズムの経済的問題」6-302)。

要するに男は特権的な地位にあるのだ。女の性の還元不能な特殊性が認められている場合ですら、**モデル**や**比較**の基準となるのは男なのだ。[25] なぜなら女の性は依然として曖昧模糊としており、奇妙で、理解不能であり、男の性ほど知られておらず、考察が難しい。男の性のほうがずっと「論理的」で解釈しやすい。要するに女の性はいまだに「厚いヴェール」で覆われているのだ。したがってオイディプス・コンプレックスの解消に関しては、「女の子の場合、これに対応する発展はどのようにして起きるのだろうか。ここにいたって、われわれの材料は――ある不可解な理由から――はるかに曖昧で隙間だらけになる」(「オイディプス・コンプレックスの解消」6-314)。

同様に、男根の優位の一般的法則（両性の性器の組織化においては唯一の性器、すなわち男性性器のみが関係するという事実）を打ち立てるとき、フロイトは、男の子の場合しか述べることができない、と嘆く。「残念ながら……女の子の場合の、これに対応する過程についてはわかっていない」（「幼児期の性器体制」11-99）。

要するに、「一般に、女の子の場合のこれらの発達過程の研究は不十分で、不完全で、曖昧であることを認めざるをえない」（「オイディプス・コンプレックスの解消」6-315）のである。

女は近寄りがたい

女の精神分析的研究のこのような立ち後れについて、フロイトはいくつか性質の異なる理由を挙げている。女の性のほうが複雑だ（なぜならそれは男の場合よりも二つ余分な問題を解決しなければならない。すなわち性感帯を変化させなければならないし、対象備給の変化を実現しなければならない）。だがそれだけでなく、科学の侵入に対して女のほうがより激しく「抵抗」する。いくつかの理由から、女の性は近寄りがたい。女のほうが性生活が乏しいし、「文明」のせいでいわば退化した状態にある。教育と文化的抑圧のせいで、女は性に関して男ほど自由に語らない。社会は謙虚や「羞恥」を女の基本的美徳とし、科学にとっては不都合な「控えめな」話し方を女に強要する。フロイトの仕事はまさしく、分析によって、女を表に引っぱり出し、幼少期からずっと禁じられていた話題を含め、頭に浮かんだことをすべて話す権利を、いや義務を与えることなのである。実際、女の子の性的好奇心は男の子よりも抑圧され[26]、その抑圧が知的抑制の源であり、そのために女は知能が生まれつき男よりも劣っているとされてきたのである。

女はつねに沈黙を強いられ、必然的に女の性は男の性ほど「派手」でなかった。そのため、女は研究者から「無視」され、そうでなければ誤解されてきた。フロイトは繰り返しそう述べている。

性的な過大評価という要因の意味を一番よく研究できるのは男の場合である。というのも男の性生活だけは探求しやすいものになっている。それに対して女の性生活は、一つには文明の諸条件によって妨害されたため、また一つには女が因習的に秘密主義的で不正直なため、いまだに漆黒の闇に包まれている。(「性欲論三篇」5-21)

女の同性愛は、男のそれよりもけっして少なくないのだが、男の場合ほど目立つ(lärmend)わけではないために、これまで法によって罰せられなかっただけでなく、精神分析研究も

これを無視してきた。（「ある女性同性愛」11-30）

女は、性の問題に対してものすごい好奇心をもっているにもかかわらず、そうした問題に知的に取り組まないようにしつけられている。しつけは、そうした好奇心をもつことは女らしくなく、罪深い性質のあらわれだとして、女を脅かす。そのおかげで女はあらゆる種類の思考に対して怖じ気づき、知的なことに価値を見出さなくなる。こうした思考の禁止は、男に見られる宗教をめぐる思考禁止や、忠実な家臣たちに見られる思考禁止と同じように、一つには必然的な連関によって、いま一つには自動的に、性の領域を超えて広がっていく。〔……〕私の考えでは、これほど多くの女たちが疑いなく知的に劣っているのは、性的抑圧に必然的に伴う思考禁止に起因する。（「いわゆる文明人の性道徳と現代の神経症」10-122–3）

女に対するこの抑圧的な教育とその悲惨な結果に関するフロイトの記述を読んでいると、彼は「女の貞節について」というニーチェの素晴らしい文章を知っていたのだろうかという疑問が湧いてくる。フロイトが「男根主義的」と見なされるように、このニーチェの文章は一部の人びとからは女性嫌悪的と見なされているが[27]、事はさほど単純ではない。

女の貞節について。——上流階級の女性の教育にはどこか驚くほど奇怪なところがある。いや実際、これ以上逆説的なことは他にあるまい。世間全体が一致して、上流階級の女性たちを、**性的なことに関しては**(in eroticis)できるだけ無知になるようにし、そうした事柄に対する深い羞恥心を彼女たちの心に植えつけ、そうした事柄がほのめかされただけで極度の堪えがたさと恐怖心を覚えるように教育する。女性の「恐怖」のいっさいがまさにその点だけにかかっているのだ。他の点では彼女たちを甘やかさないことなんてあるだろうか。ところがこの点に限っては、彼女たちは骨の髄まで無知であるべきだとされる。この彼女らの「悪」に対しては、眼も耳も言葉も考えももってはいけないのだ。実際、この点に関しては知ることじたいがすでに悪なのだ。ところが！ 結婚と同時に、凄まじい雷に撃たれたかのように、現実と知識の中に放り込まれる。〔……〕愛と羞恥心を対決させなければならない、いや、恍惚、忘我、義務、共感、予想もしなかった神と獣との近似に対する驚愕、その他いっさいを一度に感じなければならない。そこには他で見られないほどの心理的葛藤が生み出された。〔……〕その後は以前と変わらぬ深い沈黙。しばしば自分に対して沈黙し、自分に対して眼を閉じる。〔……〕要するに、ひとは女たちにどんなに優しくしてもしすぎることはないのだ。[28]

口を閉ざす女

女のこの「深い沈黙」(7-207)を、フロイトは「鍵のかかった扉」とか「まったく見通しのきかない壁」(7-217)に喩えているが、彼はなんとかそれを破ろうとする。女に対する「優しさ」によってではないが、少なくとも優しさに似たものがなければ進展しない治療によって、転移の中で、それをなしとげようとする。錠を外し、壁を倒し、抵抗を抑えつけ、深いところに埋もれていた**秘密**を明るみに出すための「最強の道具」(『ヒステリー研究』7-206)、それが転移である。

実際、女は話す権利をもたないから、「秘密」それも「愛の秘密」をもつしかなく、そのせいで病気になる。それがヒステリーである。「私には最初から、エリーザベト嬢が自分の病の原因を意識しているように思われ、したがって彼女の意識中にあるのは異物ではなく秘密に過ぎないと思われた。彼女を見ると、かの詩人の言葉を思い出さずにはいられない。『見よ、かの仮面こそ隠れたる心をあらわにするものなり[29](Das Mäskchen da weissagt verborgnen Sinn.)』」(同右2-111)。「大事なのは、私が患者の秘密を当て、それをずばりと患者に告げることである」(7-205)。ドーラが病んでいるのは、彼女が男を「密かに」愛し、自分の「秘密」をいとことK夫人にしか打ち明けず、医者――「彼女の秘密を言い当て」られるはずのない人物である――にしか告白しないからである。他の人の前に出ると、その人が彼女の病気の原因である恥ずかしい秘密、すなわちマスターベーションを「言い当て」、「もぎとる」のではないかと不安になるのだ。

女は話す権利をもたないので、やがては話すことができなくなり、話したいとも思わなくなり、すべてを自分の胸に「しまいこみ」、仕返しするかのように、あるいは支配欲に駆られたかのように、さらにいっそう秘密と闇を作り出す。女は誠実さを欠く。[30] 嘘をつき、あらゆる言葉を解明不可能な謎に変える。だから「病人」の語ることはいつでも飛躍にみち、短縮されていて、不完全で、脈絡がなく、完結しておらず、「繋がり」を欠く。その無秩序ぶりは「ある時は岩にせきとめられ、またある時は砂州や浅瀬によってばらばらに別れて消えてしまう、船など通れぬ川の流れ」(「あるヒステリー患者の分析の断片」〔以下「断片」と略記〕5-283)に喩えることができよう。それはまるで病気の原因が空間的に大きく広がり、それが、ちょうどラクダが針の穴を通るかのように、細い裂け目を通らなくてはならず、その結果、意識に到達したときには拡散し、断片化しているようにしか見えない(『ヒステリー研究』7-215–6参照)。

患者が、病歴と関連させて自分の生活史を秩序立てて語ることができないのは〔……〕次のような理由による。まず第一に患者は、不安と羞恥心を克服していないために、〔……〕語らねばならないこと——自分が熟知していること——の一部を意識的・意図的に抑制してしまう。これは意識的な不誠実のなせるわざである。第二に、覚えていたことの一部が〔……〕それを実際に物語っている間に消えてしまう。ただし故意に隠しているわけではない。ここには無意識的な不誠実が関与している。第三に、どんな場合でも、真の健忘——昔の思い出だけでなくごく最近の思い出も落ちてしまう記憶の欠損——や、その欠損を埋めるために二次的に形成された記憶錯誤が関与している。〔……〕病歴に関する記憶がそのような状態にあるということが〔……〕症候の必然的な相関物である。治療がすすむと、患者は、最初から知ってはいたが抑圧してしまって浮かんでこなかったものを提供してくれるようになる。(「断片」5-283-4)

精神療法家は、謎を解こうと思うなら、ひたすら待つ以外に道はない。患者が沈黙を破って秘密を洩らすことがなかったら、その秘密は永遠に解けないかもしれない。

ひとが隠しているものを、催眠術によって無理強いするのではなく、その人が語ることや示すものを観察することによって、光のもとにさらけだすという仕事にとりかかったとき、私はその仕事がきわめて困難なものに思えたが、実際にはそれほどでもない。見る眼と聞く耳をもったひとなら、およそ死すべき者は秘密をもつことができないことが確信できる。唇を閉ざしている者も指先では喋っている。本人を裏切った密告は体じゅうの穴からしみだしてくるものだ。このように、心の一番奥に隠されているものを意識化させるという仕事はじゅうぶん達成可能なのである。（同右 5-331）

患者の「不誠実」はたんに無意識的なだけでなく、自分がよく知っていることを故意に隠したりもするので、精神分析治療はたんに女に話す権利を返すという仕事だけではありえない。それは女から秘密を「もぎとり」、彼女にそれを「認めさせ」、「懺悔」させることでもある。つまり言葉を与えるのではなく、押しつけるのだ。女はたんなる患者、ヒステリー患者ではない。嘘をつくのだから、女はつねに犯罪者であり、精神分析家はどんな小さな尻尾でも掴もうと眼を光らせている警察官、いやむしろ、「共感と敬意を寄せ続けることで、いわば懺悔が終わったら赦免を与える」（『ヒステリー研究』7-207）**聴罪司祭**みたいなものだ。彼はもはや催眠術という強制力は用いないが、別の強制力、（転移という）愛情のある強制力を用いて、告白を強要し、抵抗を抑えつけ、防衛の動機を、別のもっと強い動機に置き換え、状況が許すなら、無知が恐怖に繋がりそうなときには教師、すなわち「より自由で優れた世界観の代表者」（同右7-207）の役を演じる。彼は患者の「不誠実」を率直さに置き換えることによって、ものをちゃんとその名前で呼ぶことによって――「J'appelle un chat un chat.（私は猫を猫と呼ぶ）」（「断片」、原文もフランス語）――教え導く。しかし分析家は同僚たちから犯罪者のように見られ、若い娘と嫌らしい会話をする破廉恥な変質者呼ばわりされるという犠牲を払わなくてはならない。しかしながら、「pour faire une omelette il faut casser des œufs.（オムレツを作るには卵を割らねばならぬ）」（同右5-308、原文もフランス語）。

一方、彼は患者に、むりやり聞き出した秘密は誰にも洩らさないことを保証する。万が一、科学のために彼女の事例を公表するようなことがあっても、絶対に読者に感づかれないように**患者の名前を変える**。患者を警察に引き渡したりはしないし、彼の論文を実話小説のように読む医者どもの不健全な好奇心の前に晒したりしない。もっとも、彼の事例史が「まるで小説のように読むことができ〔……〕科学としての真剣さを欠いている」（『ヒステリー研究』7-133）のは事実だが。

かくしてフロイトは、みずからも嘘をつき、秘密を守ることで、ヒステリー患者＝犯罪者の共犯者となる。ただしそのためには女の方が先に彼の共犯者になることに同意しなければならない。秘密を告白することに同意し、「否認をやめる」（7-205）ことに同意することは、すなわち、医師に協力し、医師の言葉を真実の言葉として受け取ることに同意するということである。

ふいに彼女は自発的に、あれは嘘でしたと告白した。頭に浮かんだのはじつはcolour（色）ではなくincarnation（肉体化）だったのだ、と。**私が予想していた語だった**。〔……〕この嘘は、この箇所において抵抗が最大だったことを物語っている。（『夢判断』2-310、強調引用者）

「心理的抵抗、とくに長期間にわたって働いていた抵抗は、ゆっくりと一つずつしか解消できないから、われわれは辛抱して待たなくてはならない。〔……〕短期間取り組めば患者は知的興味を持つようになる。われわれはそれに期待することができる。事態を患者に説明し、心の過程という驚異にみちた世界に関する情報を提供することによって〔……〕患者自身を協力者にすることができる」（『ヒステリー研究』7-206）。「しばらくそうしたやり方を続けていると、患者はたいていわれわれに協力してくれるようになる。いまや質問したり課題を出さなくとも、夥しい数の記憶が患者の頭に浮かぶようになる」（同右7-216）。医師への協力に同意する点が、ヒステリー患者と真の犯罪者との決定的な違いである。[31] だから、協力を拒み、「真理」を押しつけられるのを拒否する女性患者には用心せよ。話を「停止」することによって精神分析家の刑事みたいな快感を台無しにする患者に用心せよ。そうした快感が台無しにされる瞬間は、連載小説の読者が、「ヒロインが決定的なことを口にしたり、銃声が響いたりした直後に『次号に続く』という文章を見出した」(『ヒステリー研究』2-221)ときと似ている。

どうしても口を開こうとしない頑固な女たちは、精神分析家の悪質な「解決」を受け入れないために「化膿した病巣」[32](『ヒステリー研究』)と呼ばれ、警察に引き渡されることこそないが、すぐに分析家から見捨てられ、他の患者と取り替えられる。分析家は「良い」女、どうやって口を開くかを知っている女だけに優しさを注ぐ。分析家からすると、そういう女たちの方が「より賢明」だ。分析家の助言にしたがい、彼の提示する解決を受け入れる心の準備ができているからだ。有名なイルマの夢で、フロイトはイルマを「イルマの友だち」に置き換える。「というのも私はイルマを愚かだと思った。私の解決を受け入れなかったからだ。彼女の友だちのほうが賢明だったろう、つまりもっと早く屈服し、**ちゃんと口を開き**、イルマよりも多くのことを話してくれただろう」(『夢判断』2-96)。

私はすぐさまイルマを脇のほうへ連れていった。あたかも〔……〕私が差し出した「解決法」をまだ受け入れようとしないのを責めるかのように。私は言った。「まだ痛むとしたら、それはじつはきみ自身のせいなのだ」。〔……〕当時、私は次のように考えていた（その後、間違っていると考えるようになったが）。症候の隠された意味を患者におしえてやれば私の責務は達成されるのであり、治療が成功するか否かはその解決法にかかっているが、それを患者が受け入れるかどうかは私の責任ではない、と。（同右2-92-3）

悪いのはいつでも女性の方だ。私、フロイトは批難されるいわれはない。この夢は、自分の無実を証明するための手の込んだ弁解であり、彼を赦免するための理由をあれこれ積み上げる。それは、貸した釜を壊して返したとして隣人から批難された男の弁明に似ている。

「[この夢の潜在思想にしたがえば]イルマの痛みが続いていることに対して、私には責任がない。責任は、私が差し出した解決法を受け入れまいとする彼女の反抗に**あるか**、または私にはどうすることもできないみじめな性的条件の下で彼女が暮らしていることに**あるか**、あるいは彼女の痛みがじつはまったくヒステリー性のものではなく器質的なものであるという事実に**あるか**、その**いずれか**である」。だが一方、この夢は（ほとんど両立しえない）これらの可能性をすべてみたし、そればかりか夢願望にもとづいて、あえて第四

の可能性を付け加えている。（同右2-264）

フロイトがどうしてこれほどあわてて釈明するかといえば、それは自分自身が犯罪者であることをよく知っているからだ。まだイルマを治していないというだけでなく、夢の別の部分が示しているように、彼自身が（彼はそれを夢の中でもそれに対する解釈においても友人オットーのせいにしているが）、汚れた注射器で、トリメチラミンという、射精を象徴する「溶液＝解決」を彼女の体内に注入したからである。「トリメチラミン」という用語は、彼が患者たちの頭に吹き込んだ学識あふれる解決を思い起こさせる。イルマやその他すべての頑固な女たちが口や性器を開かないのは、フロイトがそのどちらの器官をも「化膿した病巣[33]」にしてしまい、学識あふれ、悪意にみち、男性的な解決を注入することによって、みずからの手で女の口を閉じ、冷感症にしてしまったからだ。彼女たちに何が言えるというのだ。私は私のことを病気だと言い張るまさにその人によって病気にさせられた、治療を口実にして協力を無理強いする人物によって汚された、としか言えないだろう。なぜその人物が患者に協力を強制するかといえば、自分で自分の「解決法」の価値を信じるために共犯者を必要としているからであり、患者の秘密を知っているのは患者自身だけであり、外から注入された解決法は不適切で「清潔でなくて[34]」有害であることを自分ではよく知っているからだ。

精神分析は、女たちが被っている性的抑圧を激しく攻撃し、禁止を捨てて話す権利を回復するよう女たちに呼びかけるが、分析家の差し出す薬は同時に毒でもある。なぜならそれは女たちを病気にすることによってのみ治療する。すなわち「協力」を強制し、他者、すなわち男の意見を支持するよう強制する（男こそが真理を所有しているとされる）。精神分析の解決法が女に言葉を取り戻させればさせるほど、同時に女から言葉を奪い、男の言葉に服従させる。

だから沈黙より悪い犯罪はない。なぜなら沈黙は女の性を「厚いヴェール」で覆い、近づけないものにし、頑固にし、強情にする。要するにブランショ的な意味での恐ろしい（effrayante）ものにしてしまう。謎に包まれた女は口をきかないだけでなく、体中のどんな穴からも告白しない。精神分析が優しさを示さなくとも、女にとってはどうでもいいことだ。女はそんな優しさを必要としていない。自分だけで満ち足りているのだから。

羞恥心

そして男にとって我慢ならないのがこの自己充足である。男は女のリビドーの難攻不落の地位を「羨んで」いるので、自分の欠点や「羨望」を女に投影する。女が沈黙を守り、自分自身と自分の性器を「厚いヴェール」で覆ったままでいるからには、謎めいた存在でいつづけたいという理由、それも大きな理由があるはずだ。女は「化膿した病巣」を隠す必要があり、自分には隠すものが「何もない」ということを隠さなければならないのだ。自然は女たちの性器を陰毛で覆った。女は自分を謎で包もうとするが、それは自然が始めた仕事を継続しているだけのことだ。女は織物を発明したが、じつは自然を「真似」したにすぎない。かくしてフロイトは、**女性性**に関する講演の末尾近くで、躊躇することなく（固定観念に囚われた狂人と見なされる危険をおかしてまでも）、織物の発明をペニス羨望のなせるわざだと言い切っている。

羞恥心（Scham）はとりわけ女性的な性質と見なされているが、これはふつうに考えるよりもはるかに慣習的なものにすぎず、われわれの考えでは、性器の欠陥を隠すことが羞恥心の目的である。もちろん羞恥心がその後に他のいろいろな働きをするようになったことを、われわれは忘れてはいない。文明の歴史を振り返ってみると、女は発見とか発明にあまり寄与してこなかったように思われるが、しかし、女が発明したかもしれない技術が一つある。編んだり織ったりする技術だ。もしその通りだとしたら、この偉業の無意識的な動機を推測してみたくなる。どうも自然が手本（Vorbild）を示し、この偉業はそれを模倣

したように思われる。その手本とは、陰毛を生やして性器を覆うということである。（「女というもの」1-494）

ほとんど曖昧なところのない言い方で、フロイトは断言する――謙虚さ、あるいは「羞恥心」は、（多かれ少なかれ文化的抑圧と繋がっている）因習的な美徳であると同時に自然な美徳でもある。なぜなら、織物を発明したとき、女は自然を「模倣」したにすぎないのだから。羞恥心は、自分の性器の自然な――あまりに自然な――欠損を覆い隠すための、自然的／因習的術策と見なされる。この術策によって、女は自分が興奮することもできるし、男を魅了することもできる。羞恥心＝陰毛がなかったら、男たちは、彼らを汚染しようと待ちかまえている大きな傷口のような穴を目前にして恐怖に震え上がり、同性愛者になること必定である。したがって女性的な謙虚さは、人類を永続させるための自然の策略であり[35]、男の場合はフェティシズム、すなわち去勢不安によって促進される小さな男の子の自発的なフェティシズムの結果生じるものである。男の子は女の子の性器を初めて目撃したとき、ペニスの不在には眼をつぶり、「女の子にもあるんだ。ただ小さいだけだ。ちょん切られたんだ。でもまた生えてくるさ」と自分に言い聞かせる。

したがって肉体に関する女の虚栄心もまたペニス羨望に起因する。自然は陰毛の他にも美を余分に授けてくれたので、いつでも男を誘惑できる。美が与えてくれたこの快感のための賜物、**誘惑**のための賜物は、性器が呼び起こす恐怖（性器の醜悪さは議論の余地がない）を忘れさせ、究極の快楽を可能にする。美だけが恐怖と快感を和解させることができる。女のほうも恩恵を得る。「かならずや女は自分の魅力（ihre Reize）を、生来の（ursprungliche）性的な劣等性（Minderwertigkeit）に対する後年の保証としてより高く評価するのである」（「女というもの」1-494）。

このように女が自分を「ヴェールで覆う」正当な理由はすべて、ある種のフェティシズムに対する男の欲求と対応している。女がみずから男の共犯者になるのは、それが男だけでなく女の利益にもなるからだ。男も女も同じように、女の「謎」は解けないという事実から恩恵を被っているのだ。女の「裏の動機」はやはりペニス羨望、去勢、フェティシズムである。少なくともこれが、膨大な量のフロイトの議論が語っていることだ。

女のナルシシズム

ところがある文章が、まったく異なった視野を開く。その文章は――おそらく偶然ではないだろうが――フロイトがルー・アンドレアス＝ザロメにとくに惹かれていた時期に書かれたものである。
問題の文章は「ナルシシズム入門」の中にある。その箇所でフロイトは、男と女では対象選択の型が根本的に異なることを示そうとしている。男は依存型の対象愛によって特徴づけられるが、その特色は対象の性的過大評価である。この過大評価は根源的ナルシシズムから発生し、それが次に性的対象に転移される。フロイトによれば、愛、とくに激しい愛情は、「愛の対象のために自我のリビドーが乏しくなる」（「ナルシシズム入門」5-121）という結果をもたらす。

もっともよく見られ、おそらくもっとも純粋で真正な型と考えられる**女性型**の場合は、まったく異なった道筋をたどって発達する。思春期になると、女の性器の成熟が〔……〕根源的ナルシシズムの強化をもたらすように思われるが、この強化は、性的過大評価をともなう真の対象選択の発達にとっては邪魔になる。女の場合、容姿に恵まれている場合はとくに、ある自己充足（eine Selbstgenügsamkeit）が発達し、それが彼女たちの対象選択に課せられた社会的束縛を埋め合わせる。厳密にいえば、そういう女は、男が彼女を愛するのと同じくらい激しく、自分自身を愛する。彼女が求めているのは愛することではなく、愛されることであり、彼女が受け入れるのはそうした条件をみたす男である。このタイプの女が人間の性愛生活に対してもつ意義は、きわめて高く評価されなければならない。

この種の女は男にとっていちばん魅力（Reiz）があるのだが、それは概して彼女たちがいちばん美人だという審美的な理由によるだけでなく、興味深い心理的要因の絡み合いにもよる。というのも、自分のナルシシズムを一部放棄して対象愛を探している者にとっては、ある人物のナルシシズムが非常に魅力的であることは明白だと思われる。子どもの魅力（Reiz）の大部分はそのナルシシズム、自己充足（Selbstgenügsamkeit）、近寄りがたさ（Unzuganglichkeit）からきているのであり、猫とか大型の肉食獣のような、われわれのことなど眼中にないかのようにみえるある種の動物たちの魅力も同様である。実際、文学に描かれているような極悪人や滑稽な人物がわれわれの興味を惹くのは、彼らがナルシシズム的な首尾一貫性によって、自我を減らすようなものをすべて遠ざけているからである。われわれはまるで、彼らが心の至福状態、すなわちわれわれ自身は遠くの昔に捨ててしまった不可侵のリビドー状態を保持していることを羨んでいる（beneideten）かのようだ。しかし、ナルシシズム的な女性のもつ大きな魅力（Reiz）にも裏面がある。彼女に恋している男の不満、彼女の愛に対する疑念、彼女の謎めいた性質（die Rätzel im Wesen）に対する男の不平の大部分は、以上のような対象選択の不一致（Incongruenz）に根ざしているのである。（「ナルシシズム入門」 5-121-2）

ここでは、女を謎めいたものにしているのはもはや「生来の欠損」、ある種の欠陥ではなく、反対に、彼女のナルシシズム的な自己充足と無関心である。ここでは女が男のペニスを羨むのではなく、男が女の不可侵のリビドー状態を羨む。いっぽう彼自身は——なぜだかわからないが——貧弱化し、愛の対象のために、この根源的ナルシシズムを失っている。

女の何が魅力的なのか。ナルシシズム的な女の魅力すべてを説明するものは何か。それは美ではない。とはいっても、女がナルシシズム的に自分を楽しむことができるためには、女に美（ここでは生来の欠損の償いとか埋め合わせとしてではなく、社会的侵害の償いと捉えられている）が欠けていてはならないのだが。[36]では、女の魅力が美でないとしたら何か。それは、男が失ってしまったもの、すなわち男が永遠に郷愁を抱いている根源的ナルシシズムを、女がなんとか保持している点である。したがって、こう言ってもいいだろう——男は、幼年期という失われた楽園[37]として、ナルシシズム的な女を羨み、探し求め、だから不幸を運命づけられている、と。なぜなら、そういう女は愛されることを好み、つまり自分だけを愛し、自分に満足しているから、彼女を愛する男に満足を与えることができないのである。彼女はつねに「謎めいた慎み」を保ち、自分を与えるが、渡してしまうことはない。彼女が自分を与えるとき、「彼女が与えることの実りは彼女自身のうちに留まっている」のである。

これはルー・アンドレアス＝ザロメがその日記の中で引用しているゲーテの言葉だ。この引用にザロメはこう書き添えている——神経症者が女になりたいと願ったらそれは快復している兆しである、なぜならそれは幸福になりたいという欲望だから、と。女においてだけは、性は断念を伴わないのだ。[38]

この不可侵のリビドー的位置という点からすると、女は子どもや、猛禽類や猫、文学に描かれた犯罪者、滑稽な人に喩えることができよう。それらはすべて一つの共通点をもっている。男たちは彼らを魅力的で羨ましいと思う。なぜなら彼らはナルシシズム、恐ろしいほどの近寄りがたさ、独立、無関心、自分自身に対する高い評価を保持し、自分のことを低く評価しそうなものはすべて遠ざけるからだ。要するに彼らが魅力的なのはそのナルシシズムのせいであり、ナルシシズムがすべての欲望の基盤になっている。

女を子どもや猫[39]に喩えることはまことに月並みだ（フロイトはごく一般的な理由でそうしているのではないが）。だが猛禽類[40]や極悪の犯罪者や滑稽家に喩えることはそれほど平凡ではない。

これらの非凡な喩えがフロイトの文章にニーチェ的な響きを添えている。ここで描かれているナルシシズム的な女性は、ニーチェに由来するのではあるまいか（ルー・アンドレアス＝ザロメを経由しているとしても）[41]、すなわちニーチェが積極的な女性と呼んだものに由来するのではないか、という疑問が湧く。[42]

じっさい、ニーチェの数多くの文章では、フロイトの場合と同じ理由で、女は猫に喩えられている。猫は独立心旺盛な動物であり、人間に無関心で、基本的に積極的で、虎や豹と同じくディオニュソス的動物だ。

たとえば——

猫は自分自身の力の官能的な感覚を楽しむ。猫は何も返さない。[43]

女のどこが敬意を、そしてしばしば恐怖をも抱かせるか、それは女の性質である。それは男のそれよりも「自然」である。女の純粋な、肉食動物のような狡猾な柔軟さ、手袋の下に隠された虎の鉤爪、そのエゴイズムの素朴さ、絶対に教育されないところ、生まれついての野生、そして彼女の欲望と美徳の理解不能性、広がり、逸脱。[44]

男は女が平和であることを望むが、猫と同じく、どんなに平和そうなうわべを装っていようとも、女は本質的に平和ではない。

ニーチェは（私の知る限り）女を猛禽類よりむしろたいていは肉食獣に喩えているが、猛禽類はとりわけニーチェ的な動物であり、『道徳の系譜』に述べられているような、子羊をひっつかむことをも恐れぬ勇猛な鳥に見られるように、積極的な力の象徴そのものである[45]（動物は「女性的」よりむしろ「男性的」ではないかといわれるかもしれない。たしかに「男らしさ」はニーチェにとって積極的な力の象徴そのものであるという意味ではそうだ。だがその意味では、女は少なくとも男と同じくらい「男性的」になりうる）。

ドストエフスキーの小説に登場するような大犯罪者についていえば、彼は真に自由な精神の、すなわち、鉄の規律をもった暗殺者集団の成員として、「何者も真実ではない。すべては許されている」という本質的な原理、究極の秘密を委託されている男の原型である。かくして彼は美徳そのものへの忠誠に疑問を抱いている。さて、女はその意味では大犯罪者である。なぜなら女ほどひどい懐疑論者はいない。懐疑主義こそ女の哲学である。「女は真理を欲しない。女にとっては真理など何ほどのものであろうか。初めから女にとっては真理ほど異質で、不愉快で、敵対的なものはない[46]」。真理は、女の謙虚さに対する真の攻撃なのである。

大犯罪者はまた一貫したナルシシズムの持ち主でもある。彼らはそのナルシシズムによって「自分の自我を減ずるものをすべて自我から遠ざける」（「ナルシシズム入門」）。

見よ、青白い犯罪者は頭をたれた。その眼は深い軽蔑を語っている。「わが**自我**は超越されるべきもの。わが**自我**はわれにとって人間に対する深い軽蔑」と、その眼は語る。

彼が自分を**裁いた**とき――それは至高の瞬間だった。高みにのぼったものをふたたび低い場所に落とすな。

ある観念がこの青白い男を青白くした。彼が遂行したとき、彼は自分のおこないに対して適切だった。だが、行為がなされたとき、彼はその観念には堪えられなかった。

彼はますます自分のことを、ある行為の遂行者と見なすようになる。私はそれを狂気と呼ぶ。彼にあっては例外が反転して規則となる。

おまえたちの善人たちのもっているいろいろなことが俺に嫌悪感を抱かせる。いやまったく、彼らの悪ではない。彼らに狂気があって、この青白い犯罪者のように屈服することを望む。[47]

女と滑稽家との類推はもっと特殊に「フロイト的」といえよう。滑稽家と大犯罪者との共通点は、超自我のおかげで、自我を克服し、それを軽蔑し、そのおかげで、不安とか恐怖のような、自分を貶めようとするもの、自分の防壁を破ってきそうなものを追い払うことができるようになったという点である。ユーモアは自我を感じたり高めたりするのに特別に適している。

「『ちょっと見てごらん、これが世の中だ、ずいぶん危なそうに見える。でも子どもの遊びだ。笑い飛ばした方がましだ』」（「ユーモアについて」3-411）。だが、自我の拡大という意図にユーモアが奉仕すること、世の中と「子どもの遊び」との類推、滑稽家とフロイトがわれわれに参加を呼びかけている最後の笑い——これらはどれもニーチェを思い出させずにはいない。

この文章は別の点からもニーチェ的である。ニーチェと同じく、フロイトも**差異的類型論**[48]を打ち立てる。美と無関心によって男を魅了するナルシシズム的な女は、「もっともよく見られ、おそらくもっとも純粋で真正な型」（「ナルシシズム入門」5-121）であるとはいえ、ある一つの型の女にすぎない。たしかにこの型の女は男の想像の中では女の「本質」、すなわち永遠の女性として想い描かれる。その「不一致」にもかかわらず、この型は男の欲望にいちばん合致する。なぜなら彼女たちは、男が失った自分自身のナルシシズムがいわば外部に投影され、表象されたものなのだ。この永遠に女性的なるものに魅了された男は、じつは自分の分身に魅了されたのであり、彼が感じる不気味さ（Unheimlichkeit）の感覚は、自分の分身や幽霊に遭遇したときや、克服され永遠に失われたと思っていたものがふいに再び出現したときの不気味さと同じである。

この「ナルシシズム入門」という論文は、ユングの一元論とはおよそ対照的に、徹頭徹尾、さまざまな**差異的類型**を区別しようとし、対象愛とナルシシズム的愛をしつこく対比する。しかしながらこの論文は、二元論をおおっぴらに公言しているにもかかわらず、一方では対象愛をナルシシズム的愛に還元しようとしている。というのも、対象愛は根源的ナルシシズムが転移されたものにすぎず、対象の性的過大評価は自分自身に対する女性の過大評価へのたんなる転移から生まれたものであり、対象愛の特徴である対象の過大評価こそ真にナルシシズム的な徴候に他ならないのである。

しかしフロイトはまだ、ナルシシズムは対象愛の、したがってすべての欲望の基盤である、とは大っぴらに主張していない。なぜならそう主張してしまうと、すべての愛は根本的に「不道徳的」であることを認めることになってしまう。それであらゆる予想に反して、「われわれ」男が女の無傷なナルシシズムを羨み、讃えることを示した後で、フロイトは、まるで魅了されすぎるのを恐れるかのように一歩後退し、女の性愛生活に対する道徳的批難の判断を下す、あるいは下すふりをする。彼は次のように言う——私がこれまで書いてきたことを読んで、読者は私が「女性を侮辱したい〔……〕という欲求」(「ナルシシズム入門」5-122)

に支配されているのではないかと疑っているかもしれない、と。

一体どういう根拠で、女のナルシシズムが女の価値を引き下げるなどといいうるのか。それはたんに幼児的リビドー段階への固着あるいは退行だからというだけでなく、ナルシシズムとエゴイズムとを同一視するある種の道徳のなせるわざであろう。

道徳の反動的な力の視点からすれば、女の評価を高めることを目的としたすべての「ニーチェ的」な比較は、じつは、女を「侮辱」するのに適した意味に解釈し直すことができるのだ。この視点からみれば、女が子どもなのは、「エゴイズム」を克服できないからであり、動物と同じように自分の満足だけを追求しているからであり、その「不道徳」のせいで、他者のすべての愛、つまり依存型の愛、すなわち、男に対して母親の役割を演じるようにと強要する、価値を認められた唯一の形態の愛を拒絶する極悪人だからである。「ルサンチマン」を抱えた道徳的な男からすれば、女にはもはや羨むようなものは何もなく、たとえ一瞬でも彼女を讃えたことは罪悪感を呼び起こすだけだ。

このように、まるで魅惑的で不気味な分身に遭遇して、あるいは、自分自身の中で克服したと信じていたものが再び現れるのを眼前にして、パニックに陥ったかのように、フロイトは、ニーチェあるいはルー・アンドレアス＝ザロメとの共犯関係を示すことになったかもしれないのに、この論文の転換点であわてて逃げ出す。ちょうどジェノヴァの裏通りで、必死に避けようとしたにもかかわらず、何度も娼婦に出くわしてしまったときのように。[49]

フロイトは逃げ出し、退却しながら女を引きずっていく。彼は女たちを救済の道へ、すなわち根源的ナルシシズムにもかかわらず彼女たちを充分に実現された対象愛へと導く道へと連れていく。妊娠という道である。この論文では、妊娠はペニス羨望の産物とはされていない。ナルシシズム的な女は羨むことができない。自分自身の一部として子どもを身ごもるのだ。自然あるいは倫理の策略は、そのナルシシズムにもかかわらず、いやそれどころかまさにそのナルシシズムを利用して、女を対象愛へと導くことだ。女だって自分以外の者を愛することができるが、それはその対象が彼女自身の自我の一部であるか、かつての彼女自身であるときだけだ。

彼女たちが生む子どもにおいては、彼女たち自身の肉体の一部が別個の対象であるかのように彼女たちに対立するので、これに対しては、彼女たちはナルシシズムから抜け出て、完全な対象愛を与えることができる。また一方、（二次的）ナルシシズムから対象愛への発達の一歩を進めるのに、子どもを待つ必要のない女性たちもいる。彼女たちは思春期以前には自分を男のように感じ、しばらくは男性のように成長する。女性的成熟に到達することによってその傾向がふいに中断された後も、男性的な理想に対する憧れは残るが、その理想はじつは彼女たち自身がかつてもっていた男っぽい性質が生き残ったものである。
（「ナルシシズム入門」 5-123）

他者を愛する、対象を過大評価する——女にとってこれは男性的な型に従って愛するということであり、これは男になることを意味する。だが同時に、自分の純粋に女性的なナルシシズムを捨てなければ、男にはなれない。男が自分のナルシシズムを転移させることによってしか愛することができないように。したがって、すべての愛の基盤はナルシシズムである。自分の倫理的な抑制（あるいは潜在的読者の倫理的抑制）にもかかわらず、フロイトは躊躇せず、ある特定の愛に関して、それを認める。その愛とは、それが要求する「犠牲」という点からみてあらゆる愛のなかでもっとも道徳的と思われる愛、すなわち子どもに対する親の愛である。

子どもこそがふたたび創造の中心・核となる。私たちがかつて自分がそうであると思い込んでいたような、「赤ん坊陛下様（His Majesty the Baby）」。子どもは、両親が叶えられなかった夢を実現し、父親の代わりに偉人や英雄になり、遅まきながら母親の願いを叶えてやるために王子と結婚する。ナルシシズムのもっとも微妙な点、すなわち現実から厳しく圧迫されている自我の不滅性においては、子どもに逃避することによって安全が保たれてきた。感動的な、だがその根底では子どもっぽいこの親の愛は、親のナルシシズムが再生したものに他ならず、それは対象愛に姿を変えてはいるが、そのかつての本質をまごうことなくあらわにしている。[50]（同右 5-124、強調引用者）

こうしてフロイトは原理を打ち立て、ライバルであるユングの一元論を意識してことさらに二元論を強調してはいるが、よくみてみれば、フロイトがそれによって**一体何をしているのか**がわかる。じつは「ナルシシズム入門」は、ナルシシズムは絶対に凌駕できないということを言わんとしているのだ。もっとも同じ論文の中で、「倫理的」理由から、対象愛のほうが好ましいとされているし、フロイトは一貫して、同じ対象愛でも、ナルシシズム型の対象選択と依存型の対象選択とを区別している。まるで、栄養を与えてくれる女や保護してくれる男に対する愛はナルシシズムの中には入らないかのようだ。たしかにこのようなナルシシズムはもはや、ニーチェ的な自己主張とはおよそ似ても似つかないものである。ニーチェの自己主張は自己保存ではなく自己超越を意味しているのだから。

したがって私たちは、この論文に対するルネ・ジラールの分析には賛成できない。[51] ジラールはまるで、フロイトがすべての愛のナルシシズムを単純に誤解し、すべての人間の真の欲望の対象はすでに・つねに失われたナルシシズムであることを否定しているかのように述べている。そのため、子ども・動物・犯罪者・滑稽家にも喩えられるような、自己充足している謎めいた女というものにフロイトが注目している箇所に対するジラールの解釈は、私たちの解釈とは必然的に異なる。ジラールにいわせれば、フロイトがそんなふうに女を見ているのは女に「騙されている」からだ。というのも、自己充足した女などというものは存在しえない。存在するなどと考えるのは神聖冒涜である、と。

女は、男を魅了して征服するための戦略的手段として、自己充足している「かのようにふるまう」ことができるにすぎない。フロイトはこの戦略、すなわち**コケットリー**（媚態）に引っかかったに違いない、とジラールはいう。

コケティッシュな女性は、欲望についてフロイトよりもよく知っている。欲望が欲望を引きつけるということも、ちゃんと知っている。だからひとから欲望の対象にされるためには、自分は自分を欲望の対象にしているのだということを、ひとによくわからせる必要があるのだ。フロイトもナルシシズムの欲望をそのように、つまり自分による自分に対する欲望と定義している。ナルシシズム的な女性が欲望を掻き立てるのは、自分自身を欲望しているかのようにふるまうことによって、またけっしてそれ自身の外には出ない循環的な欲望をフロイトに提示することによって、模倣したがっている他者たちに抗しがたい誘惑を差し出しているからである。フロイトは罠にはまっていながら、客観的な叙述をしているつもりでいる。フロイトのいうコケティッシュな女性の自己充足、至福の心理状態、不可侵のリビドー体制、じつはこれらはすべて〔……〕ライバル＝モデルが形而上学的に変容したものだ。コケティッシュな女性がひとの欲望の対象になりたがるのは、自分自身のコケットリーを維持するために〔……〕男性の欲望を自分に向けさせることが必要だからだ。彼女は、彼女を欲している男以上に自己充足しているわけではない〔……〕が、彼女の策略が成功すれば、真似のできるような欲望を彼に対してだけでなく彼女自身にも提示することによって、自己充足しているというわべを維持することができる。彼女に向けられた欲望が彼女にとって大切なのは、それが自己充足に必要な栄養を与えてくれるからだ。誰からも賞賛されなくなったら、自己充足は崩壊してしまうだろう。（ジラール『世の初めから隠されていること』、小池健男訳、法政大学出版局、587-8、ただし訳文は一致しない）

いいかえると、フロイトが女に騙されたのは、欲望の本質が模倣であることを誤解していたからだ、というわけだ。ジラールにいわせれば、フロイトが対象愛とナルシシズム的欲望を区別するという誤りをおかしたのは、両者の共通基盤、すなわち最初から模倣を媒介とした競合関係があったという模倣の構造を理解していなかったからである。模倣理論にしたがえば、自己充足は欺瞞でしかありえず、欲望の戦略の一部にほかならない。自分は自己充足していると信じるためには、自分が自己充足していることをひとに納得させればいいのだ。ユングのように、あるいは少なくともユングに劣らぬほど思弁的に、ジラールは一貫して一元論的な立場を標榜する。だから彼にいわせれば、フロイトは欲望の性質について、コケティッシュな女性よりも、またプルーストよりも無知だった。

フロイトはすべての欲望を対象への欲望とナルシシズム的な欲望という誤ったカテゴリーに分類しようとしたが、プルーストはすべての欲望が模倣という点で共通していることを見事に示している。欲望はただ一つしかなく、それはすべての人間にとって同じものであるということを、プルーストは知っていた。〔……〕絶対的な「差異」への欲望しか存在しないこと、そして主体にはこの「差異」がつねに絶対的に欠けていることを、プルーストは知り尽くしていた。〔……〕プルーストの叙述はナルシシズムの神話的性格を明るみに出しているのだ。（同右 608, 617, 618）

ジラールはこれに続けて、フロイトがそのナルシシズム論で用いている隠喩（子ども、動物、犯罪者、滑稽家）のすべてが『失われた時を求めて』の中に見出されることを示す。だが、どこからみても「そうした隠喩についての説明はフロイトよりもずっと詳しい。このことは何度強調してもしすぎることはないが、プルーストは、彼の欲望が小さな集団（「芽を出し始めた木立の中の」花咲く乙女たち）に与えた自己充足の霊光がまったくの現実ではないことや、それが思春期の無垢なナルシシズムへのある種の退行とはなんの関係もないことを知っている。プルーストは、その時期にこれらの少女たちすべての『性器』に起きたかもしれないことについて、長々と語ったりはしない」（同右617）。

これらの「隠喩」について論じるにあたって、ジラールはいっさいニーチェには触れず、フロイトの念頭にあったはずもないプルースト[52]しか引き合いに出さない。その理由はよくわかる。私たちのようにフロイトとニーチェを結びつけることは、この論文においてフロイトが女をまさしく**コケティッシュな女とはまったく異なる存在として**捉えていることを強調することになる。たしかにフロイトは女を積極的とかディオニュソス的とは見なしていないが、少なくともルサンチマン、ペニス羨望、ヒステリーから外れたもの、自分自身を欲望し喜ばせるのに男の欲望を必要としないもの、と見なしている。つまり、男を魅了するための嘘もコケティッシュな戦略も必要としないものと見なしている。女の謎は、ここにおいてだけは、うわべ、ヴェール、フェティシズム、去勢といったカテゴリーから離れて考察されている。だがジラールの説明は、自分で気づかぬうちに不可避的に、女の謎をそうしたものへと引き戻している。コケティッシュな女はけっして恐くもないし、謎めいてもいない。彼女の欲望を、彼女が誘惑しようとしている男に対するペニス羨望に還元するのは容易だ。もちろんフロイトも忘れずにそれをやっている。本当に恐いのは、男に対する女の無関心、自己充足である（もっともこの自己充足は幻想のうえに成り立っているのだが、幻想は戦略とか嘘とは違う）[53]。この自己充足が本物であるにせよ、本物だと思い込まれているにすぎないにせよ、女が謎めいていて、近寄りがたく、不可解なのは、この自己充足のせいなのだ。彼女は何かの真似をすることもしらばっくれることもせず、ひたすら自分の平凡さを、いやむしろ美しいバストを誇示する。ジラール（あるいは、著作のほとんどにおけるフロイト）のような男は、女の自己充足に我慢ならないために、それを純粋な戦略だ、うわべだけの問題だと見なそうとする。彼らは、女のコケティッシュな態度や美しさは男を騙すための余分な飾りであり、女の「平凡さ」もじつはペニス羨望や「他者への欲望」が形を変えたものなのだ、という幻想を抱いている。

それゆえ、ジラールの誤った視点からすると、これらすべてに関してプルーストはニーチェよりもはるかによく知っている、少なくともフロイトよりは絶対に知っているということになる。だがジラールは、プルーストが一体どうやってその知識を手に入れたのかということについては一瞬たりとも疑問を感じない。彼はそのことにまったく興味を示さない。「それはプルーストがそういう人間だからであって、それ以外の理由はない」(同右617)と言ってのける。ジラールの唯一の関心事、それはプルーストをフロイトに反抗する自分の味方に付けること。同性愛者のプルーストは(ジラールにとっては、プルーストが同性愛者であることなどどうでもいいことだ。「プルースト流の同性愛には厳密な意味での対象はない。その対象はつねにモデルであって、このモデルがモデルとして選ばれるのは、それが手の届かないところにあり〔……〕ほとんど宗教的な超越性をもっているからだ」(同右615))、欲望の本質が模倣であることを知り尽くしており、したがってフロイトの論文の「手本」だというのだ。女の自己充足というのはフロイトの側の幻想にすぎないのに、フロイトは「コケティッシュな女」に対する自分の欲望に眼が眩んでそのことに気づかない。フロイトのような「義務感」に囚われた「道徳意識の英雄、至上命令を忠実に実行する人間」(同右592)にはなんとも不似合いな欲望ではないか、とジラールはいう。

「信頼できる筋からの情報によれば、フロイトはかなり早くから、妻との性的交渉をいっさい断ってしまった。「ナルシシズム入門」には、ある種のタイプが彼の及ぼす影響についての率直な告白が含まれているのだ。この論文を読むと、私はどうしても映画『嘆きの天使』の、あごひげの老教授の血迷った無意識、つまりクローズアップされたマルレーネ・ディートリッヒの、〔……〕黒い靴下をはいた長い脚を思い起こさずにはいられない」(同右599)。

ジラールは全身全霊を挙げてフロイトを攻撃する。彼は軽率にもフロイトとカントを混同している。まるで二人の結びつきが明白であるかのように。そしてさらに深刻なことには、ジラールは、フロイトのこの論文の一筋縄ではいかない複雑な性質を、いやその文字どおりの意味すら考慮に入れずに、フロイトとカントを混同している。ジラールにいわせると、男——そしてフロイト自身——がコケティッシュな女に感じる魅力を、フロイトは**不似合い**だと述べたという。だがフロイトは「コケティッシュな女」、つまりセリメーヌ(モリエール『人間嫌い』に登場する口のわるい若いコケット=訳註)みたいなタイプの女には魅力を感じないし(すでにみたように、彼が魅了されるのは、投影された自分の分身のイメージ、すなわち女の無傷なナルシシズム、ずっと昔に失われた幼児期の幸福のイメージである)、その種の魅惑を「不似合い」などとは言っていない。正当だとはいわないまでも、じゅうぶん理解できると言っている。フロイトはたんに対象選択の不似合い(**Incongruenz**)、つまり男と女では一致しないということ、すべての情熱の悲劇の源であるすれ違い(**Incongruenz**)について論じているのである。

もし不似合いがあるとしたら、それはむしろジラールのフロイト批判の中に、すなわち「疑惑についての近代の巨匠」「精神分析の創始者」(同右592)に対するジラールの疑惑の中にあるように私には思われる。ジラールにいわせれば、フロイトは「これほどの不似合いを見過ごすべきではなかった」（同右）という。ジラール自身の不似合いこそ相当なものだ。そもそも彼は精神分析の創始者ではないにもかかわらず、精神分析の矛先をフロイトに向けると称し、こう言い張るのだ——フロイトは自分自身の欲望に惑わされて、女の自己充足がたんに彼自身の自己充足にすぎないことを見抜けなかった、と。「実際、欲望がフロイトの眼をひどく曇らせたために、彼はコケティッシュな女性が女性性器（weibliche Sexualorgane）の思春期の成熟（Pubertatsentwicklung）後に享受するように見える自己充足（Selbstgenügsamkeit）をまったく現実のものと思い込んでいるのだ」（同右596）。

どうしてジラールは女性の自己充足を、つまり女性性器（weibliche Sexualorgane）をこれほどまで怖がるのだろうか、という疑問の声が挙がるかもしれない。というのもこの点が、ジラールのフロイト批判の核心になっているらしいのだ。「この自己充足は現世的なものではない。それは**聖なるもの**の最後のきらめきである」（同右596、強調引用者）。フロイトは、じつに妖しげなふうにコケットの自己充足らしきものに自分が魅了されたことを告白することによって、じつは自分自身の奥底にある幻想を暴露していたのだ。その幻想とは、「周囲のあらゆるものに対して暴力的に働きかけ」「磁石のようにあらゆる欲望を」引き付ける「あの絶対的な、破壊できないもの」（同右597）になることだ。だからフロイトにあっては、

「ナルシシズムはリビドーそのものであり、リビドーはエネルギーや力、**エネルゲイア**と**ドゥナミス**と同じものである。これらはすべてポリネシアの『マナ』とまったく同じように作用する」（同右598）。

ナルシシズムは神話にすぎない。唯我独尊的な神話であるナルシシズムの鏡の背後には、模倣のモデルや分身たちの闘いが隠されている。「われわれはフロイトに敬意を抱いているが、だからといって、ナルシシズムの不自然で人工的な性格、要するにこの擬似的な発見のまったく空想的な性格が確認された以上、彼のテキストを正面から検討し、彼自身の欲望から何が解読されるかを徹底的に明るみに出す必要がある」（同右598）。

最後の分析（この件に関してはフロイトより詳しく知っているジラールの分析）において、テクストは、女に対して向けられたフロイトのライバル意識のエロティズムの症候を示すものとされている。はっきりと否定されてはいるが、テクスト全体がきわめて「反女性的」だ、とジラールは見なす。その通りだ！　しかし、「反女性的」ということに関しては、ジラールもフロイトに劣らないように思われる。というのもジラールは、何か儀式的な警戒をしているかのように、女性性器について述べるときには**かならずドイツ語を用いている**。そしてプルーストを、幼い少女たちの **Sexualorgane** には背を向け、自分の同性愛を作品の中で見事に異性愛に置き換えたとして、讃えている。ジラールにいわせれば、すべては同じことに帰するのだ。欲望はもともと差異化されておらず、模倣的欲望の非差異化の論理からすれば、性差など空無なのだ。

ジラールからみて、別の時代に生きた人間であり、あまりにナイーヴなフロイトのいちばん許し難い点は、一般的にいえば、その二元論だが、もっと個別的に見ると、性差への執拗なこだわりである。「ナルシシズムを論じた彼の文章は魅力的で、一つ一つの指摘が快活で、一種の若々しさを発散している。それは彼の中に、別の時代の信仰、女性の差異へのほとんど素朴といってもいいほどの信仰が残っているからだ」(同右599)。

ジラールにとってフロイトの許し難い点は、ジラールが女の「傲慢な近寄りがたさ」と呼ぶものをフロイトがあえて強調したことだ。ジラールは意図的に傲慢なという語を付け加えている。これによってジラールはフロイトの用語「羨望」を強烈な怨恨(同右)に置き換え、男は自分の欲望する女に対して強烈な怨恨を抱くのだということにする。ジラールはこうした密かな言い換えによってフロイトのテクストを歪曲し、自分(ジラール)とは違って、フロイトは女を障害・敵にしている、と主張する。

ジラールがフロイトの膨大な言説、とくに有名な「ペニス羨望」に言及していないことは意外に思われるかもしれない。他のテクストでは、ペニス羨望は実際に女を「コケット」に変え、女の謙虚さや優しさを、自分の性器の欠陥を隠して男の欲望を掻き立てるためのヴェールに変えている。だが、たしかに、ペニスを羨望する女は男の模倣的な敵対心を掻き立てることはできないだろう。

女犯罪者か、ヒステリー女か

私にとっての問題はこうだ――どうしてフロイトは例外的にしか女を自己充足的と見なさなかったのか。どうしてフロイトは自分の「分身」を正視できず、パニックに襲われたのか。どうして、この近寄りがたい女から目をそらし、同時に、自分の言説の最も強力な前進に背を向け、それまで女と女の謎に対するまったく異なる見解へと彼を導いていた道から逸れてしまったのか。「ナルシシズム入門」は、それ以前の著作も以後の著作も見落としている、ある可能性を示している。それは女の謎を、ヒステリー症者ではなく大犯罪者をモデルにして考えるということである(もっともフロイトにとっては、ヒステリー症者にもつねにどこか犯罪者的なところがあった)。実際、「精神分析と、法的手続きにおける事実の確定」は、これら二つのタイプの謎を、したがって、精神分析の方法論と法的審理とを、比較・差異化する。どちらの場合も、問題は、隠されているもの、つまり「秘密」を発見することである。しかし、犯罪者が自分の秘密を知っており、それを隠そうとするのに対して、ヒステリー症者は「自分の」秘密を知らず、それを自分から隠そうとする。にもかかわらず、治療者の仕事は予審判事と同じで、「われわれは隠された心的材料を発見しなければならず、それをするために、われわれはたくさんの操作の道具を発明したのである。今後は法律家のほうがそれを借用することになるだろう」(「精神分析と法的手続きにおける事実の確定」)。

謎の「答え」を探す際に、治療者の仕事は患者の「協力」によって、つまり抵抗をなくそうとする患者の意識的努力によって、楽になる。患者は治りたいと願っているからだ(ただし——フロイトはここでは述べていないが——無意識のレベルでは反対に、病気から恩恵が得られることが予想されるため、抵抗は増大される)。それに対して、犯罪者は裁判官に協力したりはしない。なぜなら、そのような行為は「彼の自我全体を裏切ることになるだろう」から。しかし法的捜査の場合は、検事が犯罪に関する客観的確信を得ればそれでよい。ところが「われわれの治療の場合には、患者自身が同じ確信に到達することが必要である」。したがって問題は、新たなオイディプスとしてのフロイトが、自分の犯罪性、すなわち自分の女性性にまったく気づかずに、あたかも犯罪者あるいはむしろヒステリー症者を扱っているかのように、女の謎を探究しているのだろうか、ということである。女だけが自分自身の秘密、謎の答えを知っていて、それを打ち明けまいと決心している、なぜなら女は自己充足的であり、あるいは自己充足していると思っていて、そのために共犯する必要がないのだ——フロイトはそう考えているのだろうか。これが、「ナルシシズム入門」によって開かれた道である。この道は男には辛い道だ。だから男は、女の近寄りがたさ、冷たさ、不可解で「謎めいた」性質について不平を洩らす。それとも反対にフロイトは、あたかも女は自分の秘密にまったく無知で、自分は「病気」に違いない、いや病気なのだ、治るためには男なしではやっていけないのだと確信していて、自分からすすんで研究者を助ける、あるいは協力する気があるかのように、論をすすめているのだろうか。男のナルシシズムにとってはうれしいことに、フロイトはこちらの道を選んだようである。まるでフロイトは（いや男一般は）、夢でみたかのように、女が「大犯罪者」であることを「知っている」のだが、夢でよく起こるような反転によって、女をヒステリー症者だということにしているらしい。というのも、女が自分自身の罪を自覚して、男の犯罪に協力することは、大いに男の利益になるからである。女は、偽治癒、毒＝薬、「答え」と引き替えにそれをするのだが、治癒は有害なものにならざるをえない。というのも、治癒によって女は言葉を取り戻すわけだが、その際に男の言葉を模範にしなければならず、したがって自分の「要求」を黙らせなくてはならないからだ。

フロイトがその探究の過程で、自分は思弁にはいっさい頼らず観察のみに基づいていると主張しながら、このように女性をヒステリー症者に変えることができたのは、歴史的に見ればほとんどの女が男の共犯者だったからである。何よりも、自分の息子を英雄・偉人に育てることを夢見ない母親がいるだろうか。彼女たちは、自分の命を犠牲にしても、息子の犯罪に荷担するではないか。この意味で、ほとんどの女は実際に「ヒステリー症者」なのである。だからこそ、フロイトが根拠にしている材料は彼のヒステリー患者が提供したものに限られているにもかかわらず、彼は信念をもってその「結論」をいわゆる正常な女にも適用できるのだ。ヒステリー症者といわゆる正常な女との間には、たんなる程度の差しかない。だからこそ、講義「女というもの」の中で、自分の去勢に気づいた後に少女が取りうる三つの道——神経症、「男性コンプレックス」、「正常な女性性」——を提示した後、彼は結局、第三の道については何ひとつ語っていない。なぜなら第三の道は、第一の道と比べると抑圧の度合いが少ないというだけの違いしかないのである。

このように、あたかもフロイトは自分のある知識・ある答えを、女ではなく男にとって都合のいい別の答えで「隠して」しまったかのようだ。「女というもの」の結びの部分で、彼は、この講義がけっして「好意的」ではなかったことを強調している（"es klingt auch nicht immer freundlich"）。子どもは、自分はどこから来たのかという疑問に悩み（この基本的な問いは、無数のなぞなぞの中に見られる。いちばん有名なのはスフィンクスが出す謎だ）、「真理」により近いように思われる誤った「理論」を考えだし、自分がそれまでもっていた知識と置き換える（たとえば「幼児期の性理論」を参照されたい）が、フロイトはちょうどそれと同じことをしている。それはフロイトの場合、子どもと同じく、核心的な興味がまったく「理論的」興味ではないからだ。どちらの場合も、思考に課せられた仕事は何か恐ろしい危険を追い払うことだと思われる。子どもにとって、問いと答えは、自分に注がれていた母親の愛情を奪ってしまいそうな新参者と結びついた危険を避ける道を探すという、「生存上の緊急事態から生まれたもの」である。しかし、男が女をめぐる問題をみずからに課し、それに対するなんらかの「答え」を見つけるというのは、いかなる生存上の緊急事態によるのだろうか。「生存上の緊急事態」は、ここでは、男がその謎に答えようとすることと、同時に、それに「正しく」答えることができず、誤った答えしか見つけられないこと、その両方を必要としているのではなかろうか（ただし、ヘーゲルは、象徴と違って、謎にはつねに答えがあり、その問いを出す人間は答えを知っているのだが、なんらかの深い利害から、それを明かすことができない、と言う。もしその通りだとしたら、男は答えを知っているわけである）。

強い性か、弱い性か

　実際、女をめぐる男の思弁は、子どもと同じく、理論的興味から生まれたものではない。男が女についてあれこれ考えるのは、女が男を不安にし、恐怖に陥れ、不穏な不可思議さの印象を与えるからである。この恐怖を募らせるのは、女は、男の眼には「男と異なり、永遠に理解できない、神秘的で、異質で、したがって敵対的であるように見える[54]（Das Weib anders ist als der Mann, ewig unverstandlich und geheimnisvol fremdartig und darum feindselig erscheint）」（「処女性のタブー」）からである。フロイトは処女性のタブーを制定する原始人について右のように書いている。原始人が処女性のタブーを定めるのは、ある危険を恐れるからであり、「これらすべての忌避の掟には、女性に対する全般的な恐怖が表現されている」。そのため、異性の名前を口にするのを禁じるという極端な掟すらある。原始人についていえることはそのまま文明人にもあてはまる。「これらすべての中には、古臭いもの、われわれ自身の中に生きていないものは一つもない」（同右 10-388）。

　男がつねに恐れているのは「女のせいで弱くなり、女らしさに感染し、……自分が無能に見えるようになること」である。この不安の原型は「性交の、緊張を解き、弛緩をもたらす働き」であり、「性交によって女が男に及ぼす影響、それによって女が男に対して自分のことを考えさせるということ」（同右 10-388）である。

かくして女は敵となる。新しいもの、理解できないもの、不気味なものがすべてそうであるように、女は原始人を不安にさせる。とくに他の点ではひじょうによく似ている者どうしの「ちょっとした違い」は、異質さと敵意の感情を掻き立てる。そこでさまざまなタブー、とくに処女性のタブーが作られる。まるで女がいちばん恐ろしいのは彼女の最初の性体験の折、つまり「結婚初夜」であるかのように。

この処女性のタブーは、文明人にはひじょうに不可解なものに見えるかもしれないが、これを説明するのはいたって簡単であるように思われる。女は恐れるべき存在なのだ。女は「強い性」、男は「弱い性」なのだ。女は「影響力」や「権力」を行使し、男から力を奪う。この女性による支配を避け、――夢のなかのように――自分たちの都合のいいように役割を交代するために、男たちは一連のタブーを作り出すのだ。

しかし、この説明で片付けてしまうと、タブーをごく表面的なレベルで説明して済ますことになってしまう。フロイトは、自分が証明したばかりの女性の耐え難い力に直面し、パニックと興奮に捉えられたかのように、ナルシシズム論でやってみせたように、「まったく違った解決」を提示することによって、完璧な反転をもたらす。

処女性のタブーの最も深遠な動機、すなわり心の最も深い層に起因する動機は、女のペニス羨望の中にあり、この羨望は女の去勢コンプレックスに起因する。男が恐れるのはこの「羨望」なのだ。なぜなら羨望は女の中に恨みと憎しみを植えつけるからである。女は、男よりもいいものを授けられなかったとして自然あるいは母親に「騙された」と感じ、新婚初夜に復讐する。今度は自分のほうが男を去勢するのだ。「女性の未熟な性欲が、彼女に最初に性行為を教える男に向けて吐き出されるのだ。だとすれば処女性のタブーはじゅうぶん理屈に叶っている。これは、これからこの女性との共同生活に入っていこうとしているまさにその男に対して、そうした危険を避けるようにと命じているのである」(同右 10-344)。

現在なお、処女性のタブーは文明生活から完全には消えてしまったわけではない。フロイトはその証拠として、精神に障害をきたした新婚の妻の夢を引き合いに出す（ただし、どのような夢であったかは書かれていない)。その夢は「新郎のペニスを切り取って、自分の身につけたいという女の願望を物語っていた」[55](同右 10-344)。その証拠は文学にも見出される。たとえばヘッベルの『ユーディット』のような悲劇がそうだ。ホロフェルネス（ユーディットに首を切られる将軍=訳註）の首を切ることを、フロイトは去勢と解釈する。「このようにユーディットは自分の処女を奪った男を去勢する女である」[56](同右)。アンツェングルーバーの『処女の毒（Das Jungferngift)』のような喜劇もそうだ。後者の題名は「蛇使いが最初は布を蛇に噛ませ、その後になんの危険もなく蛇を扱うという習慣を思い出させる」(同右)。しかし、フロイトが挙げている例はたったこれだけだ……

「ペニス羨望」をタブーの底にある基本的動機とすることによって、フロイトは「生の緊急焦眉の課題」に対する「解決策」を出す。というのも実際これによって、男はなんの危険もなく女の操作に屈服することができるからだ。この論文全体がやろうとしている作戦とは、女に「未熟な性欲」を押しつけることによって女＝蛇からその恐ろしい力を抜くことである。この作戦の名前は「去勢」である。フロイトは、自分のものにしようとして新郎のペニスを切り取ってしまう若妻の欲望を明らかにすると称しているまさにそのときに、この去勢の作戦を実行しているのだ。まるで、フロイトをはじめとする男たちが、毒蛇（女は男にとってつねにそうだった）を負かし、その力を奪って自分のものにし、自分自身の弱さを女に投影しようとしているかのようだ。その見方からすれば、女の性欲は未熟であり、女はペニス羨望に苦しんでいる弱い性であり、男は強い性で、女を羨む理由は何一つなく、女の「恨み」から身を守りさえすればいいのだ。

しかし、女の復讐願望は本当に、いやな継母である自然に対する恨みから生まれたのだろうか。むしろ、つねに女をその権力の座から追い出してきた男とその文化に対する恨みから生まれたのではなかろうか。男たちがこれほどまでに女を恐れ、あれこれ儀式をおこなっては女を警戒するのは、自分の罪を自覚しているからではないのだろうか。男がこれほど去勢を恐れるのは、男のほうが最初に女を去勢したからではなかろうか。

ルー・アンドレアス＝ザロメは間違っていなかった。「処女性のタブー」に関して、彼女はフロイトにこう書き送っている。

ある時代には（母権的社会では）女のほうが強かったのかもしれません。そのためにこのタブーが強化されてきたのかもしれません。その後の過程で、堕ちた神と同じく、女は魔的な属性を身につけ、害をもたらすものとして恐れられたのです。同様に、神や僧侶による処女凌辱は、女がまだ「私有財産」ではなかった時代のことを思い起こさせます。それを達成するためには、彼女は自分の印象的な過去の束縛を振り捨てなければなりませんでした。このことが今なお、男の警戒のさまざまな手段の最も初期の土台にあるのではないでしょうか。[57]

母の止揚

理性ある者に対して下されうる最も屈辱的な判決は、「なんじは塵であり、やがて塵に戻るであろう」というものである。

——エマヌエル・カント『諸能力の葛藤』

この結論はいまだに正しい。とはいえ歴史的にみれば、(フロイト、ルー・アンドレアス＝ザロメ、ニーチェなど、バッハオーフェンを読んだ十九世紀の人びとの考えとは裏腹に)母権制などというものが存在したことはなく、象徴的な次元では、権力をもっていたのはつねに父親であった。母性には疑いの余地がないので、父性が必要とするような社会的確認を必要としない。父性の場合はつねに信じるかどうかの問題であり、推測の域を出ず、つねに疑問を投じられる可能性に曝されている。[58]「父性とは純粋に社会的関係である」。父性は生殖と切り離されているので、必然的に最初から社会によって強化されなければならず、社会はその「進化」の過程で父親像をどんどん大きくし、その権力を増大させてきた。[59]そのために母親が最高権威になったことはかつて一度もなかったが、母親は幻想の次元においてその役割を演じてきた。人間の生と死を司る恐ろしい神だったのはつねに母親である。女の性欲を「未熟」だとか不完全だと断ずることはじつは「母親」を去勢することである。母親は子どもにとっては「男根をもった母」であり、禿鷲の頭をもつエジプトの神ムートのように両性具有である。「その乳房が示すように、その体は女性だったが、勃起した状態の男性器をそなえていた」(「レオナルドの幼年期のある思い出」3-113-4)。

ペニスも男根も父親のものだとするフロイトの「解答」は、子どもが幻想の中で母親に与える全能性の裏返しなのである。まさにこれによって、ひとは臍の緒を断つことができ、感覚をそのまま信じることを克服し、母から父への移行、そして感覚から理性への移行を達成し、それによって文明の「進歩」を成し遂げるのである。たとえそれによって母親の死（あるいは少なくとも母親の去勢）がもたらされようとも。

フロイトの挙げている二つの夢が示しているように、フロイト自身の幻想においては、母親こそが、手の届かない女、恐ろしい女、全能の女、禁じられた女の象徴であった。母親の死の夢では、母親は鷲の頭をしたエジプトの神と結びついている。これはおそらく、禿鷲の頭をした両性具有の女神**ムート**、男根をもった母**ムート**、まさしく「**母親**」（**die Mutter**）のことであろう。

運命の三女神の夢[60]（『夢判断』2-171-4）では、母親は、人間の運命を紡ぐ三女神と同化されている。人間に命を与え、最初の食べ物を与えるのは母親である。「女の乳房で愛と飢えとが出会う、と私は思った。こんな話がある。女性美崇拝家の若い男が、彼が赤ん坊のときに乳を飲ませてくれた美しい乳母について、『ああ、あのチャンスをもっと利用しておけばよかった』と言ったというのである」（『夢判断』2-171）。ドーデの『サッフォー』を連想させる夢[61]（同右2-237-241, 193）が示しているように、母親の乳房は「食堂」であり僥倖[62]であるが、禁じられた近親相姦的欲望を掻き立てるがゆえにこの上なく危険でもある。母親と性的関係をもつことは娼婦と関係をもつ（娼婦というのは結局、母親の代理に他ならない）のと同じくらいおぞましいことである。母親像は、最高の安心と究極の危険、生と死、優しさと官能性、処女と娼婦という両義性をもった表象である。母親から離れることによってはじめて母親の属性はその対立物と切り離されるのだが、夢は抑圧や否定によって引き離されていたものをふたたび結びつける。『サッフォー』を連想させる夢を、フロイトは註の中で運命の三女神と結びつけているが、この夢は「生まれの卑しい、いかがわしい過去の」（同右2-238）人間と性的関係をもつことの危険性と関わりがある。そういう女たちをフロイトは、乳母や母親と関係があると解釈している。「まるで乳を吸っている赤ん坊が、ドーデが若者たちに与えた（いかがわしい過去の女は避けろという）警告と同じような警告を与えられているかのようであった」（同右2-240–1）。運命の三女神の夢は、顕在内容からすると「空腹の夢」（同右2-173）だが（旅から戻ったフロイトは疲れて空腹のまま床についた。そのせいで「人生の大きな諸欲求が眠りの中に姿をあらわした」のであろう）、食べ物への欲求と母親の乳房に対する子どもの郷愁とを結びつけ、無邪気な内容を利用して、独力では自由に姿をあらわすことのできないもっと重要な内容を隠蔽している。この夢を支配している思考の一つは、絶好のチャンス、すなわち母親（延期された行為の幻想においてのみ好機である）を逃したという後悔の念、つまり、罪悪感と去勢不安のせいで人生を十分に楽しめなかったという後悔の念である。この夢の教訓は「今を生きよ《カルペ・ディエム》」

である。「チャンスを逃してはならない。たとえ多少の不正をおかすことになったとしても、何か手に入れることのできるものがあるときは、いつでもそれをつかみ取るべきだ。チャンスを逃してはならない。人生は短く、死は避けられないのだから」[63]（同右2-173-4）。

この夢みられた「今を生きよ」に、母親はその定義からして対立し、欲望の実現を**延期するように**と息子に教える。「母」などというものは一度も**存在**しなかった。一度も息子の欲望をみたしてはくれなかった。「絶好のチャンス」などはなかった。純粋で無類の快楽などというものは、禁止のない自発的な自然などという観念と同じく、過去に、延期された行為の時間に投影された、たんなる夢、神話にすぎないのである。母親は夕食の準備ができるまで**待つ**ようにと息子に言う。母親は、束縛のない自然性の表象などではなく、時間、「死」、**差異**の法と必然性を象徴しているのである。

母親は、パルカ、モイラ、アナンケなどとして必然と運命を司る形象であり、「死」は避けられず、容認できず、ただ茫然とさせるだけであるということを、無言のうちに子どもに教える。

六歳のときに母から人生最初の教育を受けたが、そのとき、われわれ人間は土から作られていて、土に帰るのだということを教えられた。私は納得できなくて、その教えに対して疑いを差し挟んだ。すると母は手のひらを擦り合わせ——団子を作るときのまったく同じ仕草で、ただ手の中に捏ねた麦粉がないだけだった——われわれが土から作られている証拠として、手のひらを擦り合わせたためにできた**表皮**（エピデルミス）の薄黒い垢のかたまりを私に示した。実物を見せられて、私はものすごく驚き、後に耳にした「どうせ一度は死ぬのだ（Du bist der Natur einen Tod schuldig.）」という文句に表現されているものを納得したのだった。[64]（『夢判断』2-171–2）

母親＝モイラが教えるのは、すべての**贈り物**、人生のあらゆる瞬間は無料ではないのだということである。すなわち生の贈り物は同時に死の贈り物であり、母なる自然はけっして（自分を）惜しみなく与えたりはしないのであり、「彼女の贈り物の成果は彼女自身の胸の中に残っているのだ」ということである。

このように運命の三女神の夢は母親を、乳母、誘惑する女、そして死を同化しているが、ずっと後に書かれた「三つの小箱のテーマ」はそれを「男にとって不可避の、女性に対する三通りの関係」と呼ぶ。「すなわち男を生む女、男と交わる女、男を破壊する女である。〔……〕男の人生において母親像がとりうる三つの形であるともいえる。母それ自身、男が母親像にもとづいて選ぶ恋人、そしてふたたび彼を受け止める母なる大地である」（「三つの小箱のテーマ」)。

「三つの小箱のテーマ」は、かつて夢の中に**具体的イメージ**として現れたものが理論という形で「再登場」したものである。息子は、母親が彼のほんの小さな頃から彼の目の前に置いていたものを、一般的で学問めいた公式(「ひとはかならず一度は死ぬのである」)にすればそれでよかったのだ。

「三つの小箱のテーマ」においてフロイトは母親から借りていたものを返す。この論文は母親に対する恩義なのだ。フロイトはここで自然を賞讃している。ある意味で、彼は母親を優越した立場におき、母親を「救う」ために、自分自身の人生を断念している。母親への賛辞は、彼が自分の分析(とくに『リア王』の分析)から引き出す永遠の智恵の中にある。その智恵とはすなわち、ひとは愛を諦め、死を選び、死の不可避性と和解しなければならない、ということである。この智恵こそが、彼の母親がイメージを使って彼の目の前で**実演**してみせながら教えたものである。この論文は、その智恵が、多かれ少なかれ後代の神話や文学に隠されている**原神話**の智恵への単純な回帰に過ぎないことを言明する。じつはこの原神話そのものは文学にもとづいて後に作られたものなのだが。

神話とその真理の優越性を確証することは、思弁や合理的・男性的理論がひとりの女——母親——の**視覚的実証**にいかに多くを負っているかを認めることである。それは、この輝かしい「文明の進歩」は母親の明らかな媒介がなかったら達成されなかったのだということを認めることである。教育上の秩序は自然の秩序に劣らず厳しく、諸感覚、神話、**母親による教育**[65]を経ることを命じる。母親の教育は来たるべき学問・科学を先取りしている。学問・科学においては、男はたんに、女がつねに知っていたことを公式化・理論化するだけのことである。女はそれを知っていたのだが、言葉にはできず、示すことしかできず、沈黙を強いられ（夢の中では母親は口をきかない）、文化の中では死の位置におかれた。この教育上の秩序から逃れようとすること、つまり母親、感覚、神話を**通過**せずに済まそうとすることは、母親の体からは生まれなかったと主張するのと同じくらい空しく、最も不条理な死、すなわち世代の自然な順序に従わない死と同じくらいに不条理である。結局のところ、それは自己増殖への願望に他ならない。つまり子どもを産む前に母親が死ぬこと、あるいは母親よりも前に子どもが産まれることを望むことに他ならない。そのような不条理な世代順序の攪乱がもしありうるとしたら、それは、死の自然な順序の混乱（母親より先に息子が死ぬとか、父親より先に娘が死ぬなど）が残された者にとって堪えがたいのと同じように、癒しようのない罪悪感をうみ、悲しみは癒えないだろう。というのも、ひとは死一般の不可避性に——つまりモイラやアトロポスたちの一人に——身を委ねることは可能でも、「運命の法則の中に含まれた偶然性」（同右3-278）を指す、三姉妹の二番目であるラケシスに服従することはできない。なぜなら、この偶然の要素、すなわち事故は、その不条理性と不正によって、あらゆる支配、あらゆる智恵、あらゆる慰めの「関連のある」公式を免れるからである。これこそまさに、フロイトが絶対に堪えられなかったことであり、三女神の一番目であった母親が、これに身を委ねるようにとは教えなかったものである。自分のほうが母親より先に死ぬなど、彼には考えることすらできなかった。娘の誰かが死ぬとか、孫息子のだれかが死ぬという事実も同じであった。一般的な運命、つまり死は避けられないのだということを教え込むことはできるかもしれないが、それでもなお、死の不条理性はあらゆる教育、あらゆる止揚に抗うのである。

母親など必要ないと主張すること、母親の「殺害」を実行することは、したがって不条理であり、息子の死を早め、その学問のすべてを無にしてしまうだけである。それはフロイトにはとても堪えられなかった。

「三つの小箱のテーマ」は「ナルシシズム入門」と同じ頃に書かれたが（たんなる偶然ではない）、このように、息子の学問が非常に多くのものを母親に負っていることを認めている。この論文は、母親の、かけがえのない（ブランショ的な意味での）魅力的な全能性を示し、母親を「東洋の民族の偉大な母性神たち」と比べている。「彼女たちはすべて創造者であると同時に破壊者であり、生と豊穣の女神であると同時に死の女神でもあったようである」

（「三つの小箱のテーマ」3-289）。

それと関連して、神話の取り替え不能な性質も、ニーチェ的に（『悲劇の誕生』のニーチェ）捉えられている。すなわち文学においても精神分析においても神話こそがすべての真理の源泉である、と。たしかに、フロイトの他の論文もほとんどすべて、精神分析の知は神話や詩によって「先取り」されていることを認めている。ところがフロイトは（もはやニーチェ的にではなく）アリストテレス的に、その「先取り」を、支配するために持ち出している。[66] つまり、たしかに神話は「知っている」が、その知り方は、不完全で、子どもっぽく、混乱していて、印象主義的で、不明確で、無意識的であり、真理に（正しい言い方によれば）同意するためには、成人の分析的な知によって高められ、それを通してみなければならない。神話は真理の力を捉えてはいるが、その神話的な力は、精神分析学の公式化・理論化によって成文化されたときにはじめて意味をもつのである。

「三つの小箱のテーマ」と私たちがこれまで扱ってきた一群の論文との間には力点の移動がみられる。「三つの小箱のテーマ」は神話の先行的全能性、すべての真理の唯一無二の源泉である母親の全能性を強調している。そこでは学問・科学は母親がつねづね「教えてきた」ことへの回帰にすぎない。それに対して他の論文は、母親が混乱しながら予期していた息子の知によって神話と母親（それはオルフェウスの妻エウリディケのようにつねに失われていたのだ）を「止揚」することの必要性が強調されている。前者の場合は母親からのすべての贈り物を返し、受胎の唯一の源として母親の胎内に**回帰する**。運命の三女神の夢によれば、フロイトが「他の欲望をいっさい忘れて最も幸福な学生時代を送った」（『夢判断』）大学は、精神の糧を与えてくれる**母校**であった。[67]フロイトはその大学で、自分の著作を剽窃したとしてある人物（クネードル）を非難した教授から、かつて運命の三女神のひとりである母親が団子（クネーデル）を作りながら彼に「見せた」こと、すなわち表皮に関する組織学的な知識を、もう一度習ったのだった。この場合、『サッフォー』を連想させる夢と同じく、息子を生み、乳を与えるのは母親である。後者の場合は、いまや成人となった息子が母親を「持ち上げる」。息子が腕と理性の全力をあげて母親を支えるのである。同じように、ドーデの小説『サッフォー』では、それを連想させた夢よりも詳しく、男が、自分が性的関係をもった生まれの卑しい女を抱えていく。リア王がコーディリアを抱くように。この場合、夢と同じような明確な逆転が起きている。フロイトの**夢**はこうである――母親／死の必然的で原初的な支配から逃れるためには、理論的なものの力が神話を支配し、母親や死の全能性を克服し、息子と父親に余分な力――それは象徴的な力に他ならない――を与えなければならない。しかし、母親／死を止揚することは可能なのだろうか。

あらゆる哲学が夢みてきたその「止揚」（releve, Aufhebung）はかわいい夢にすぎない。運命の三女神の夢の後半部分はこの支配への欲望をみたし、力の逆転を本当に実現している。前半ではずっと不在だった父親が後半では息子のライバルとして登場する。息子は、父の服を着て父の羽毛で自分を飾ることによって、父親の財産を「自分のものにしよう」としている。次から次へと連想を続けるうちに、剽窃の観念に突き当たる。息子はかつて父親に復讐され去勢されるのではないかと恐れていたが、いま、彼は父親に借金を返す。つまり羽毛を返し、さらにもう一つのペニスを捧げる。それは母親のペニスだ。息子は母親を捨て（これによって母親は羽毛を失った）、悲しい「ペニス羨望」を抱くことになる。実際、この夢はふたりのライバルの和解で終わる。「その後われわれはとても仲良くなった」（『夢判断』2-171）。この最後の父親と息子の共犯関係は、最初の母親と息子の共犯関係を反復し、埋め合わせているのである。母子の共犯関係が、「父親の殺害」を、したがって幼児的な性的探究とその後の知的探究を可能にしたように、父子の共犯関係は「母親の殺害」（もし可能ならば）を許し、科学・学問に勝利をもたらすはずである。科学はその神話的起源から「切り離され」、臍の緒を切り捨てる。これがフロイトが夢みた認識の断絶だったのである。

和解したフロイト父子はいっしょに手を取り合って去勢の操作へと向かう。しかしそれはかならずしも完璧な歓喜（Die Freude）によって特徴づけられるようには起きない。実際、この夢のある細部は、彼らの象徴的な力はひょっとしたら皮膚から剥がれ落ちてわれわれが死すべき存在であることを証明する表皮のかすと同じくらい脆弱かもしれないということを示している。象徴的なるものの象徴である「父の名」は崩れて塵となる。固有名詞に対する脆弱性が、その永久性と持続性は名目上の因習的なもの、すなわち去勢の裏返しにすぎないという事実を強調する。ちょうどフロイトの名前が示す歓喜（Freude）が、割礼をほどこされた人びとというあまりに現実的な「人種」に自分が属しているという苦さを、隠していると同時に暴露しているように。「ユダヤ人は歓喜のためにつくられ、歓喜はユダヤ人のためにあるのです」（Der Jude ist für die Freude und Freude ist für den Juden.）（マルタ宛て書簡、一八八二年七月二三日付）。この名前はこれまで何度となく下らない洒落のタネにされた。たしかゲーテはどこかで、人間は自分の名前には敏感だということを書いていた。名前はまるで皮膚のように自分と一体化してしまっている、と。彼は、ヘルダーがゲーテの名前を使って書いた戯詩に関連して、そう書いていた。

Der du von Göttern abstammst, von Gothen oder vom Kote.
So seid ihr Götterbilder auch zu Staub.

きみの祖先が神であれ、ゴート族であれ、糞であれ、神々の写し身であるきみたちも塵だということだ。[68]（『夢判断』2-173）

このようなフロイトの二重の態度はいたるところに見られる。すなわち一方では、運命の女神や偉大な母性神に姿を変えた母親の（幻想上の）全能性を認め、他方では、この母親の力を男が利用することを夢みる。男は、母親の真の「抵抗」（母親の媒介は取り替え不可能だし、母親は止揚不能である）と、象徴的なるものの脆弱性にぶつかる。このことがフロイトの自分勝手な解決が虚構であり「理論的」にすぎないことを物語っている。

別の夢（Autodidasker）に関連して、フロイトはある日ブレスラウ教授から子どもが何人いるかと尋ねられたことを思い出す。「（男女）三人ずつです。子どもたちは私の誇りであり財産です」――「なるほど、気をつけなさい。娘のほうは問題ないが、男の子を育てるのはなかなかむずかしいですからね」（『夢判断』2-252）。

その指摘は、息子たちの教育に対してフロイト自身の妻が抱いていた懸念と合致していた。「明らかに、私の息子たちの将来に関するこの二番目の診断は、私の患者が神経症だという第一の診断と同じく、私には気に入らなかった。〔……〕神経症の話を夢の中に取り入れる際、私はそれを教育に関する会話と置き換えたのである。教育のほうが夢思想とより密接な関連をもっていた。というのもそれは私の妻が後に洩らした懸念と深く関わっていたからである」(同右)。

この夢が物語っているのは、自分の息子たちをめぐる懸念が間違っていてほしいというフロイトの願望、ブレスラウ教授が彼の患者に関しても息子たちに関しても間違った診断を下したのだという希望である。では、息子たちにとってそれほど危険なことといったら、彼らの**性生活**以外にあるだろうか。女性のせいで、男は性生活においては、器官障害か機能障害、全身麻痺か神経症か、という二者択一を迫られる。フロイトが恐れているのは、息子たちが**女によってダメにされる**のではないかということである。彼は自分が間違っていることを望み、教授や自分の妻が間違っていることを望むが、これはたんに**夢の願望**にすぎない。実際には彼ら全員が正しいことを彼は**知っている**のである。

三人の女の子と三人の男の子。おとぎ話のように、三人の運命の女神、三人の恐ろしくまた魅力的な妖精は、育てるには「安全」(!)だが、もし父親が介入しなかったら、もし女性に固有の悪[69]を自分の分析・浄化によって取り除かなかったら、もし自分の魔法の杖[70]を振って彼女たちの力を少しでも削がなかったら、もし息子たちを救うために、自分では否定しつつも、女を「貶めたいという偏向的な欲望」を取り上げなかったら、彼女たちは本物の魔女のように、三人の兄弟たちを支配し、汚染してしまうだろう。この明白な企てと引き替えにしてはじめて、文明人は歓喜とじゅうぶんな性的能力を手に入れられるのではなかろうか。侮辱の条件がみたされしだい、官能は自由に表現され、重要な性的能力と高度の快楽が発達する……。文明が愛の上に課した束縛には、性的対象を貶めたいという普遍的な傾向も含まれているのだ。[71]

ペニス羨望者、娼婦、同性愛者、フェティシスト

女に不完全な性を与え、女の権力を奪って男に与える去勢行為を、男に十分な性的能力を取り戻させるために女の価値を引き下げる去勢行為と、いかにして同一視できるのか。いいかえると、フロイトの理論＝作り話において述べられているペニス羨望者としての女を、娼婦と同一視することができるのか。もしできるなら、フロイトが心配していた息子たちにとっての深刻な危険とは、文明社会の男の性的関係を容易にする娼婦のことではなかろうか。だとしたら、フロイトは文明社会の男の性生活を解決するものとして娼婦を提案することができるのか（なぜなら文明社会の男すべての愛情生活を特徴づけているのは、ある程度の心理的不能である）。

一見すると、「ペニス羨望者」と娼婦を同一視することは絶対にできないように思われる。

後者は男を惹きつけるが、前者は拒絶する。実際、女性性器——母親の女性性器——によって掻き立てられる恐怖は、不完全な性が存在するという認識、ペニスの欠如の発見と直結している。フロイトはいくつもの論文でそのことを繰り返して強調している。ただし「不気味なもの」（一九一九）はいささか曖昧で、不気味なものを、抑圧されたものの回帰、かつて秘密（heimlich）だったものの再現、すべての人が出発した、完璧な平和と秘密（Heimlichkeit）の中にいた場所の再現に結びつけている。「神経症者はしばしば、女の性器にはどこか不気味なところがあると言う。しかしこの不気味な（unheimlich）場所は、すべての人間のかつての故郷（Heim）、つまり誰もがかつて最初に住んでいた場所へと通じる入口である。〔……〕この'un'という接頭辞は抑圧の刻印である」（「不気味なもの」3-350）。

これ以外の場所、すなわち「幼児期の性器体制」（一九二三）や「フェティシズム」（一九二七）では、女によって掻き立てられる恐怖（Grauen）、女性嫌悪、女性に対する一般的な軽蔑は、ペニスの欠如を知った瞬間、とくに母親自身もこの大事な器官をもっていないことを発見した瞬間に生じる去勢不安と結びつけられている。この恐怖は、メドゥーサの首によって掻き立てられる恐怖に喩えられる。メドゥーサの首は、（さまざまな感情の中で最も古い）恐怖を示すギリシア的な象徴であり、母親の恐ろしい性をあらわす像そのものであり、恐怖の結果を快楽の結果から切り離すために、ますますもって恐ろしい。フェレンツィから女性性器とメドゥーサの首[72]の関係を示唆されたフロイトは、自分の個人的な寄与として、この象徴に表されているのは母親の性であるという考えを付け加えている。「幼児期の性器体制」では、フェレンツィを引用するにあたって、註のなかで「神話で示されているのは母親の性器であることを付記したい。したがって、甲冑の上にメドゥーサの首をつけているアテネは、その姿を見ただけで性的に接近しようという気が失せるような、近づきがたい女になっている」（11-100）と書き添えている。そして「メドゥーサの首[73]」では、

したがってメドゥーサの恐怖は去勢恐怖であり、この恐怖は何かを見たことと関係がある。われわれは無数の分析から、それがいつのことかをよく知っている。それは、それまでは去勢の脅しを本気にしようとしなかった男の子が、女性性器（おそらくは陰毛に囲まれた成人女性の性器、本質的には母親の性器）を見た瞬間のことである。〔……〕処女神アテネはそのドレスの上にこの恐怖の象徴をのせている。それは当然である。というのも、アテネはそれによって近づきがたい女性となり、あらゆる性的欲望を斥ける。なぜならアテネは「母親」の恐ろしい性器を示しているのだ。

女性を蔑視し、性的に「軽視する」ことは、性的交渉を容易にするどころか、接近しよう

という考えをいっさい圧しつぶす。すべての女が、あらゆる欲望を拒絶する、近づきがたい、禁じられた「母親」になる。性器によって掻き立てられた恐怖はつねに、近親相姦関係に対する欲望と恐怖に結びついている。なぜなら、もし父がすでに共犯者である母を去勢してしまったのだとしたら、同じように息子をも去勢するかもしれない。「自然は、あらかじめ用心のために、その人物のナルシシズムの一部をその器官に与えておいたが、そのナルシシズムが」この危険に対して「抵抗する」(「フェティシズム」5-109)。恐怖はけっしてたんに他者＝母親の去勢によって掻き立てられるのではなく、つねに(母親との同一視を通じて)自分自身の去勢不安でもあるのだ。したがって女/母にはペニスがないという確信は、男を女から引き離し、同性愛へと向かわせる。フロイトにいわせれば、メドゥーサの首の象徴がギリシア人のものであることは偶然ではない。「ギリシア人は主に同性愛傾向が強かったので、その中に、男を怖がらせ、拒絶する(なぜなら彼女は去勢されている)者としての女の表象(Darstellung)を見つけなければならない」[74](「メドゥーサの首」)。

実際、この恐怖に直面した男には解決法が二つしかないように思われる。同性愛とフェティシズムである。どちらもけっして「病気」などではなく、以上のような状況からすれば男のリビドーの**正常**な運命であろう。この状況では**異常**なのは異性愛である。したがってわれわれは、すべてとはいわずとも、いかに多くの男たちが自分の恐怖を克服し、女との性的関係に快楽すら経験するということを理解しなければならない。この問題について論じるとなると、自分が述べた見解を疑わざるを得なくなるから、フロイトはこの問題に触れることを無造作に拒否する。

おそらくどんな男も、女性性器を見たときの去勢恐怖から逃れることはできないだろう。だがどうして、ある男はその印象の結果として同性愛者となり、ある男は呪物《フェティッシュ》を一つ作ることによってその印象から身を守り、大多数の者はそれを克服するのか、正直なところ、われわれには説明できない。また、そこに作用しているすべての要因の中で、ごく少数の病理学的な結果をもたらす決定要因はどれか、われわれにはまだわからない。われわれは、これまでに起きたことを説明できればそれで満足し、どうしてあることが起きなかったのかを説明するという仕事は、当面のところ脇に置いておいた方がいいだろう。(「フェティシズム」5-393)

フロイトは、少なくとも「当面のところは」説明しない、と言う。だが実際にはフロイトは、自分では認めようとしないが、「説明」を与えているのではなかろうか。「ペニス羨望」への信仰こそが、この謎に対してフロイトが提示する答えではなかろうか。というのも、もしペニス羨望が女のペニス欠如と去勢を暗に意味しているとしたら、それは同時に、男のペニスが無傷であり続けることを暗に強調しているわけである。したがって女のペニス羨望は男に、去勢不安に対する安心を与えることになる。メドゥーサの首によって掻き立てられる恐怖はつねに突然の硬直（Starrwerden）を伴うが、これは勃起を意味している。「彼はまだペニスを所有しており、彼は硬直によってそれを確かめる」（「メドゥーサの首」）。恐怖を掻き立てる物それ自体は「実際には恐怖を**軽減する**役割を果たしている」（同右、強調引用者）。ペニス羨望は、メドゥーサの首からはえている髪の毛と同じ役割を果たしているといってもいいのかもしれない。髪の毛はたいてい、ペニスの代理物である蛇によって表されており、ペニスの欠如こそが恐怖の本質的な原因なのだから。ペニス羨望は、ある意味で、男性のペニスの象徴的増殖に相当すると見られている。そして、女性性器をみたときの恐怖がつねに、その魔除けとして、まるで「おまえなんか怖くない。おまえなんか目じゃない。私にはペニスがあるんだから」と言わんばかりの、男性性器の勃起、ペニスの露出を伴うとしたら、男を女から引き離すはずであったものがどうして同時に男と女に近づけるかが理解できる。女性性器は恐怖と快感が渾然一体となったものを掻き立て、去勢不安を掻き立てると同時に宥めるのである。

女のペニス羨望は、女がもはや持っていない（かつては持っていたが、父親に切り取られてしまった）ペニスを男は無傷のまま持っているという事実を示し、女が全能でなくなってしまったことを意味しているので、男の力を増し、これによって男は抑圧的な恐怖を克服する。まるで「ペニス羨望」は、男のまだ無傷で完全な性を――いわば否定的に――露出することによって、性的対象としての女の価値を取り戻すかのようだ。

女のペニス羨望はたしかにフロイトにとって最良の解決法だ。この解決法は、娼婦に頼る危険な解決法を不要にする。生まれの卑しい娼婦たちは、男の性欲を高め、近親相姦との連想をいっさい払いのけるために、軽蔑される。ただし娼婦の像は、母親像がきれいに二つに割れた結果生まれたものであり、娼婦への愛は、母親に対する男の子の愛のある固着がとりうるさまざまな形のひとつにすぎない。しかし、外見上は母親とはまったく違う対象を選択することは、実際にはかならず母親の原型を明るみに出すことになる。娼婦は母親の代理物に他ならず、母親の特徴をすべてそなえている。「分娩が長引くと、［新生児の頭は］かならず母親の骨盤の狭い部分と同じ形になる」が、ちょうどそれと同じことである。[75]

ペニス羨望はまた同性愛による解決をも不要にする。極端にいえば、同性愛は人類の滅亡をもたらす。さらに、フェティシズムによる解決をも不要にする。フェティシズムは、フェティッシュという形での防御を提供することによって去勢の脅しを克服する。フェティッシュとは「男の子があると信じ、しかも――私たちのよく知っている理由で――断念しようとしない、女性（母親）のペニスの代理物」（「フェティシズム」5-392）なのである。だがじつはこの解決は妥協にすぎない。というのも、フェティシズムは幻想の中で女にペニスを与えることによって愛情生活を容易にするが、フェティッシュの本質からして、女は去勢されたのかされていないのか、男は去勢される可能性があるのかないのかをめぐる疑問の余地は残るのである。実際、フェティッシュは現実の妥協、去勢に対する否定と肯定の分離から生まれるのだ。フェティシストは、子どもと同じように、女（母親）には男根があるという信仰を保持すると同時に放棄する。「欲せざる知覚の重みと反対願望の強さとの葛藤のなかで、無意識的な思考法則の支配のもとでのみ可能な、ひとつの妥協が生まれる」（同右5-393）。この妥協は時どき、「フェティッシュの構成そのもの」の中に、すなわち**自然によっては決定不能な**[76]「補助柱[77]」の中にあらわれる。ただしこの「決定不能性」が最も顕著にあらわれるのは、フェティッシュが「相矛盾する観念と二重に結びついていて、そのためにとくに長持ちするときである。

ある男の場合はそうだった。彼のフェティッシュは、水泳パンツとしても着用できる運動用サポーターだった。この布きれは性器をすっぽり隠し、性器の男女差をも隠した。分析で明らかになったのは、それが、女は去勢されているということと、女は去勢されていないということを、同時に意味しているということだ。それはまた、男性も去勢されるという仮説を否定しない。なぜなら、それらすべての可能性はサポーター（子ども時代におけるその最初の萌芽は、彫像に付けられた無花果の葉だった）の中に隠すことができるからである。（同右5-395）

フェティッシュがけっしてペニスの唯一の明確な代理物ではないことは、フロイトが挙げているすべての例が示している。フェティッシュを（ペニスとして）崇敬するフェティシストはしばしば「明らかに去勢行為を示しているとすぐにわかるような仕方で、フェティッシュを扱う。これは、とくに父親に強く同一化していて、父親の役割を演じている場合に起きる。なぜなら、彼は子どものとき、女性を去勢したのは父親だと考えていたのである」（同右5-395）。この場合、区別は、フェティシストが自分の現実の行動（呪物を崇敬する）と幻想上の行動との間に引いた一線の中にあらわれる。この亀裂がフェティッシュの曖昧さを暴露する。

他の場合、フェティシストはフェティッシュに対して愛情と憎しみの混じり合ったものを示すため、去勢の否定あるいは承認は多かれ少なかれ認識しやすい。髪切り男の例はそれにあてはまる。[78]

彼の場合、彼自身は否認するが、去勢を実行したいという欲求が前面に出ている。彼の行為の中には、「女はペニスをもっている」と「私の父が女を去勢してしまった」という、互いに両立不能な二つの主張が含まれている。社会心理学におけるフェティシズムに相当する別のタイプは、女性の足を切り、切った後に呪物のように崇敬するという中国の慣習の中に見て取れる。まるで中国の男たちは、女性がみずから去勢に身を委ねたことに対して、女性に感謝しているかのようだ。(同右 5-395、強調引用者)

フェティッシュは、どんな場合でも実際には決定不能な妥協であり、曖昧である(この点で、両性的なヒステリーの症候と似ている。その症候とは、ヒステリー症者の男性性と女性性のどちらかを選ぶことができなくなるというもので、抵抗はこの状況を最大限に利用する)。また、同一性の論理や第二次過程の矛盾の論理をはるかに超えて、「両立不能な」主張を妥協させようとする。だからフェティシストはフェティッシュのおかげで、自分で作り上げた多少とも複雑な要求に従って、ありとあらゆる範囲の物を利用することができる。だが、他のすべての妥協と同じく、フェティッシュは、去勢とその否定という二つの立場のどちらにとっても全面的に満足のゆくものにはなりえない。デリダの『弔鐘』はこれをじゅうぶんに明らかにした。決定不能なものについて思弁すれば、つねに負ける。多義性や両義性は、二つの仮説間の永遠の揺れを伴う。二つの傾向が絶対的に引き裂かれ、そのうちの一方、すなわち去勢の現実にもとづいている方が完全に消滅しないかぎり、その揺れは止まらない。しかし、そうなると、それはもはやフェティシズムではなく、精神病である。ということはつまり、フロイト的解決、フェティシズムの解決は、神経症や精神病の解決に劣らず一般化不能なのである。フロイト的解決、つまり男のペニスを**羨望する**不完全な性を女に与えるという解決によってのみ、女性の去勢を認めると同時に自分自身の去勢不安を克服することが可能になる。父親が女を去勢し、母親の男根を「補助柱」(colonne supplémentaire)という形で息子に与えたというわけだ。これはあらゆる目的に有効だ。この補助柱、つまり彼の性的能力あるいは彼の性器がこのように二倍になったおかげで、女の性に直面したとき、男はもはや、まるで「王権と教会が危機に瀕しているかのように」(「フェティシズム」5-392)パニックに陥ったりはしないだろう(このパニックは、子どもの、そして後にはおとなの、自然発生的フェティシズムの源泉である)。

「王権と教会が危機に瀕している」

このパニックが恐ろしいのは、その性的な影響力のせいだけでなく、おとなを子どもと同じように、父親に――したがって「王権」と「教会」に――依存させておき、偉大な発見や進歩や英雄的行為に必要な知的独立の達成を邪魔しかねないからである。英雄になること――謎が解けること――は、去勢も死も怖れずに、あらゆる信心・信仰を捨て、父親を「殺し」、母親と寝ることを意味する。だからこそオイディプスただひとりが真の英雄だったのであり、知に対する無限のディオニュソス的情熱をもっていた。というのも彼は――盲目になること、つまり自分が去勢される危険をおかして――「自然の秘密」を知り尽くすことを怖れず、自然の掟すべてを破ることを怖れなかった。

補助柱による支えを必要とする者、つまり去勢の恐怖を克服できず、母親との近親相姦の観念と和解できていない者は、自然の秘密を「真に」知ることはできず、父親を殺して偉人になることはできない。

レオナルド・ダ・ヴィンチの例は一つの基準になるだろう。彼は母親への愛情から、自分を父親と同一視し、父親に打ち勝ち、反逆し、驚くべき探求作業を完遂した。かくして、『意見の相違が生じたときに権威に訴える者は、理性ではなく記憶で考えているのだ』と大胆にも言ってのけた男は、近代で最初の自然科学者となり、また、観察と自分の判断にのみ頼って、自然の秘密を探求しようとした、ギリシア人の時代以来初めての男たらんとするその勇気は、無数の発見と示唆に富むアイデアによって報いられた」(「レオナルド」3-136、強調原著者）のである。しかしこの父親からの知的独立は、あらゆる心理の源泉である母親／自然への服従の裏返しである。

しかし彼は、権威など重んずべきではないと説き、また「古人」の模倣はやめるべきだと説き、**自然の研究こそすべての真理の源泉である**と繰り返し強調したが、それは、子どものときに世界を眺めて驚嘆したときにすでに押し寄せていた一方的な見方を――人間のなしうる最高の昇華によって――繰り返していたにすぎない。科学的抽象をふたたび具体的な個人的体験に翻訳し直してみれば、「古人」とか権威とかがじつは父親のことであり、自然は彼を育ててくれた優しい母親のことだということがわかる。彼以外のほとんどの人間の場合は――今も原始時代に劣らず――なんらかの権威に**支えられたい**という要求があまりに強いので、その権威が脅かされると**彼らにとっては世界そのものがぐらつき出す**。レオナルドだけはその支えを必要としなかった。だがもし人生の最初の数年のうちに父親なしで生きることを学ばなかったとしたら、支えなしではいられなかったであろう。大胆にして独立心にみちた後年の科学的探求は、父親に禁止されなかった幼年時代の性的探求を前提にしており、その探求から性的な要素を排除して継続したものだったのである。（同右3-136、強調引用者）

レオナルドは幼い頃からずっと父親に脅かされなかったために、教条的な宗教の束縛からも逃れることができた。精神分析によれば、「父親の権威が崩れるやいなや、若者たちは信仰心を失う」（同右）。レオナルドの深遠な叡知は、フロイトと同じく、「運命の必然の前に平伏し、神の善意や恩寵によって宥められることをまったく期待しない人間の諦念」（同右3-138）の中にある。

それでもなおレオナルドはオイディプスほど遠くには行かなかった。彼は「昇華された」形でのみ自然の秘密を明かそうとした。彼の探求は性的なものとはいっさい無縁であり、レオナルドは他の分野では驚くべき大胆さを示したにもかかわらず、性的な主題はいっさい避け（それによって自分の抑圧を暴露した）、彼の「過剰なほどの探求本能」も性行為を描く際にはまったく無力で、彼の性行為の描写はへたで不正確だった。[79]

彼に注がれた母の愛、そして母に対する彼の愛のおかげで、彼は母の権威以外のいかなる権威からも身を引くことができた。母は手の届かぬ存在であり、自然はあらゆる真理の源泉であり、女たちがするように問題は母を**模倣する**ことだけだ。自然の模倣の規則は、レオナルドの天才的想像力が直面した限界だった。彼はなんとか自分自身から父親の権威の影響を払いのける一方で、母の、男根をもった禿鷹の母親の、自然の善意と全能への信仰は無傷のままずっと保っていた。どうやら彼は母という柱に寄りかかりつづけてのみ、そして、去勢不安をすべて克服していなかったため、父親の支えなしでやっていけたのだ。
レオナルドはオイディプスとドストエフスキーの中間的な位置を占めている。ドストエフスキーは王権と教会を前にした「パニック」をあやうくかろうじて克服した人物であるからして、人類が感謝するような真の偉人ではありえない。

個人の本能的欲求と社会の要求とを和解させようとして悪戦苦闘した末に彼が到達したのは、世俗的権威と精神的権威の双方に服従し、ロシア皇帝とキリスト教の神の双方に畏敬の念を捧げる〔……〕という後退した地点であった。ドストエフスキーは、人類の教師・解放者となる機会を放棄し、看守のひとりになった。未来の人間文明が彼に感謝しなければならないものはほとんどないだろう。[80]（「ドストエフスキーと父親殺し」3-413）

ドストエフスキーはそのオイディプス的な罪悪感から、最終的には「小さな父親」であるロシア皇帝に屈服し、フェティシストが母親の去勢の否定と肯定との間で揺れるように、宗教の分野では信仰と無神論との間を揺れ続ける。同じ理由で、ナルシシズムのために、男根の、男根だけの価値に疑問を投じることができなかった。男根とは、善意にみちたやさしい自然が息子たちに与えたペニスである。自然はそれによって娘たちに「羨望」された。娘たちは、自然が自分たちにした仕打ちにひじょうに敏感である。

底の岩盤

この一連の「英雄」たちのなかでフロイト自身が占める位置はレオナルドにひじょうに近い。レオナルドの場合と同じく、フロイトにとって、父親殺しは母なる自然への服従の裏返しである。彼は宗教という幻想への信仰をいっさい捨てたが、必然、すなわち偉大な女神アナンケには服従し、自分を断念する。アナンケは優しく善意にみちているだけでなく破壊的で致命的でもある。[81] レオナルドの場合と同じく、深く愛し尊敬する母は**男根をもった母親**なのである。レオナルドと同じく、フロイトは自分の母を禿鷹と同一視し、母親は男根をもつという子どもの信仰を自分の理論の中に取り込む。女にはペニスがないことを彼は完璧に知っているが、男の男根的全能感を女が認識することに相当するものへの欲望を女に与える。フロイトは、女が自分自身を、自分の母を、他のすべての女を、軽蔑するようにする。「女の子の愛が向けられていたのは［去勢された母親ではなく］男根をもった母親だった。〔…〕女にはペニスがないことが発見された結果、女の子にとっても、また男の子にとっても、後には成人男性にとっても、女性の価値が下落してしまう」(「女というもの」1-489)。フロイトは、女性自身が**女性性を拒絶する**ように計らう。この拒絶は男女に共通のものだが、フロイトはこの拒絶を、アードラーのように社会的抑圧の結果とは捉えず、**どうすることもできない生物学的事実**、すべての分析が突き当たる岩盤、その必然的な限界と捉えた。それは、男女に共通でありながら異なった形であらわれる去勢コンプレックスを明るみに出す(男性性器を所有したいという女の積極的な欲望、ペニス羨望。他の男への受動的な態度に対する反逆。男性的抗議)。これが、男の場合だと転移への大きな抵抗の源泉であり、女の場合だと、深刻な抑鬱発作の源泉である。この発作が起きると女は、分析治療なんかなんの役にも立たない、自分は絶対に変わらない、と確信する。そして厳密にいえば、彼女は間違っていない。

自分の身に男性性器がそなわっていないことが耐え難く、今からでもそれを手に入れたいという願望が、彼女に分析を受けに来させた最も強い動機だったのだということを知れば、われわれは彼女が正しいことを認めないわけにはいかない。〔……〕われわれはしばしば次のような印象をもつ。すなわち、分析治療によってペニス羨望と男性的抗議にまで到達すれば、すべての心理学的な地層を突き抜けて、底の岩盤に突き当たったのであり、われわれの仕事は終わったのだ、と。この印象はおそらく当たっているだろう。というのも、精神的なものにとっては、その底にある岩盤の役割を演じているのは生物学的なものなのだから。女性性の拒否はひとつの生物学的な事実、性という大いなる謎の一部に他ならないのである。(「終わりある分析と終わりなき分析」6-412)

結局のところ、女の謎とは次のようなことに尽きる。すなわち、いったいどうして自然／生命界は、女などという、男にも女にも恐怖心を抱かせる去勢された存在を欲したのだろうか。アリストテレスが考えたように、その存在は自然の「屑」以外の何物であろうか。おそらく生そのものだけがこの問いに答えられるのだろうし、結局、謎の答えは精神分析ではなく生物学の中にある——というのが講義「女というもの」の結びの言葉であり、フロイトの生涯最後の文章のひとつである「終わりある分析と終わりなき分析」の末尾の言葉でもある。フロイトは「生」あるいは「自然」の前で平伏する。彼は、ただひとり秘密、つまり謎の答えをもっている母親の前で平伏する。そして近親相姦の禁忌を犯すことを怖れぬものだけがそれを探しに行くことができる。オイディプスだけが、母なる自然の子宮それ自体から彼女の最も神聖な謎を盗み出すことによって、女性の謎であるスフィンクスの謎かけに答えることができたのだ。彼のみが母親殺しの危険をおかした(イオカステは近親相姦の行為の後で首をくくり、スフィンクスは奈落に落ちる）。だが同時に、オイディプスは神話の英雄である。なぜなら母親の死も母親の性も（この両者を切り離すことができるだろうか）、なんらかの表象的瞑想なしに直接に観察することができるからである。

かくしてフロイトは、レオナルドと同じく、あの不可能な目標には突進せず、自分の探求を最後までやり通さない。女性の性は「岩盤」であり、まさしく近親相姦のタブーのせいで、分析全般が直面する限界である。女性の性という謎に「真に」答えることは、なんらかの形で母親を暴くことであり、近親相姦をおかすことである。フロイトは、生と真理の源泉である自分の母をあまりに深く愛していたために、彼女の死を招く危険をおかすことができなかったし、真の英雄になるには、その危険を意識しすぎていたので（オイディプスは無意識だった）[82]、女の謎に答えるという仕事を他の手段に委ねることしかできなかった[83]。したがって彼が提示している唯一の答えは、母親の性を隠蔽し、彼がむかしから知っていたものを隠し、夢にまでみた母親との関係を覆い隠すための贋の答えである。「ペニス羨望」は隠れ蓑の役割をする「遮蔽解答」の一つである。それはオイディプスが自然の底知れぬ深淵をあえてのぞき込んだ後に必要としたもう一つの仮面、すなわち盲目という仮面と同じものである。この近親相姦に対する恐怖と母親殺し的な結果によって、フロイトが女性の性を主題にした著作の出版を躊躇した理由が説明できる。すでにみたように、『夢判断』の出版の遅れも、本質的にはまったく同じように説明される。ギリシアの伝統とユダヤの伝統とが、ここで合流する。どちらも知ることとしての発見とヴェールを剥ぐこととしての発見を同じように扱っているからである。アレテイア、すなわち真理は、ギリシア人にとってはヴェールを剥ぐことであり、裸の女神として表象される。だが同時に、真理は女性である以上、手の届かぬ禁じられたものであり、ヴェールをすっかり剥いでしまうことはできない。形而上学者たちは、そのしとやかさを犯すことよりも、彼女をわかりやすい空へと追いやるほうを選ぶ。そこでは彼女はもはや手が届かないし、見ることすらできない。これらのことは——少なくともニーチェ以降——よく知られている。ゾハールのユダヤ的伝統はあらゆる性的な罪を、母親の裸(binah)と関係づける。同じ言葉がまた知識・理解をも意味する。binahという語は「アダムはイヴを**知った**」というときに使われる。罪を犯すこと、母親を発見することと/裸にすることと、智恵の木の実を食べることは、すべて同じことなのである。

夢や症候を解釈するときであろうと、芸術作品を解釈するときであろうと、精神分析家の仕事はまさに謎(Ratsel)を解くことであるが[84]、これはつねに、性的タブーのためにこれまで隠されてきたものを明るみに引き出すことであり、すべてを覆い隠し、欲望をその直接的表現から引き離してきた糸玉を発見し(auf-decken)、明るみに出し(ent-larven)、解きほぐすことである。それは「ほぐす」(ab-spinnen)ことであり、蜘蛛の仕事の逆をやることである。蜘蜘蛛は、すべての穴を男根的な布で隠そうとする、男根をもった母親の象徴である。フロイトはネズミ男のある夢に関連して、「この幻想の布の糸を一本一本解きほぐしていくことはできなかった」（「ある強迫神経症の事例についての覚書」）と書いている。その夢は叙事詩に喩えられており、そのなかでは、夢を見ている本人の母親と姉に対する性的欲望が、姉の早世とともに、小さな英雄に対する父親の処罰と関連づけられている。テクストは、どんなテクストも、去勢に対する恐怖から、恐ろしく最も誘惑的な裸体を覆い隠す布である。ハンス・クリスチャン・アンデルセンの「裸の王様」はフロイトにとってすべての夢の範例である。夢は、詐欺師のように、高価で目に見えない布で、見えてはいけないもの、王の裸、つまり潜在内容を覆う。去勢を怖れぬ「善良で忠実な臣下」だけが、怖がらずに裸を見ることができる。彼らだけが禁じられた潜在内容の仮面を剥ぎ、顕在内容の中で明るみに出すことができ、怖れずに母親の裸をさらすことができる。女性の謎はすべての謎の範例である。

だからこそ、もしあなたが若い医者で、自分の学問のために、老女の亡骸をさらすことになったら、罪悪感をおぼえずにはいられないだろう。近親相姦の禁をおかし、その過程で父殺しと母殺しを犯したかのように。じつはフロイトはそのようにして、老女の死体が曝されたときに若い男がどうして宗教的な疑念に囚われるかを説明する。明らかに彼は死体を見て自分の母親を思い出したのだ。

これは、「愛らしい顔をした、いとしい老婦人（sweet-faced dear old woman）」という愛情にみちた描写から否応なしに浮かんできた説明である。〔……〕したがって事の次第は以下のようであったと考えられる。すなわち、裸の（あるいは裸にされる寸前の）女性の死体を見て、青年は自分の母を思い出し、彼の心には、オイディプス・コンプレックスに由来する母親への憧憬が掻き立てられ、その憧憬は父親への怒りの感情によってただちに完成された。彼の頭のなかでは「父親」と「神」とがまだそれほど大きく離れていなかったので、父親を亡き者にしたいという欲望は、神の存在に対する疑惑として意識化され、母親＝対象の虐待に対する怒りとして、理性に対して自分を正当化しようとした。〔……〕宗教の領域に置き換えられた新たな衝動は、オイディプス的状況の反復にすぎず、したがってじきにオイディプス的状況と同じような運命を経験することになった。つまり強力な逆流に屈したのである。（「ある宗教的体験」11-246）

フロイトは、この解釈が「間違いない」ように思われたので、最初は、その青年が「その老婦人を見て母を思い出した」と自分で手紙に書いたのだと信じ込んだが、そうではなかった。容易に察しがつくように、その「愛らしい顔をした、いとしい老婦人」という表現を読んで、フロイトは自分のいとしい母親を思い出したのである。彼は七歳か八歳のときに、「妙に平和な、眠っているような表情をたたえた」（『夢判断』2-479）母親の夢をみた。そして母親は彼の中に性的欲望と彼女に死への不安を同時に掻き立てたのである。

おそらくこの幼児期の夢が、フロイトは近親相姦の欲望を性的探求（本質的に性を扱う研究）への欲望へと昇華したという事実と、答えを棚上げしておいたという事実、つまり究極的にフロイトは女性の謎を手つかずのままにしておいたという事実とを、同時に最もうまく説明する。

フロイトは、さんざんその謎をもてあそび、オイディプスと同じく、そしてオイディプス・コンプレックスで武装して、自分自身にしか向けられぬ探求をし、行き止まりになる脇道、すなわち思弁の道へと足を踏み入れた。フロイトは否定しているにもかかわらず、彼がじっさいにとるのは思弁の道である。それは唯一の道であり、その道のおかげで、理性的でないものが理性として通り、彼にとりついていた固定観念が真理として勝利を収めたのである。

第二部　フロイトは探求する

1　女の謎への関心

フロイトがこの謎をもっとも深く探求しているのは「女というもの」においてであるが、彼の探求が、冒頭と末尾で、二度にわたって詩の力に頼っていることは検討の価値があろう。学生の論文の書き出しによくあるような一般的真理——「女性の謎については、人類（Menschen）はその全歴史を通じて頭を悩ましてきた」（1-478）——を述べた後で、フロイトはその証人としてハイネの詩を引用する。

Häupter in Hieroglyphenmutzen,
Häupter in Turban und schwarzem Barett,
Perückenhäupter und tausend andre
Arme, schwitzende Menschenhäupter...

象形文字のびっしり書かれた縁なし帽をかぶった頭も、
ターバンを巻いた頭も、黒い法帽をかぶった頭も、
鬘をつけた頭も、その他無数の
汗をかいた、みじめな人間の頭も……[2]

論文の終わりのところでは、あたかも精神分析の探求の欠点を補うためであるかのように、ふたたび詩が引き合いに出される。この補足的役割においては、詩は科学（生物学）や個人的体験と同じレベルにおかれている。「もしみなさんが女というものについてもっと知りたければ、ご自身の人生経験にたずねるか、詩人（Dichter）の書いたものを読むか、あるいは科学がもっと深い、もっと整合性のある情報を与えてくれるまで待つことだ」（1-496）。

精神分析は補足の必要性がある。というのも精神分析が出す結論は不完全で断片的で、かならずしも受け入れやすくない。「以上が、女というものに関して述べなければならなかったことのすべてである。たしかに不完全で、断片的で、耳障りなところもままあったと思う（Es ist gewiss unvollständig und fragmentarisch, klingt auch nicht immer freundlich）」（1-496）。なぜ不完全かといえば、フロイトは長椅子で集めた観察例から出発して探求をすすめた。つまり自分の仕事の根拠を、女たちがしゃべったことに求めた。彼女たちが控えめかどうか、真

摯かどうか、ヒステリーかどうかは、人によってさまざまだった。なぜ断片的かといえば、この探求は女の性という理論的対象のみを扱ってきたからであり、女の性はけっして女のすべてではない。女は性だけの存在ではない。

最後に、なぜこれらの結果がかならずしも受け入れやすくないのかといえば、女に対して優しくないからだ。とくに女の超自我のこととなると。

女たちよ、精神分析の目的はひとえに真理を知ることであって、おまえたちのご機嫌をとることではない。もし精神分析が差し出す答えが気に入らないのなら、詩を読んでみずからを慰めればいい。詩人は知識を追求することよりもおまえたちの気に入ることに心を砕いているのだから。

これまで、人びとの対象選択を支配している「愛の必要条件」について述べることは、詩人や作家に、すなわち自分の想像力の要求を現実と調和させる彼らのやり方に、まかせてきた。実際、作家は、そうした仕事の遂行を可能にするようなある種の特質、とくに、他人の心のなかから隠れた衝動を見つけ出すことを可能にする感受性と、自分自身の無意識に語らせる勇気とに、依存している。しかし、彼が述べることの証拠としての価値を引き下げるような状況がひとつだけある。作家は、知的・美的快感を生み出したいという欲求と、ある種の感情的影響に囚われている。そのために彼らは現実の素材をそのまま再現することはできず、その一部を分離し、面倒な繋がりは取り去り、全体の調子を落とし、欠けているものを補わなくてはならない。これらが「詩人の免許」として知られるものの特権である。[……]その結果、科学が詩と同じ材料を扱うことになる。芸術家たちはその材料を扱うことによって、何千年ものあいだ人類に喜びを与えてきたが、科学の手先はもっと不器用で、それが生み出す快感も少ない。以上のようなことから、厳密に科学的な処理法を人間の愛の領域にまで拡大適用してもいいのではないかと思われる。結局、科学は、われわれの精神活動に許された快感原則の、最も完璧な断念なのである。(「対象選択」)

しかしながら、もし詩の目的が真理を語ることではなく人の気に入ることだとしたら、どうしてそれが精神分析の短所を「補う」ことができるのか。もし詩の目的が、穴を隠し、「面倒な繋がりを取り去る」ことだとしたら、詩には穴を埋めることなどできるのか。詩が、精神分析および、愛情生活に対するその「科学的な」扱い方よりも「優れて」いるはずがない。優れていると考えるのは、知よりも快感と娯楽を求める人びと、つまり快感原則にのみ支配されている人びとだけである。

したがって、「女というもの」のなかで二度にわたって詩の力に頼っていることは、戦略の一部と解釈する必要がある。フロイトは、それまで女の謎を解く鍵をもっていると称してきた者たちに勝つために、精神分析には限界があると率直に言明する。その言明にもかかわらず、**テクスト自体**が示しているのは、その反対に、個人的体験や詩や生物学は不完全だということである。テクストが明らかにしているのは、詩は基本的に「囮の力」であり、精神分析がそれを取り入れ、その真理に服従させるかぎりにおいてのみ「知のために役立つ」ということである。また、フロイトはたいへん謙遜して、彼が差し出している結論はひじょうにわずかであり(Das ist alles)、断片的で不完全だと述べているが、同時に、性に対するこの断片的な観点はその他の部分すべてに大きな「影響力」をもち、この残りの部分——女を人類と結びつけているもの——もまた結局は性に依存しているのだと述べている。実際、その「断片」が全体を包んでいるように思われる。フロイトが、精神分析の欠点を補ってくれそうなものに頼るのは、余計なことだと思われるし、彼の謙遜ぶりはうわべだけの戦略的なものだと思われる。例によって[3]フロイトは、専門家(この場合は女の性の専門家)には叶わないというふりをして、じつは彼らの「真理」を示しては批判し、脱構築する。戦略的に、最初と最後で精神分析以外のものに頼っているふりをしながら、フロイトは独自の探求をし、女の謎を提出し、解決しようとしているのだ。

人間一般(die Menschen)は女の謎(die Rätsel)について頭を悩ましてきたと述べた後、フロイトは男（die Männer）と女（die Frauen）を区別する。男は女の謎について頭を悩まさないではいられない（この問題を解こうとする動機は、たんなる知的関心だけではない）。女は、彼女たち自身がこの謎を構成しているのだから、それに関心をもたないではいられない。男も女も同じようにこの謎に関心を奪われていることは、誰もが知っていることである。だからこそフロイトは、男女混合の聴衆――「紳士淑女のみなさん！（Meine Dame und Herren !）」に向かって語りかけることによって、この問題が聴衆の関心を捉えていることを確信している。フロイトは、「男どうしで」話し合うために最初から聴衆の一部――女たち――を排除している、とリュス・イリガライは言うが、けっしてそんなことはない。フロイトは「アンチ・フェミニズム」という疑惑を払いのけるために、女性分析家と共謀しようとしている。もし、フロイトが指摘するように、たんなる理論的関心以上のものが問題になっているのなら、女を排除することなどできないのはいうまでもない。結局、「女」を排除することは、彼らがたんに男の反対物であることを認めることであるが、この講義全体は対立を否定し、両性性を強調している。男たちが「女の謎」と呼ぶもののなかの謎全体を構成しているのは、おそらくこの両性性である。「男たちが『女の謎』と呼ぶものの一部は、おそらく、女の生活における両性性のあらわれに由来しているのだろう」（1-493）。

リュス・イリガライによれば、フロイトは、アリストテレスと同じく、女から、ロゴスにも男根にも近づく権利を奪っているというが、右に述べたことからわかるように、イリガライの読み方を裏付けるようなものはテクストのなかには何ひとつない。これまでみてきたように、問題はそんなに単純ではないのだ。たとえ仮に、フロイトは女の謎について「男どうしで」語り合いたかったのだと仮定したとしても（実際はそうではないが）、それだけで彼を「形而上学者」と呼ぶのは行き過ぎである。実際、その行為をニーチェ的な意味で解釈することはできるかもしれない。女の謎について語り、その謎を解こうと努めるのは純粋に男性的な企てである、と。女は〈真理〉には関心がないし、女は根っから懐疑的である。女は知り尽くしている――「真理」などというものはなく、そのヴェールの裏にはまた別のヴェールがあり、それを次々に剥いでいっても、女神と同じく、「真理」の「裸身」は絶対にあらわれないのだ。真に女である女は完璧に「平凡」である。**Mulier taceat de muliere !**（女は女について黙す）なぜなら「真理」、すなわち奥深く、ヴェールの裏には男根が隠されているという形而上学的な罠は、男のフェティシズム的な幻想である。真理に、あるいは謎を解くことに関心を寄せる女は、反動的でヒステリックな「堕落した」女だ。だが、**Mulier taceat de muliere !**（女は女について黙す）という警句はフロイトの言葉ではない。フロイトは女たちに向かって語りかける。なぜなら彼は、ほとんどの女はヒステリーであり、そのために男性的言説と共謀する、ということを知っている。そして彼は女たちの共謀を必要としているのだ。

2　差異の直接的確実性

したがって「男」と「女」の双方に同じように語りかける際に、フロイトは「紳士淑女のみなさん」という因習的で陳腐な決まり文句の奇妙さをじゅうぶんに利用している。誰にとっても見慣れたもの——両性の対立——のなかに、フロイトは何か謎めいた、妙に厄介なものを導入する。彼は、普通の証拠にもとづいた、つまり何物も妨害はできないという確信にもとづいた、男と女というカテゴリーを揺すぶる。デカルト的な手続きにしたがって、彼は最初からある証拠に疑いを投じ、自発的な確信を揺すぶる。実際、誰に言われなくとも、ひとは男／女という対立を当然のものだと思いこんでおり、そうした区別をする習慣はその必然性を信じることへと繋がる。「誰かひとに会ったとき、あなたが最初に立てる区別(Unterscheidung)は『男か女か』だろう。みなさんは確固たる確信をもってその区別をするのに慣れている」(1-478)。(リュス・イリガライは、フランス語訳に使われている「見える」という不適切な語にとびついて［“En rencontrant un être humain, vous voyez immediatement s'il est homme ou femme" ドイツ語原文は以下の通り。"Männlich oder weiblich ist die erste Unterscheidung die Sie machen, wenn Sie mit anderen menschlichen Wesen zusammentreffen"〕、いったいどうして差異が「見える」のかと疑問を投じ、フロイトはこの「証拠」を信じていると批判するが、実際には、フロイトはそれをちょうどここで批判しているのだ)。

フロイトは、その「最初からある」証拠がけっして最初からあるわけではないことを示すことによって、そうした一般的で通俗的な意見[4]を脱構築する。そうした区別をする習慣によって、私たちは、子どものうちは「二つの」性が区別されないという事実を忘れ、あるいは抑圧してしまうのである。子どもは、少なくとも幼い男の子は、誰でも自分みたいな性器をもっていると確信している。知への本能の発達において子どもが最初に直面するのは「性別の問題ではなく、赤ん坊はどこから来るのかという謎である」[5]（「性欲論三篇」5-56）。

もしわれわれが、われわれの身体性を否認し、純粋な思考する存在として、たとえば他の惑星から、新鮮な眼で地球上の事物を見ることができたなら、おそらく最も強烈にわれわれの関心を惹きつけるのは、人間には二つの性が存在するという事実であろう。男女両性は、他の点ではひじょうに似通っているのに、明らかな外見上の特徴によって異なっている。しかし子どもたちがわれわれと同じようにこの基本的事実をその性的問題の探求の出発点として選んでいるようには思われない。［……］子どもの知識欲は、性の問題という点に関しては、いわば因果関係への生まれながらの欲求に刺激されて、自然発生的に生まれるわけではない。［……］子どもの最初の性理論は、男女の性差の無視から始まるのである。（「幼児期の性理論」5-97, 100）

そして実際、たとえば夢に出てくる性的象徴が一般に曖昧で二重の意味をもっているのは、幼児期には性差が無視されるからである。男性と女性の対立はこのように最初からあるものではない。一般的には、そうした区別にはなんの疑問もないかのように思われているが、実際にはきわめて複雑なのである。フロイトは、常識の絶対的な確信に逆らって、解剖学に依存することによって、その複雑さを解明しようとしたのである。

3　解剖学によってもたらされる決定不能性とアポリア

実際、科学には一般の確信を揺るがす力がある。というのも科学は一般の思い込みよりもはるかに断定的でない。男の性的産物、すなわち精子とそれを蓄えている器官は男特有のもの（mannlich）であり、卵子とそれを宿している器官は女特有のもの（weiblich）であるが、科学と一般大衆の確信とに共通しているのはそこまでである。他のすべての点に関して、科学は明確な立場をとることはできない。というのも、男女どちらにも似たような器官があり、それらは同じ一つのものの変形だからである。いわゆる第二次性徴は不徹底であり、程度の差はあれ、男女どちらにも見出される。男女どちらにも、「反対の」性の性器の痕跡（Spüren）が、未熟な形で見出され、それらはなんの機能も果たしていないか、もしくは別の機能を果たしている。こうしたことにもとづいて、最初は両性具有であったものが後に単性になり、その過程で「反対」の性のなかに、退化した、あるいは未発達な形で、痕跡を残したのだ、と結論する。[6] それを示す証拠として、フロイトは、他の論文では、病理学的な事例を挙げている。**両性具有**の場合は性別の決定が困難である。性器が男性的でもあり女性的でもあるからだ。稀な例では、男女の性器が共存している。病的な人と正常な人との間には程度の差しかないのだから、「こうした異常態が重要なのは、意外にもそれらが正常な発達の理解を助けるからである」[7]（「性欲論三篇」5-13）。

解剖学は、以上のような観察にもとづき、一般的な意見、すなわち男女は決定的に異なるという確固たる確信に疑問を投じることを可能にする。解剖学はセックスとジェンダーを攪乱するので、われわれを不安にする。解剖学は男女どちらからも、それぞれ独自のアイデンティティと純粋性への確信を奪い、まったく異なる視点を必要とする。**混乱**を突き止めることによって、男女は二つの異なる種だと思いこんでいる人びとを、すなわち男女の間には、男女を二つの根本的に異なる対立する存在だとみる見方を最初から排除するような漸進的な差異しかない、つまり単純な量的差異しかないのに、そこに質的な差異を持ち込む人びとを、混乱に陥れる。ある個人は男でも女でもなくその両方であり、割合が異なるだけなのだ。男も女も、曖昧で二重の性を与えられているのだ。また、男も女も二つの異なる「種」ではないから、同性愛者を第三の異なる種とみなすことはできない（フロイトは自分の両性具有理論を確証するために、『饗宴』で語られるアリストファネスの神話に依拠しているが、じつは彼の考えはアリストファネスの考えとは正反対である。アリストファネスは三つの性的種族と三種類の対象関係を明確に区別している。異性愛者、男性同性愛者、女性同性愛者である。フロイトは本当に『饗宴』を読んだのだろうか、それともジョン・スチュアート・ミルを通じて知っていただけなのだろうか)。

講義のこの部分で、彼は男女間の真の対称性を打ち立てる。両性性は男女どちらにとっても価値あるものだとされる。個人間の差異は量的なものであり、個人における男性性と女性性の割合はじつにさまざまであるという。しかしその後、また他の論文でも、女のために(女を傷つけるために)、この対称性は否定される。フロイトは、両性性が男の子の発達にもたらす影響についてはまったく問題にしていない。両性性は男よりも女におけるほうが根深い。心的両性具有は、男の場合よりも女のほうがより身体的両性具有に左右される。「異性に属する身体的・心的特徴をもつことはよくある」(「ある女性同性愛」11-36)。性対象倒錯は、女の場合に限って、こころ、欲動、性格特徴の他の特質の変容をともなう。男の場合は、「最も完全な心的男性性が、性対象倒錯と結びついていることもありうる」(「性欲論三篇」5-14)。

この女と男の差異は以下のような事実のせいだとされる。すなわち男には支配的な性感帯がひとつしかないが、女には二つある。また、本質的な側面で、幼児期の女の性欲はふつう男性的な特徴をもっているが、幼児期の男の性欲は対称的に女性的な性格をもつわけではない。

われわれは、人間の生来の傾向には両性性が含まれていると信じているが、男よりも女の場合のほうがずっとはっきりと表にあらわれる。これは間違いない。男には主要な性感帯も性器もひとつしかないが、女には二つある。本来の女性性器である膣と、男性性器に相当するクリトリスである。長年のあいだ膣は事実上存在せず、思春期まで興奮を掻き立てることはない、と仮定しても間違いではないだろう。［……］したがって女の場合、性器にまつわる主な出来事はクリトリスとの関係において起きなければならない。女の性生活はつねに二つの段階に分かれ、そのうちの最初のほうは男性的な性格を帯びており、二番目の段階こそが女性特有のものである。したがって女の発達には、一つの段階から別の段階への移行過程があり、男にはそれに相当するものがない。（「女の性」5-142）

両性性を肯定することは、したがって、最初は（どちらの性においても）男性性のほうが優位に立っていたと主張することである。したがって、何が謎になるかというと――これが女の謎なのだが――、それは、最初は小さな男の子であった女の子がどのようにしておとなの女へと発達するかである。この発達は問題にみちている。ひとつの支配的なゾーンから別の支配的なゾーンへの移行はけっして確実ではないのである。

両性性というテーゼが男女どちらにもあてはまるならば、男女の間にはたんなる程度の差しかないことになる。その際、さまざまな制限がつけられて、結局、男のほうが序列が上ということになる。男は男性性をより多くもっており、そのおかげでもう一方の性にとっての規範・基準となる。男のみが存在論的決定を受けるにふさわしいというわけである。程度の差も、自然の対立と同じく、いつでも女に不利な証言をするのだ。

しかし戦略的な理由から、テクストの冒頭で、男女の決定的差異の直接的明白性を消すために、フロイトは両性に共通する根源的両性性を強調する。科学への依拠はフロイトの最後の手段ではない。科学はこの謎の答えを提供してはくれるわけではなく、疑問とアポリアを導入するだけである。科学は、矛盾してはいるものの、両性性と、それぞれの性による特殊な性的産物の生産の、**双方を同時に**強調する。「ひじょうに稀な例は別として、ひとりの人間には［……］たったひとつの性的産物――卵子か精子のどちらか――しか存在しない」(「女というもの」I-478)。ここでは、男性性と女性性の割合の差はもはやなんの役割をも演じていない。個人による量的な差がどうであろうと、どの例においても性的産物は一種類しかないのである。

これは、リュス・イリガライのように、科学にとってと同様に、フロイトにとっても、重要なのはこの同一物の「再生産／生産」の過程である、と主張することと同じだろうか。単純な性的アイデンティティの確信を揺るがす両性性のテーゼに比べて、このような単一の産物の生産は私たちを安心させてくれ、デカルトがその誇大妄想的な疑念に襲われたときにしがみついた固定点のようなものだ、ということだろうか。この断定はテクスト全体とは矛盾する。ここではフロイトは、確実性と確信を得ようとするどころか、一般的意見の擬似確信を粉砕し、一般的意見をストップさせるために、科学に頼っているにすぎない。科学に対するフロイトの依存は、安定の追求が目的ではない。それどころか、アポリアに突入することをめざしている。「みなさんがたは、これらの要素のもつ決定的意義に対して疑いを抱き、男性性あるいは女性性を構成しているのは外貌学では捉えられないある未知な性格であると結論づけることであろう」(「女というもの」1-478)。

同時に、解剖学は最後の決定的な手段になることはできないので、フロイトはまた別の手段に頼って探求を続ける。その手段とは心理学である。

4　心理学の不毛と無能

ふつうの心理学もまたこの謎を解くにはあまりに無力だ。オーギュスト・コントのような標準的な実証主義的アプローチによって、フロイトは心理学を本質的に不毛だと批判する。何も新しいことに貢献しない、と。心理学は、一方では伝統的な意見を繰り返し、他方では心理学のモデルである解剖学との類推で論をすすめる。心理学は、伝統的な思考習慣を模倣して謎に答えようとし、「女性的」行動と「男性的」行動を区別し、両性性を心的領域に移す。というのも心理学によれば、男にせよ女にせよ、ある個人が、ある状況では女性的な行動を示し、別の状況では男性的な行動を示すこともありうる。だが、そうすることによって心理学は心理学的な区別を打ち立てることができない。**男性性と女性性の概念に新しい内容を与えることができない。**（Sie können den Begriffen männlich und weiblich keinen neuen Inhalt geben）（「女というもの」1-479）。この一節は仏訳には（イリガライの訳にも）ない。だがこの一節はきわめて重要である。というのも、ふつうの心理学は**女性的・男性的**という言葉に、誤って解剖学をモデルにした純粋に伝統的な意味を与えているということである。フロイトは、これらの概念に純粋に心的な意味を与え、心理学の反復的・伝統的決定を、まったく新しい独創的で多産な決定におきかえようと、ひたすら努める。彼はまだ古い言葉を用いているが、それらに新しい意味を与えている。新しい専門用語を導入していないために、古い意味で理解され、古い意味に影響を与えることができる。言葉はそのまま使っているが、意味を別の意味に変え、概念を変えている。とはいえ、まさにその過程で、彼は誤解され、批判にさらされる（もちろんリュス・イリガライはこの機会を逃さない）。**男性的・女性的**という言葉の最も伝統的で最も形而上学的な意味に固執している、と。だがじつは彼はそれらを吟味し直し、**能動的**と男性的、**受動的**と女性的を同一視する伝統的な図式をもっと複雑化しようとしているのだ。フロイトはそうした伝統的な同一視を脱構築し、すぐれて精神分析的なまったく異なる決定を提案しようとしているのだ。この点に関して、仏訳にはかなりひどい欠陥があり、フロイトがひどく曲解されているのはおそらくそのせいであろう。たとえば仏訳では、男性性を能動性と、女性性を受動性と同一視する一般的な考え方にフロイトが**同意しているかのように**訳されている。«Vous employez le mot ‘viril’ dans le sens d’‘actif’ et le mot ‘féminin’ dans le sens de ‘passif’, *non sans raison d’ailleurs*»（「あなたがたが男性性と能動性、女性性と受動性を同じ意味で用いることには、**他に理由がないわけではない**」）。ところがドイツ語原文では、《Nun, es ist richtig, dass eine solche Beziehung besteht.》(「そうした関係が成り立つことは確かだ」)である。ドイツ語のNunは、数行後で、一般的な断定に対して重要な制限を課すaber(「しかし」)を予告している。したがって、そのような関係が存在することはたしかだ。それは細胞の解剖学的レベルで存在するのだ。男の性細胞は動き回り、能動的だが、卵子は動かず、受動的である。しかも、原始的な有機体の性的行動は、性交の最中の男女双方の行動のモデル(vorbildlich)となる。「雄は性的結合を目的として雌を追いかけ、捕まえ、そのなかに侵入する」(同右1-479)。たしかに、このVorbild(モデル)は明確ではない。身体に刻印され、無意識的に働く、生物学的なモデルと理解すべきだろうか。フロイトはその点に関してはあまり説明していない。彼にとって大事なことは、そうした関係が本質的でないということを示すことである。実際、解剖学を議論の土台にすることによって、一般心理学と同じく、男性性と能動性を同一視し、男性性の性質を(心理学的視点から)攻撃的と決めつける。「これによって何かが本当に得られたかどうかとなると、疑わしいといわざるをえない」(同右1-479)。比較による方法——これもまた心理学との論争においてコントが用いた基本的な武器だった——を用いると、ほとんどの動物では「雌のほうが強く攻撃的で、雄は性的結合というただひとつの行為においてのみ能動的である」(同右)と断言することができる。フロイトは広く流布している意見を覆し、逆説的に、雄における能動性は、際立った特徴というには程遠く、性的攻撃の瞬間に関係した限られた現象にすぎない、と強調する。一般的な能動性は、たとえば蜘蛛に見られるように、むしろ雌の特徴である。リュス・イリガライは、フロイトが雌の攻撃性を、例としてはまったく相応しくない、最もおぞましい生物である蜘蛛の攻撃性に喩えている点に着目する。だが彼女は同時に（借りた薬缶の議論を参照）フロイトを、女性性と受動性とを同一視していると批判するが、蜘蛛の例はとくにその同一視を否定するために持ち出されているのだ。他方、（もし能動性と攻撃性が女の特質だとしたら）蜘蛛が男根をもった母の象徴であるのは奇妙に思われるかもしれない。この場合、フロイトは能動性を男性性と同一視する一般的伝統に屈しているのだろうか。あるいは、女に男根的側面を付与することによって、一般的な分類と縁を切り、男性性と女性性とを隔てている境界線を曖昧にし、あらゆるジェンダー的区別を攪乱しようとしているのではあるまいか。

いずれにせよ、フロイトはこの課題を、比較の方法を用いて遂行しようとしている。この方法は、あらゆる役割の反転を可能にする。もし動物界の雌が「男根的」、つまり雄よりも攻撃的であることが示されれば、雄のほうが、とくに女性的だ（so exquisit weiblich erscheinen）と私たちが（誤って）思いこんでいる役割を果たすことになる。子育てはかならずしも女性の縄張りではない。時には雄がそうした仕事を一手に引き受ける。少なくとも雄と雌がその仕事を分け合う。

さて動物から人間に目を転じても、同じような現象が目につく。人間の性の領域では、男性的行動を能動性と、女性的行動を受動性と混同することがいかに見当違いであるかということに、いやでも気づかされる。たとえば、母親は子どもに対してあらゆる点で能動的である。母親が子どもに乳を飲ますと言うこともできるし、母親が子どもに乳を吸われると言うこともできる。この例は、性的と性器的とを誤って混同している人にとっては、なんとも奇妙なことである。したがって、フロイトは性差と親の役割分担とを混同し、女を母親と同一視し、乳を吸うことがいっさいなんの快感も伴わないかのように、快感をいっさい考慮に入れてないとして批判することができるだろう。いずれにせよ、ここで問題なのは、女は性生活においてのみ能動的なのだということを示すことではなく、もっと全般的にあらゆる領域で能動的であることを示すことだ、したがって、一般的な心理学が依拠している解剖学的モデルは不適切なモデルであり、誤った類推（Überdeckungsfehler）を招くだけだということを示すことである。原始的生物の性行動をモデル（Vorbild）にした類推は、本来の性的な領域から離れると、価値が下がってしまう。一部の女たちは、じつにさまざまな目的を達成するために、高度の能動性（grosse aktivitat）を発揮することができる。それは、（フロイトが女の能動性を認識していることをもはや否定できなくなった）リュス・イリガライが用いている翻訳にあるような「過度の」（débordante）能動性ではなく、「大きな」能動性である。イリガライの言いたいのは、フロイトが一部の女たちの「能動性」、すなわち男の側の従順さのおかげで実行されうるようなレベルの能動性を馬鹿にしており、これは両性性の興味深い例であるということだ。たしかにフロイトは、大量の受動性を発揮できる（ein hohes Mass von passiver Gefügigkeit entwickeln）男だけがそうした女といっしょに生きることができる、と強調しているが、それはひとえに一般的な意見を覆すためである。大量の受動性を与えられているのは男であり、女は大量の能動性を与えられており、両者はちょうど対称の関係にあるのだ。もし女に対する侮蔑的なところがあるとしても、男に対してもそれと同じものがある。だが最も重要なのは、**ここにあるのは両性性の例ではないということである**。あなたがたがこれを信じられないのは、あなたがたが、フロイトとは違って、すでに、受動性は女性性と、能動性は男らしさと一致すると思いこんでいるからである。あなたがたは間違っている。私ではなく、フロイトがそう言っている。「もしみなさんが、これらの事実はまさしく男も女も心理学的な意味では両性的だということを証明している、と言われるならば、それはみなさんが「能動的」を「男性的」と、「受動的」を「女性的」と一致させようと心に決めたからであろう。しかし、それはおやめなさいと私は言いたい。そのようなことをしても、有益な目的には役立たないし、なんら新しい知をもたらしてはくれないと私は思う」[8]（同右1-479–80）。ここに両性性が出てこないのは、形而上学的な立場を再導入するためである。

形而上学的立場は、二つの根本的に異なる性を思弁的に区別し、一方（雄）に能動性を、他方（雌）に受動性をあてはめる。比較法と観察にもとづいて、このテーゼは、反対に、あらゆる差異を曖昧にし、純粋で思弁的であるがゆえに不毛で誤っている類推にもとづいているとして、古典的テーゼを否定する。心理学的な視点から、女を、もちろん受動性によってではなく（観察がそれを否定する）、受動的目的への傾向（Bevorzugung passiver Ziele）によって特徴づければ、謎の解決に少しでも近づけるだろうか。そう思われるかもしれない。この場合、女の似非能動性は**受動的目的**を達成するための手段である。この新しい概念の導入のなかに、いま問題にされているもの、すなわち男性性と女性性の対立の特徴としての能動性と受動性の対立を、何が何でも救いたいという、フロイトの企てをみてとるべきだろうか。この場合、フロイトは基本的なことをまったく変えずに能動／受動の関係の経済を「ただ複雑にするだけ」で、ふたたび以下のような事実を強調したくなるだろう。すなわち、男こそが親であり、性的な生産／再生産は能動性にのみ帰せられ、女はたんなる容器に過ぎない、[9]と。だがフロイトはなぜ、自分が脱構築しようとしている対立のなかで問題にされているものを「救おう」とするのだろうか。フロイトがそのテクストのなかで文字のレベルでははっきりと言っているにもかかわらず、なぜ彼をどうしてもアリストテレス（単純化されたアリストテレス）と混同しようとするのか。というのも、彼はこの「受動的な目的を優先する」

という概念を、批判するために提起したのだ。これはやはり、解剖学的モデルにもとづいた通俗心理学に由来するものであり、解決として提示されたものではない。実際、もし、多少とも完璧なレプリカである解剖学的モデルと性生活のモデル（Vorbildlichkeit des Sexuallebens）が女に、さまざまな程度で、多少とも明らかな受動的な行動と目的への傾向を与えたとしても、ここで一定の役割を演じる要因はそれらだけではない。社会組織もまた女を受動的な状況に置こうとしがちであり、この影響を見くびってはならない。

ということはつまり、フロイトは、自然と文化、生物と社会という形而上学的な対立に依拠しつつ、受動的目的という点から女を二重に決定しようとしているのだろうか。「女性性と本能的生活との間にはとくに恒常的な関係があることを見逃して（übersehen）はならない。生まれたときから与えられていて、社会的にも押しつけられた女の攻撃性の抑制は……」（同右1-480）。私にはむしろ次のように思われる。すなわち社会組織を――たしかに曖昧でごく一般的にではあるが――持ち出すのは、厳密な生物学的決定論にもとづく通俗心理学の単純な図式を複雑にするためではなかろうか。だから、講義の末尾において、精神分析が残した穴を埋めるために「生物学」に助けを求めていることも、額面どおりに受け取るわけにはいかない。だから、他のすべての層のさらに下にある岩盤のように、打ち勝ちがたい**生物学的事実**として、女性性を否認することを強調した「終わりある分析と終わりなき分析」は、この否認を単純に受動性の否認と同化したりはしない。「男性的抗議」というアードラーの表現に関するひじょうに重要な註は以下にように強調する、すなわちこの概念を、「男が拒否するのはその受動的な態度、つまり**女性性の社会的側面**である、というふうに理解してはならない。そうした見解は、容易に確証しうる観察、すなわちそうした男はしばしば女に対して被虐的な態度——隷属に繋がるような態度——をとるという観察によって否定されるだろう。**男が拒否するのは受動性一般ではなく、男に対する受動性である**（「終わりある分析」6-413 強調引用者）。

　フロイトが、女性的行動の受動性の背後で働いている要因のひとつとして社会組織（一般）を挙げたのは、それが女の**本質**そのものの不可欠な要素ではないという事実を強調し、この受動性を女の決定的特徴とする通俗心理学が科学などではなく、社会組織によって決定されたイデオロギーにすぎないことを示唆するためである。このイデオロギーは、女の受動的態度をまるで自然現象のように思いこませようとする。「社会的慣習の影響」（「女というもの」1-480）を引き合いに出すことは、その曖昧で一般的な性質にもかかわらず、一般的証拠の明確性（心理学と形而上学の伝統全体の明確性）を終わらせ、したがって、謎めいた曖昧さを導入する。「以上のことはまだ明快には程遠い状態である」[10]（同右）。その素質に関連した理由から、そしてとくに社会の要求のせいで、女は自分の攻撃性を抑圧し、それを自分自身に向けなければならず、その結果、女のなかにはひじょうに被虐的な傾向が生まれるようになる。女は生まれつき攻撃性をもっていないのではなく、その攻撃性を他に向けるのではなく、自分自身に向けるというきわめて特殊な形で発散しているのである。

私たちはとうとう謎の答えを発見したのだろうか。よく言われるように、マゾヒズムこそが女の本質的特徴なのだろうか。「マゾヒズムは、一般に言われるように、真に女性的なのだ」（同右）。人びとはそう言うが、**フロイト**はそう言わない。いや、仮に彼が言うとしても、まったく意味が違う。[11] なぜなら、マゾヒスティックな男も大勢いるからである。そのジレンマから逃れるために、マゾヒズムは女の本質的特徴だと認めるならば、マゾヒスティックな男は女性的性質をもっているということになり、当然、疑問が湧いてくる。それはマゾヒスティックな男がいるというフロイトの言葉と少しも「矛盾しない」。反対に、マゾヒズムが謎の答えであることを否定し、男性性と女性性の境界を曖昧にする議論をしているのだ。ここでもまた、マゾヒスティックな男は「女性的」だといえるためには、女性性と受動性が同一であると仮定しなければならない（そしてそれを証明しなければならない）。

だからフロイトは、「マゾヒズムの経済的問題」においていわゆる女性的マゾヒズムの本質について論じる際、逆説的に——自分の手元にある材料はこれだけだからだと言って——男性患者を唯一の例として挙げている。すでにみたように、この例は、男性モデルに与えられた永久的認識論的優越性のしるしと解釈することもできるが、マゾヒズムを女性の特徴とする一般の偏見に対してフロイトが試みている置換のしるしと解釈することも可能である。フロイトは依然として「女性的マゾヒズム」という古い用語を使っているし、マゾヒズムは女の存在の表現だとさえ言っているが、彼は女性性と男性性の境界線を消し、通俗心理学とはまったく異なる概念を導入している。すなわち女性的マゾヒズムは最初の性的なマゾヒズムに、つまり痛みから生まれる快感に依存しており、それに屈するのはつねに女である、[12]と。男が避けるのは受動性一般ではなく、**男に対する受動性のみである**。いいかえれば、男が怖れているのは**父親による去勢**である。「男が拒否するのは受動性一般ではなく、男に対する受動性である。いいかえれば、『男性的抗議』とは去勢不安に他ならないのである」(「終わりある分析」6-413)。

女性性の拒否は受動性の拒否ではなく去勢の拒否である。フロイトはこのとりわけ精神分析的な概念を、通俗心理学や形而上学のよく知られた「受動性」に代わるものとして提案しているのである。受動性という手垢にまみれた概念の変わりにこの概念を導入することこそ、「女というもの」という講義全体の狙いなのである。この古い形而上学的な概念を乗り越えない限り、一歩も前に進むことはできないのだ。心理学という迂回路を経ることはなんの役にも立ちはしない。回り道はできないのだ。女というものの謎[13](das Rätsel der Weiblichkeit)は心理学によっては解けないのである。

5　精神分析――子どもが女になる

最初の両性性

これまでの探求の結果、事態は極端に混乱し、曖昧模糊とし、ひたすら私たちを困惑させる。男性性と女性性の境界が取り払われ、能動性と受動性という伝統的基準は否定されてしまったからだ。ここで、唯一の脱出口として精神分析が登場する。精神分析こそが「光」の源になるだろう。ただしそのためには、これまでとまったく異なる方法で問題を扱う必要がある。光が照らされるためには、**性別がいかにして生まれたか**を学ぶ必要がある。私たちは性別の存在に慣れきっているので、この区別の驚くべき性格、これによって生物と非生物との区別が可能になると言う事実を忘れがちである。この全般的な領域のなかで、フロイトは、最初の両性性から女性性が生まれてくるという特殊な――そしてそれ自体じゅうぶん複雑な――テーマを取り上げる。もはや課題は、女とは何であるか（was das Weib ist）について論じることではなく――なぜならそれは詩人にこそふさわしい絶望的な形而上学的課題である――、ふつうの実証主義的な方法で、両性的傾向をもった子どもがいかにして女になるかを明らかにすることである。永遠の本質としての女そのものは存在しない。女は、個人によってさまざまに異なるある特殊な構成と歴史の産物である。ひとは女なのではない。つまり、ひとは女として生まれてくるのではなく、女になるのだ。このことはまた、その過程がかならずしも完遂されず、どこまで遂行されるかは人によって異なることを意味する。したがって、「女性」性器をもっているがゆえに私たちが「女」と呼ぶ人びとの内にも、多かれ少なかれ「男性性」がある。また、女にもさまざまなタイプがある。それは、女の宿命をどの程度完璧に実現しているか、あるいは両性性という出発点からどのような道を通るか、による。「正常な」女性性の道、神経症の（ヒステリーの）女の道、男性的過剰補整の道（つまり自分の「女の宿命」をどうしても受け入れられない女の道）。このように――少なくとも――三つの道があるということは、心的決定要因と解剖学的決定要因との間には断絶があるということを示唆している。というのも女は（卵子という単一の性的産物を生み出す）同一の「女性」性器から出発していながら、心的行動はさまざまで、まったく同じ「タイプ」にはならない。もし、フロイトがナポレオンから借用した言葉通りに「解剖学的差異は宿命である」としても、その宿命にもかかわらず、欲動の面では、女は彼女自身の個人的歴史に応じて、それぞれ自分の宿命をもつ。たとえば「女性」精神分析家は例外的で、「女性的」よりむしろ「男性的な」女である。人びとが「女」と呼ぶ人びとに関するフロイトの議論には優しさが欠けているが、彼女たちはそのこととはまったく無関係である。両性性は、簡単に性別を**決定すること**を阻止する。あらゆる決定不能なものと同じく、両性性は、あらゆる方向への働きかけを可能にする。両刃の剣である両性性のテーゼを用いることによって（これによってフロイトは、「純粋な」男性性とか「純粋な」女性性という形而上学的な対立を否定することもできるし、同時に、男を伝統的な特権的地位に保つこともできる）、フロイトはその理論においてヒステリー患者を模倣している。ヒステリー患者の症候はまさしく彼の両性性のテーゼを確証する。実際、ヒステリーの方向は、二重の無意識的幻想の表現である。患者は、男と女という二つの役割を同時に——意識の論理からすれば矛盾して——演じる。この同時性のおかげで、問題にされているものは隠蔽されると同時に露呈される。ヒステリー患者は複数の同一化に関わり、つねに二重のゲームをしている。そのために彼は不可解であり、不屈である。決定不能で両性的なヒステリーの症候は、とりわけ**抵抗的**である。たとえば、ある患者は、片手では（女として）しっかりと服を押さえながら、もう一方の手では（男として）服を剥ぎ取ろうとする。「発作」の間、彼女は「絵画的」に——したがって経済的に——無意識的な両性的幻想を表象すると同時に隠蔽し、それをもてあそぶ。

症状の性的な意味のひとつをすでに解決しているにもかかわらず、ある症候が減ることなく持続しているとしても、驚くにはおよばないし、見当違いをする必要もない。なぜならそれはいまだに――分析医がまだ突き止めていない――反対の性に属する性的意味によって保たれているのである。しかも、こうした事例の治療に際しては、次のようなことがつねに観察される。すなわち患者は、あるひとつの性的意味の分析の最中に、まるで隣の線路に移るように、連想をつねに反対の意味の領域へと切り替えようとするのである。（「ヒステリー症者の幻想とその両性性との関係」10-134）

自分が装っている行為において、つまりKrisis（危機）を避けることを目的とした「発作」において、ヒステリー患者は、マスターベーションによって、自分が空想でつくりあげた状況で男の興奮と女の興奮をともに味わおうとしているようなものである。こうしたことはごくふつうのことだが、これは人間が本質的に両性的であることを確証している。ヒステリーの症状は、女へと発達していくあいだ抑圧されていた幼児期の性的活動の断片の回帰を意味している。典型的に男性的な行動の断片である。少女が思春期以前に少年的な傾向を示せば示すほど、思春期に「男性的」性欲をそれだけ強く抑圧するようになる。この抑圧は、神経症の――とくにヒステリー型の――素因となりがちである。ヒステリーの発作は、女の、失われ、過度に抑圧された男性性を復活させる。「非常に多くの例において、ヒステリー性の神経症は、典型的な抑圧の波を過度に強調しているにすぎない。抑圧は、男性的性欲を取り去ることによって、女の誕生を促すのである」(「ヒステリーの発作に関するいくつかの一般的見解」)。

周知の通り、女の子の性は男性的器官(クリトリス)によって支配され、方向付けられており、しばしば男児の性欲のように行動する。思春期に、この男性的性欲は発達の最後の波によって駆逐されなければならない。排泄溝に由来する器官である膣は、支配的な性感帯にならなくてはならない。ヒステリー性の神経症では、この抑圧された男性的性欲が再活性化され、自我同調的な本能の防衛闘争が自分自身に向けられるのがごくふつうである。(「強迫神経症の素質」)

このようにヒステリーは、両性性から女性性へと向かう「女の」道における事故みたいなものである。この事故を引き起こすのは、女が従わざるをえない性感帯の二重性と、発達のある特定の瞬間に一方から他方へと移行しなければならないという必然性である。この移行には障害が付き物である。移行を妨害するのは、それまで当てにしていた性感帯のなかに留まりたいという欲求である。だから、抑圧が大きくなり、過度になり、ヒステリーが生じる。絶滅させられたように見えたにもかかわらず、実際には断念されていなかったものが大量に回帰し、いわば失われた性感帯が自己のなかにふたたび据えられる。ヒステリーは、鬱病性の精神病に似た神経症である。どちらも喪失——ヒステリーの場合は性感帯、鬱病の場合は対象の——によって引き起こされる。

女はこれまで頻繁に禁止に屈してきたので、彼女の両性性、とくに男性性を提示すると同時に隠蔽するヒステリーの発作は、女が同時に二つの方法で性的快感を得られる唯一の方法である。発作からわかることは、ヒステリー患者は何一つ手放したくないのだということと、いわゆる正常な女性性への発達は拘束的であるがゆえに抑圧的だということである。だが、ここでは誰が規範を課すのか。そしてその規範とは単性性、つまり一つの性感帯を棄てて別の性感帯をとることなのか。ヒステリー患者は、子どものときにあまりに男性的なやり方で快感を得たために、別の方法で快感を得続けるために、男性的性欲を全面的に抑圧しなければならないのではなかろうか。その結果、神経症的なかたちで、すなわちヒステリーの発作としてしか、もはや自分の男性性を楽しむことができないのではなかろうか。その規範とは、二重の快感の保持ではないだろうか。だが、女性性が生まれるためには、一つの性感帯から別の性感帯への移行の完遂が「必要である」。だがこの移行が意味するのは、クリトリスの性欲を全面的に抑圧することではなく――潜在的なヒステリー患者はそれをやってのけるが――、たんに膣の性欲に従うというだけのことである。一方のために他方を廃絶するのではなく、序列を逆転して膣を優位に置くということである。正常な成人の女性性は依然として両性的である。クリトリスの男性的な快感は、膣の真に女性的な快感の条件ですらある。それは隣接する性感帯を興奮させる役目を果たし、その点で、堅い木を燃やすための火種（ein Span Kleinholz）に喩えられる。時としてこの移行が起きる前に、若い女性が快感を感じない一時期がある。主に子ども時代の過度の活動のせいで、クリトリスが快感を伝達するのを拒否すると、感受性の欠如が慢性化することもある。性的興奮がクリトリスから膣に伝達されると、女には支配的な性感帯の変更が起き、彼女の性生活の未来はその変更にかかっているが、男の場合は子ども時代から同じ性感帯を維持する。支配的な性感帯の変更、少女の性的男性性を抑圧しようとしているかのような思春期における急激な抑圧のなかに、女を神経症に、とくにヒステリーに導く諸条件がある。それらの条件は女性性の本質（Wesen der Weiblichkeit）に密接に関わっている（「性欲論三篇」参照）。

両性性は規範であり、かつ、女の神経症への傾向の必要条件でもある。いっぽう、男は女ほどヒステリーになりやすくないが、それは男の両性性が女ほど明確でないからだ。なぜなら男は子どものときから同じ性感帯を保ち、ある部位から別の部位への移行という困難な問題を解決する必要がないからである。ここで、男性の両性性はどんなふうに姿をあらわすかという疑問が湧いてくる。たしかにフロイトは男の子から成人男子への発達については探求していないが、だからといってフロイトが男性的両性性を否定しているわけではないし、男の両性性傾向にはなんの禁止もないと考えているわけでもない（女の男性的欲望の抑圧を強調することは、「象徴的構成への参加から女を遠ざける」（リュス・イリガライ）ことを目指しているように見えるが）。男性的両性性は、対象選択のレベルでは否定できない。というのも、男は一般に、母親というただひとつのリビドーの対象を保持している（いっぽう女はここでもやはり、女になるために、母親から父親への移行を実現しなければならない）が、同性愛的な対象選択をすることもありうる。同性愛は、それを可能にする条件として両性性を前提とする。同性愛は、自分の身体や自分の性質（臆病、内気、保護されたがる傾向）さえをも使った両性性のイメージそのものである。ただし――とくに男の場合――身体的両性具有と心的両性具有との間にはなんの関係もないし、後者を前者から導き出すこともできない。同性愛は両性性を前提とする。なぜなら同性愛は二つの傾向、男性に向かう傾向と、女性に向かう傾向との妥協みたいなものだからである。実際、性対象倒錯者は、同性に属する対象よりも、男女両性を併せ持った性的対象を追いかける。ただしその対象は男性の解剖学的特徴（男性性器）をそなえていなければならない。同性愛も異性愛も同じように両性性を前提にしていて、病的であれ正常であれ、特定の方向におけるその限界である。ここでは、何が「正常」で何がそうでないかを決めるのはフロイトではなく社会である。フロイトは、最初は男性的対象にも女性的対象にも愛着をおぼえるということを指摘する。したがって異性愛は、「当然」で自然で正常なものではなく、同性愛と同じくらい問題にみちている。

対象の性別とは無関係な対象選択——男性の対象も女性の対象も自由に選択すること——は、子ども時代にも、社会の原始状態にも、歴史の初期にも見られるが、精神分析の考えでは、この対象選択こそが根源的な土台であり、ここから、制約の方向しだいで、一方に向かえば正常型、他方は性対象倒錯型、そのどちらにも発達していく。したがって精神分析の視点からすると、男が女に対してしか関心を示さないというのも、解明を必要とする問題であり、究極的には化学的な牽引力にもとづいているというような自明なことではない。ある人の最終的な性的態度が決まるのは思春期以降であり、無数の要因の結果である。その要因のすべてはまだわかっておらず、一部は体質的なものであり、また一部は偶然的なものである。［……］性対象倒錯の場合はつねに、太古的な性質と原始的な心的メカニズムの優位がみられる。**彼らの最も本質的な特徴は、ナルシシズム的な対象選択が働**

くことと、肛門領域の性愛的な意味に固執することであるように思われる。(「性欲論三篇」5-16註　強調引用者)

こうした条件があるから、同性愛者にとっての「治癒」は異性愛者になることではない。異性愛者になることは、一方の端から他方の端に行くことに過ぎず、まわりから正常と見られるという利点しかない。治癒は、完全な両性的機能の復活である。精神分析の目的は、社会道徳によって押しつけられた限界を超えて、男のなかにも女のなかにも、性的快感を二重に「悪魔的に」体験する力を復活させることである。社会道徳は、単性性を規範として押しつけ、一方の性が体験する快感を他方の性には禁じる。この意味で、「純粋な」異性愛者は同性愛者と同じくらい「病気」である。ただし社会的理由で、長椅子に横になった患者が自分の異性愛を治療してくれと頼むことはまずない。

私の経験からすると、性器的倒錯や同性愛を取り去ることは[……]容易ではない。それどころか、とくに恵まれた環境でしか成功しないということがわかったし、たとえ成功したとしても、成功とは、同性愛に縛り付けられていた人間に(それまで閉ざされていた)異性への道を開いてやり、完全な両性的機能を復活させてやることにすぎなかった。その後、社会から禁じられている道を捨てることを選ぶかどうかは本人しだいである。［……］正常な性もまた対象選択における制限に依存していることを忘れてはならない。一般に、完全に発達した同性愛者を異性愛者に変えることは、その逆と同じく、成功の望みは薄い。もっとも実際的な理由から、異性愛者を同性愛者に変えることは絶対に試みられないが。（「ある女性同性愛」11-33）

精神分析は、異性愛が（社会の規範であるのは確かだが）心の規範ではありえないことを学ぶだけでなく、純粋な異性愛など存在しないことをも学ぶ。いわゆる正常な個人でも、はっきり異性愛を公言しながらも、無意識的な潜在的同性愛傾向を示す、それも「かなりの程度」（同右11-52）示すものである。同性愛は「自然の気紛れ」がつくった「第三の性」（同右）ではないし、男性と女性は二つの対立する型ではない。

三系列の特徴が同性愛を決定する。ある程度まで、それらはたがいに独立して変化し、個人によってそれぞれ異なる順序で配列されている。三系列とは、身体的な性的特徴（身体的両性具有）、心的な性的特徴（男性的体制、女性的体制）、そして対象選択の仕方である。それら相互の独立は、女の場合はあまり明確でない。対立する性的性質の身体的・心的特徴が一致することが男の場合よりも多いからである（「ある女性同性愛」）。三系列が独立しているということは、次のようなことを意味する。すなわち私たちは両性的傾向を考慮に入れなければならないが、その解剖学的な基盤は知らない。しかしこの基盤は男よりも女の場合に重要だと思われる。というのも女は伝統的に男よりも「自然」で、より身体に依存していると見なされてきたからである。にもかかわらず、ここで重要なのは、これらの特徴はたがいに独立しているという主張である。「この両性性の理論は最も粗雑な形で、ある男性の性対象倒錯者の代弁者によって表明されたもので、『男性の身体に女性の脳』というものである。……心理的な問題を解剖学的な問題に置き換えることは不必要であるばかりか不当でもある」(「性欲論三篇」5-14)。この主張によってフロイトは両性性に特別に精神分析的な性格を与え、それを自分の「自家薬籠中のもの」とし、自分がこのように再評価された概念の生みの親であることを強調する。もっとも、彼が頻繁におこなう身振りによって、この概念は自分が発明したものではないと明言してはいるが。「性欲論三篇」では、彼は執拗に繰り返し註を加え、その概念の真の「発案者」を示そうと努力し、ちょうど借金をきれいにしようとしていたときに、その領域での借金を返そうと努力したのだった。フロイトが、性対象倒錯を説明する方法として両性的傾向に言及したすぐ後の註は全文を読むべきだろう。

(『性的中間者年報』第六巻にある文献一覧によると)性対象倒錯の説明のために両性性

を引き合いに出した最初の人はE・グレイのようである。彼は早くも一八八四年一月に、『哲学評論』誌に「性本能異常」という論文を発表している。しかも注目に値するのは、性対象倒錯の原因を両性性にもとめている著者の大多数が、この点をたんに性対象倒錯ばかりでなく正常者となったものにもあてはめ、その論理的帰結として、性対象倒錯を発達障害の結果と捉えていることである。シュヴァリエ（一八九三）がすでにそのように書いている。クラフト＝エビング（一八九五、一〇）はこの点について、「（この下位に置かれた性の）第二の中心が少なくとも事実上存在し続けていることを示す」観察結果が数多くあると述べている。アルドウィンという名の博士（一九〇〇）は、「すべての人間には男性的要素と女性的要素とがあるが（ヒルシュフェルト、一八九九を参照されたい）、異性愛者についていえば――問題の人物が男女どちらであるかによって――男女どちらかの要素が他方の要素とは比較できないほど強く発達しているだけなのである」。ヘルマン（一九〇三）は、「すべての女性には男性的要素と特質が、またすべての男性には女性的要素と特質とがそなわっている」と確信している。〔以下、一九一〇年に加えられた註〕続いて、フリース（一九〇六）が、（二つの性をもつという意味での）両性性の概念は自分の着想であると主張した。〔以下、一九二四年の註〕非専門家の間では、人間の両性性の仮説は、若くして死んだ哲学者オットー・ワイニンガーの発案になると見なされている。彼はその考えにもとづいて、いささか均衡を欠いた著書（一九〇三）を書いている。以上に詳しく述べたことから、これらの主張がいかに根拠の薄いものであるかがわかるであろう。（「性欲論三篇」5-14-15註）

最初の註では、彼はまるで自分の発見を裏付け、学者たちを動員して身を守るためであるかのように、「自分が最初だと主張する人たち」の名を列挙している。しかしよく読んでみると、彼らの主張はフロイトとまったく同じではない。彼らは身体的両性性と心理的両性性を区別していないし、男性の両性性と女性の両性性を同じように扱っている。フロイトの特徴がよく物語っている、注目すべきことは、フリース（一九一〇年になって初めて言及）にもヴァイニンガー（一九二四年に初めて言及）にも言及していないことである。フロイトはなかなか彼らには言及せず、まるで罪悪感からしぶしぶ付け加えたようにみえるが、このことは以下のようなことを示しているのではないか――実際にはフロイトにとって問題だったのはおそらく、父親役のフリースを追い払うことと、発狂し自殺した思弁的タイプのワイニンガーから自分を区別することだったのだ。誰がこの概念を最初に提出したか、などはどうでもよかったのだ。重要なのは、それを**無反省的**でなく用いることと、それを何か――自分自身のもの――にすることであった。

たとえばそれを、女たちが彼に向ける「愚かな思弁」という批難に対する防衛の武器として用いる。女のために、あるいは女を攻撃するために、用いる。欲動が生み出すさまざまな結果――女が女になる際に経験するさまざまな困難、そして最終的には人生全体による女性性の拒絶――を説明するために用いるのである。

性欲の発達――女の子と男の子の違い

したがって課題は、最初の両性性から始まって、女の子が背負っている女としての宿命がいかに成就されるのかを見極めることである。正常性への女の子の発達は男の子の場合よりも「より困難で、より複雑である」。「なぜなら女の子の発達は、男の子の発達の中には相当するものがない、二つの課題を含んでいるからである」(「女というもの」1-481)。女の子の課題のほうがずっと困難である。というのも、彼女の解剖学的構造が最初からすべてを決定するわけではない。なぜなら「その構成は葛藤なしにはその機能に適応しない」(同)からである。にもかかわらず、すべては思春期以前に決定される。

性器の形やその他の際立った身体的特徴の解剖学的差異、女性的性質(Wesen des Weibes)が後にどうなるかを予想できるような欲動の組織化における精神的差異。男の子と女の子を比較するにあたって、そうした**差異**を見出すのに、最初からわざわざ精神分析を持ち出す必要はない。概して、女の子は男の子ほど攻撃的でも、頑固でも、自己満足的(selbstgenugsam)でもない。男の子よりも愛情への欲求が強いらしく、そのためにより依存的で従順である。このようにすべての女の子には、男の子より**多いもの**と**少ないもの**がある。サディズム的・ナルシシズム的な自己主張の傾向は少なく、愛と服従への欲求は多い。この「多い」それ自身はたんに「少ない」の裏返しにすぎず、少女の欠陥の当然の帰結である。このレベルでは、彼女のすべての長所は、正しく解釈すれば、彼女の「欠点」を示しているにすぎない。女の子は男の子よりも早く排泄調節できるようになるが、これは女の子の従順さのあらわれにすぎないかもしれない。女の子が男の子より早く幼児的欲動を克服するが、それはオシッコとかウンチという贈り物を捧げることによって母親の愛情を得ようとするからかもしれない。しかも、女の子は何歳の段階でも、男の子より知的で、より生き生きしていて、外界に対して適応能力があり、また、対象への備給をより強く経験するように思われる。

たしかにこれらの違いを明らかにするのに、かならずしも精神分析は必要ない。そのため、フロイトはこれらの差異は重要な観察にもとづいているのかどうかと思いめぐらす。彼はこれらの差異に言及し、分類整理する。ただしその分類には精神分析理論が含まれている(たとえばフロイトは、肛門サディズム期に起因する差異と、ナルシシズムに起因する差異とを区別する）。彼はその後で、これらの差異をすべて否定し、これらの差異は自分が追求している目的にとってはほとんど意味がないと断言する。「しかし、これらの性的差異は対して重要ではない。個人差のほうが大きいこともある。われわれが目下追求している目的からすれば、これらの差異は無視してもかまわない」（1-481）。フロイトの目下の目的とは、反対に、女の子と男の子が最初はほとんど同じであったことを強調することだ。しかしフロイトはひとつの差異——女の子のほうが知的には早熟であること——だけは認め、それに執着する。「いずれにせよ、女の子のほうが知的に遅れているなどということは絶対にない」[14]（同右）。すべての差異を否定しようとしているのに、女の子のほうが知的に早熟だということだけを強調するのだろうか。それは、彼がそうした付随的な早熟に「当惑した」からではけっしてない（リュス・イリガライに言わせると、フロイトはそのことに当惑し、女の子にたとえひとつでも男の子より優れている点があることを認めたくなくて、すべての差異を否定しようとしたのだという）。それどころかフロイトにとっては、最初は女の子のほうが優れていることを強調する必要があった。そのほうが、後でそれを女から取り上げるときに都合がよかったのだ。哲学者たちが主張するように女は自然に最初から知的に劣っており、それは変えられない、と主張するのではなく、それは女の子の性的発達の結果であり、また、父親（社会）による禁止（それは男の子よりも女の子に対してより厳しい）によって性的好奇心が多少とも強く抑圧される結果である、とフロイトは主張する。またさらには、オイディプス・コンプレックスが男と女では違ったふうに解決されることの結果でもあり、したがって、男女の超自我とそれぞれの昇華能力の違いの結果でもある。

女のほうが知的に劣っているという問題をめぐって、フェミニストたちはフロイトを攻撃するのだから、戦略的にも、まず女の子の知性を擁護するほうが得策である。私、フロイトは、思弁に頼るのではなく、つねに観察を尊重する。女の子に関していえば、観察は、女の子が知的に優れていることを示している。それ以外のすべての観察は裏付けがないし、男女がほとんど同じであるというより重要な事実に比べたら、それ以外の差異は無視してもいいほどだ。「男も女も、リビドー発達の初期段階をまったく同じように経験するように思われる」(「女というもの」1-482)。

リビドー発達の初期段階における男女の同一性

口唇期については言及されていない。この時期に男女が同じように行動することは自明であるかのように。それに対して、**肛門サディズム期**は、女の子は男の子よりも攻撃的でないとする、それ以前の一般的な疑似観察に関して、いくつかの驚くべき事実を提供する。フロイトは一般的な形式の観察ではなく精神分析による観察、とくに女性分析家による観察を例に取る。女性なら先入観や「男性的」偏見に囚われていないというわけだ。女性分析家たちは子どもの遊びに関して、女の子の攻撃衝動が男の子ほど豊富でも暴力的でもないなどということはけっしてない、ということを明らかにした。この領域に関しては、女の子は男の子を嫉む理由はまったくないのだ（nichts zu wünschen übrig lassen）。あなたがた親は、男の子と女の子の発達を何かにつけ比較したがり、それによって早くから男女の間に戦争というか競争関係を打ち立てようとする。男の子と女の子を競争させようとしても、偏見に囚われ、未来の女性を子どもに投影しているにすぎないあなたがたの予想に反して、男の子のほうが女の子を凌駕していることなどけっしてないという事実を認めざるを得ないだろう。この点からみると、女の子はなんの遅れも経験しない（Zurückbleiben der Aggression）のである。女の子のほうが攻撃的でないというのは、何か女性的本質と結びついた自然現象などではなく、女の子の発達全体、教育全般の産物である。女は攻撃的ではなく受動的な宿命を背負っているが、それは成人女性への発達の必然的帰結なのである。

男根期についていえば、最初から類似性のほうが差異よりも大きい。ここでは女の子が男の子と異なる存在であると考えることはできない。「われわれはいまや、小さな女の子は小さな男の子であることを認めざるをえない」（「女というもの」1-482. “Wir müssen nun anerkennen, das kleine Mädchen sei ein kleiner Mann")。実際、最初は小さな男の子であるがゆえに、女の子は、男の子は（すでに男であるために）直面しないような発達の問題に直面するはめになる。**最初の両性性**ではなくむしろ最初の疑似男性性から出発して、ひとはいかにして女になるのか。そして、もし「終わりある分析と終わりなき分析」が主張しているように、生が女性性を蔑視し、「二つの」性のどちらにおいても女性性が否定されるのだとしたら、どうして女になる必要があるのか。最初の両性性の主張が、男根期の男性性から「正しく」女性的と見なされる段階への移行を可能にするための条件だとしたら、先の三段階ではどちらの性もほぼ同一だという主張はその両性性の主張を厳密に理論的なものにする。たしかに、両性性は女性性と男性性との形而上学的な対立を無効にするが、この無効化は一方の性、すなわち男性の支配に有利に働く。男性は最初の女性性を克服する必要はまったくないのだから。どちらの性も最初は両性的だという先の主張にもかかわらず、一方の性、すなわち男性が実際には優勢である。どちらの性にとっても、**支配的な性感帯はつねにペニスである**。そしてフロイトの主張は、小さな女の子は根源的に他者であるという同時期の発見によって裏付けられる。ギリシア文明の背後にはミノア＝ミュケナイ文明があったという発見である。男根の優位を声高に主張するのは、本質的に異なる女性性の驚くべき、かつ恐ろしい、だが魅力的な性質を覆い隠し、最終的に廃絶するためであるかのようだ。

この点で、論文によって主張が異なっていることは、ひとつの症候とみなすことができよう。「性欲論三篇」（一九〇五）は、初期段階は多形倒錯によって特徴づけられると主張する。部分欲動はたがいに独立して発達し、性器期にいたって、性器の優位に服従する。後の論文、とくに「幼児期の性器体制」（一九二三）以降の論文は、補足的な段階――男根期――を導入する。これは本来の性器期よりも前の段階だが、すでに男根が優位に立っている。（男の）目的に奉仕するため、この補足的な段階を導入したフロイトは、矛盾を怖れず、「性欲論三篇」を書き直し、新たな理論的変更を示す註を加えるが、そうした補足の理由は明らかにしない（彼は曖昧な言葉で、知が進歩したという意味のことを書いているだけだ）。この補足的な段階の導入がなんら説明されていないので――実際、それは何よりも、女性の性のもつ「まったく異邦人のような」性質の発見によって躓きそうな力を強化するために、挿入されたのだ――、フロイトは、アブラハムを引用しつつ、じつに彼らしく、生物学への疑わしい支持を表明する。

「前性器体制と思春期以後に性生活がとる最終的な形態との」唯一の違いは、部分欲動をたがいに結びつけることと、それらを性器の優位のもとに統合することが、子ども時代には、ごく不完全にしかおこなわれないか、あるいはまったくおこなわれないということである。したがって、生殖に役立つこのような優位性を確立することが、性欲の組織化が通り抜けていく最後の段階なのである。(「性欲論三篇」5-60)

『性欲論三篇』の読者は、その後の版において私が全面的書き換えをおこなわず、最初の構成を変えず、ただ知の進歩に合わせて、本文を部分的に書き換えたり、挿入したりしただけだったことにお気づきであろう。そのために、古い部分とより新しい部分とがうまく混じり合わず、記述が矛盾しているところが多いかもしれない。周知の通り、最初は子どもと成人の性生活の基本的差異の記述に力点をおき、その後、リビドーの**前性器体制**を前面に出し……最終的に、子どもの**性的探究**に関心を向けた。それによって、**子どもの性欲の最終的結果は**……成人における最終的な形態と似ていることを知った。[……]いまでは、幼児期の初期には性器の優位はまったく成立していないか、きわめて不完全にしか成立していない、という見解に筆者は満足していない。子どもの性生活と成人のそれとの近似は、対象選択の発生だけに留まらず、もっと広い範囲に及ぶ。たとえ性器の優位下に部分欲動の正しい統合がなされなかったとしても[……]性器とその活動への関心は、成熟期の関心にはわずかに劣るが、支配的な重要性を獲得する。同時に、**この幼児期の性器体制**の主な特徴は、成人の最終的な性器体制との**違い**である。それは、どちらの性にとっても**唯一の性器**、すなわち男性性器だけが意味をもつということである。したがって、性器優位ではなく、**男根**優位なのである。(「幼児期の性器体制」11-98-99)

また、一九二四年に「性欲論三篇」に加えられた註では――

その後(一九二三年)、私はこの記述(Darstellung)を変更して、幼児の発達において、この二つの前性器体制に続く、第三の段階を挿入した。この第三段階は、すでに性器期と呼ばれるにふさわしいもので、ひとつの性的対象と、その対象に向けられる性衝動がある程度収斂していることを示しているが、性的成熟の最終的組織化とは、ひとつの本質的な点で異なっている。すなわちこの段階はたった一種類の性器、つまり男性性器しか知らない。そのため私はこれを性的組織化の「男根期」と名付けた(「幼児期の性器体制」一九二三)。アブラハムによれば、この段階の生物学的原型(Vorbild)は胎児に見出される。胎児の性器体制は男女どちらにとっても同じで無差別的なのである。(5-60)

差異を発見すればするほど、フロイトは男女の厳密な並行・対称関係を否定し、最初の「同一性」を強調し、男根の優位を主張する。その結果、同一性(対称)を主張しようと、差異を主張しようと、結局は同じということになり、男性モデルが特権化される。まったく異なる存在の革命的な発見の後、方法論的な革命をすすめるべきだったときに、フロイトは男性モデルから逃れることができなかった。それで一九二〇―二三年以降、彼はたえず差異を主張し、厳密な並行・対称関係を放棄するが、同時に女性の性に関する自分の記述（Darstellung）に、男性の性をめぐる長い議論の「恩恵」を与え続ける。男性の性こそが、共通の基準をもたないとされていたものへの標準であり基準なのだ。

というわけで、「解剖学的性差」において、彼は初めて過去の「誤り」に言及する。「子どもの性生活が最初にどのような心的な形をとるかについて検討した際、われわれはいつもきまって男の子、小さな少年を研究の主題にした。女の子の場合も事態はほぼ同じだろう、多少違っているところもあるだろうが、とわれわれは考えたのだ。発達のどの段階でその差異がでてくるのかを明らかにすることはできなかった」（5-162）。そして彼は続けて、男の子の場合のオイディプス・コンプレックスについてかなり詳しく論じてから、女の子の問題に取りかかる。女の子の問題は、たしかに「ひとつの問題を提起する」（5-164）が、依然として男性モデルに依存している。

同様に、「女の性」（一九三一）では、男女の性的発達はほぼ並行関係にあるという考えは今後捨てるべきだと断言した後に、こう付け加える。「論をすすめるにあたって、女性の場合の事態をたえず男性の場合と比較することは、われわれの叙述にとって有益であろう」(5-141)。もし、男根期において小さな女性が小さな男性だとしたら、女性の性愛に関する議論を小さな男の子の議論から始めることが実際に「有益」であろう。

したがって男の子はこの段階で、彼の小さなペニスのおかげで、官能的な快感を自分に与える。この勃起状態には性交の表象がともなう。これより前の論文は、幼児のマスターベーションと原光景の幻想とを結びつけていない。「解剖学的性差」（一九二五）は、子どもは吸うことの快感を経験しながら、同時に快感の源泉としての性器領域を発見する、と主張している。「性器領域はいつかは発見されるが、性器における最初の行為にある心的内容を付加するのは不当だと思われる」(5-164)。同様に、男根期におけるマスターベーションはオイディプス・コンプレックスの対象備給とは結びつけられない。

どうしてフロイトはここで、付随してくる性関係の表象の存在を強調するのだろうか。男根期以前にも性器のレベルでは単純な快感があるのかもしれないという発想を捨てるためだろうか。マスターベーションによる快感を、男根期[15]に生じるオイディプス・コンプレックスと、したがって去勢脅威と、結びつけるためだろうか。この「付加」は、女の子の場合のマスターベーションの快感に関しては、きわめて重要な問題である。もしこの快感が男根期にしか生じないとしたら、女の子は、「男性的」タイプの「不適切な」快感以外では快感を経験できないことになる。男の子との比較の狙いは、じつは、女の子の快楽を男の子とそれと同一視し、この時期には男女とも「女性」性器の存在、つまり「本来的に女性的な」膣の存在をまったく知らず、まだそれを発見していないことを示すためである。それはすなわち、男根期には、たとえ肛門あるいは前庭の快感が生じたとしても、男根型の快感しか存在しないということを論証する、というより決めつけることである。いずれにせよ、そうした快感が存在するとしても、われわれがいま問題にしているのは男根期であるから——フロイトはそれ以外の正当化を提供していない——それが重要な役割を演じることはない。読者はこれを黙って認め、頭に叩き込まなくてはいけない。男根期には、支配的な性感帯はクリトリスである。さて、**クリトリスとは、ペニスに相当する物**（**Penisäquivalent**）でないとしたら何であろうか。女の子も男の子と**同じように**マスターベーションをし、男の子がペニスから快感を引き出すように、クリトリスから快感を得る。クリトリスは小さなペニスであり、父親（あるいは母親）のもっている規範的なペニスよりも小さく、幼い男の子の小さなペニスよりもまだ小さい。

このように、女の子のクリトリスは規範的な父親のペニスから三重に隔てられている。プラトンの用語を使えば、それは最も低いレベル、**幻影**《シムラクルム》のレベルに位置している。ペニスの「大きさ」はヒエラルキー確立の基準となる。女の子とは小さなペニスをもっているから、この段階では彼女はたんに小さな男、より劣った男である。だが、それはつねにそのように措定されてきた。幻影として、クリトリスはたんなるペニス**相当物**ではない。たんなるペニス相当物だったなら、二つの器官の機能的同一性だけが含まれるだろうが、どちらも同じタイプのマスターベーションによる快感を生む。どちらも解剖学的レベルでは**相同**だからである。「女の子の主な性感帯はクリトリスに位置しており、ペニス亀頭という男性の性器領域と相同関係にある」(「性欲論三篇」5-76)。「解剖学では、女性の外陰部の中にあるクリトリスはペニスに相似した器官として認められているし、性的過程の生理学は次のような事実を付け加えることができた。この小さなペニスはそれ以上大きくならないが、子ども時代には本物のペニスと同じような振る舞いをしたのである」(「幼児期の性理論」5-101)。**相当**とか相似について論じるということは、二つの器官の間に単純な並行関係を見出すということである。量的差異にもかかわらず、**質**は同じであり、同じ価値をもつ、と主張することである。大きさの違いにもかかわらず、経験する快感の点からいえば同じ価値である、と。この意味で、クリトリスはペニスの代用品(Ersatz)ではなく、女の子に同じタイプの、つまり男性的タイプの快感を与える。マスターベーション活動は、女の子に男性的快感を教えるが、基本的には男性的活動である。それはまた「勃起」を引き起こす。

> しかし性感帯の自体愛的活動はどちらの性でも同じで、この同一性のために、思春期以後に生じるような男女の区別はできない。自体愛的あるいは自慰的な性の表出に関していえば、小さな女の子の性愛は全面的に男性的な性格をもっていると主張することができる。[……]女の子のマスターベーションについての私の経験によれば、関係しているのはクリトリスであって、後年の性的機能において重要である外性器領域ではない。[……]女の子の場合にも頻繁に起きる、性的興奮の自発的な発散はクリトリスの痙攣によって表明される。この器官の頻繁な勃起によって、女の子は、何も教えられなくとも、他方の性の性的表出を正しく判断することができる。(「性欲論三篇」5-75-6)

クリトリスが興奮するということが「女の子の性的活動に男性的性格を与える」(「性欲論三篇」5-73)。

クリトリスは、ペニスに似た等価物であるから、ペニスとクリトリスの違いは程度の差、量的な違いでしかない。にもかかわらずこの等価物は本当に等価ではないように思われ、量的な差が質的な差をともなっているように思われる。というのも女の子は男の子の(たとえば兄弟の)ペニスが自分自身のペニスより大きいことを発見するとすぐにかならず羨望を抱く。女の子はペニスをクリトリスと**等価物**とは見なさず、**対応物**と見なす。しかもクリトリスよりも優れた対応物と見なす。そのために彼女の小さな器官は彼女自身によって変容させられ、たんなる幻影のレベルへと引き下げられる。「女の子は、兄弟や友達の、はっきりと目につく大きなペニスに気づき、すぐにそれが自分のもつ陰に隠れた小さな器官よりも優れた対応物（überlegenes Gegenstück）であることを認識し、そのとき以来、ペニス羨望に囚われてしまう」（「解剖学的性差」5-164）。

たんなる「大きさ」の違いだけから、女の子が自分の性に対して価値を与えたり無価値と判断したりするものだろうか。女の子は——さまざまな理由から——これまでもつねに自分のことを男の子よりも劣っていると感じていて、大きさの違いをいわばちょうどいい「口実」として捉え、いきなり決定的に男の子を「羨む」ようになるのではなかろうか。

さらに、女の子と男の子、クリトリスとペニスとの、たんなる量的な差を誰が判定するのか。子どもたち？　科学？　フロイト？

実際、いくつかの論文は、男女は同一であり、クリトリスとペニスとは同じものだという思い込みを、幼児がつくりあげた性理論のせいにしている。とくにそうした思い込みは男の子の偏見である。男の子はペニスに価値を見出す。というよりペニスのみに価値を見出す。また去勢不安のせいで、自然にペニスに対するフェティシズムが生まれる。そのために彼は女の子の股間にペニスの不在を発見したとき、そこに小さなペニスを与える。

これらの理論のうち、最初の理論は性差の無視から出発する。これはわれわれが子どもの特徴として強調しておいたものである。この理論とは、男の子が、自分の身体によって知っているようなペニスをすべての人間が――女性を含めて――所有していると思い込むことである。われわれが「正常」と認めなくてはならない性の素質において、子ども時代にすでにペニスは支配的な性感帯であり自体愛的な性の対象としても主なものとなっている。男の子がその価値を評価していることは、論理的に、自分に似た人物でこの最も大切な器官をもっていない人など想像できないということに反映している。男の子が妹の性器を見たときに口にすることを聞けば、彼の偏見がすでに知覚を歪めるほど強いことがわかる。彼はペニスがないとはいわず、かならず、慰めるように、あるいは取り繕うように、こう言うのである。「あの子の――はまだとっても小さいけど、あの子が大きくなれば、あれもちゃんと大きくなる」。(「幼児期の性理論」5-100)

子どもの偏見は幼児の「性理論」に組み込まれる。幼児期の性理論はフェティシズム的に女の子にペニスを与える。だがその偏見は根強く残り、おとなの夢の中にも、ペニスをもった女性として登場する。古代芸術はこれらの偏見を、無数の両性具有像に「複製生産」することによって固定した。生まれつきの両性具有は現実にはある種の嫌悪感を掻き立てるが、芸術による模倣はまったくショックを与えない。それは、自然界では嫌悪感と恐怖を掻き立てるものを、いわば魔除けのように、耐え難くないものにする。さらに、科学的にみても、子どもの偏見は「正しい」。なぜなら、「解剖学では、女性の外陰部の中にあるクリトリスはペニスに相似した器官として認められているし、性的過程の生理学は次のような事実を付け加えることができた。この小さなペニスはそれ以上大きくならないが、子ども時代には本物のペニスと同じような振る舞いをしたのである」(「幼児期の性理論」5-101)。フロイトはさらに続ける。「これらすべてのことから、女も男と同じようにペニスをもっているという幼児期の性理論にはいくばくかの真理が含まれていることがわかる」(同右)。ある意味で、精神分析理論そのものが幼児期の性理論を、より精巧にし、修正を加えることによって、実証しているといえる。幻想や妄想と同じく、その理論は、その「虚偽」をはるかに超えて、「純粋な真理」の断片をちゃんと含んでいるように思われる。

これらの誤った性理論はどれも［……］ひとつの大変興味深い特徴をもっている。かなりひどい間違いを犯してはいるが、一つ一つの理論はすべて本当の真理の一片を含んでいる。そしてその点で、難解すぎて人間の理解を超えているようにみえる宇宙の問題を解こうとする、天才的なひらめきと呼ばれる、おとなたちの試みに似ている。これらの理論の当たっているところ、的を射ているところは、性欲動を構成している要素がすでに子どもの生体内で活動を始めていることに起因しているということによって説明できる。というのも、これらの概念は恣意的な心的行為とか偶然の印象によって生まれたものではなく、子どもの性・心理的な構成の必然性によって生まれたものである。だからこそ、子どもの典型的な性理論について論じることができるのだ。(同右5-215)

幼児的性理論を生み出す子どもの輝かしい偏見と精神分析との間に、フロイトは、天才的なひらめきによって精神分析的真理を予想し、それを子どものようにわかりにくい言葉で表現する芸術家と、同じ真理を大人らしく科学的に「説明」する精神分析との違いと同じ違いをみる。

だからこそフロイトは、**男女どちらの**性愛も同一だという思い込みは子どもの無知――膣の存在を知らないこと――に起因すると主張しつつ、同時に、科学に裏付けられたこの「理論」を自分自身のものとすることができるのだ。なぜなら彼は男根期の存在を「発明」し、その中にたった一つの性器、つまりペニス(大きかろうと小さかろうと)と、たった一つのタイプの快感、つまり男性的快感を見出す。また、それだからこそ、フロイトの論文ではつねに、子どもが——たとえば去勢不安にもとづいて——想像することから単純な事実への横滑りが見られる。たとえば、男の子が女の子の性器を初めて見たとき、はじめは何も見えず、次いで、去勢脅威のもとで、彼はこの「無」が去勢の結果なのだと想像するが、それが実際に起きたことを否定して、女の子に小さなペニスを与える。フロイトはそう説明した後で、それらの真理への不安から身を守るために作り上げたそうした「理論」から、女の子の去勢は「現実」であると主張し、たとえば、女の子はしばしば「自分が去勢されたという**事実**(die Tatsache ihrer Kastration)を認めることを拒否するかもしれない」(解剖学的性差5-165)と述べる。

思春期——女の子に課せられる二つの余計な課題

ヒエラルキーの反転

男根の優位は幼児期のたんなる理論/作り話とは見なされない。クリトリスは**男性的**性感帯と見なされ、それゆえに支配的な性感帯と見なされる。だから、女がその発達過程において遂行しなければならない二つの課題のうち、最初の課題とは、彼女たちの最初の男性性を克服し、それを「捨てる」あるいは「抑圧する」ことである。男は幸運にもこの課題に直面しなくて済む。男の性愛は最初から最後まで単純で直線的で論理的に発達するからだ。これによって女性性が前面にあらわれ、性感帯は男性的なクリトリスから女にしかない膣領域へと移動する。「女らしくなるとともにクリトリスはその敏感さを、そして同時にその重要性を、全面的あるいは部分的に、膣に譲ります」（「女というもの」1-482）。それまで小さな男であった女の子は、思春期になると女になるために、抑圧によってヒエラルキーを反転し、膣を優位に立たせなくてはならない。女へと向かう発達が「正常」になるか神経症的になるかは、抑圧の程度に左右される。そして「抑圧」とは無くしてしまうことではないから、使い果たされて無くなってしまうものは何一つない。女の「男性的」性愛は、夢、ヒステリーの症候、男性的理想など、さまざまな形で表面化する。だが女性が「抑圧」を一貫して拒否し、一方の性感帯から他方への移行を拒み、男性的補償過剰という態度をとったり、同性愛になったりすることもありうる。たとえそうした拒否が自由選択の結果ではなく、女の本能的宿命から生まれたものであっても。たいへんな困難を乗り越えなくては、それまで有効だった性感帯を捨てることはできないし、それを服従させることすらできない。女を神経症へ、とくにヒステリーへと向かわせる条件は、彼女が一人前の女になり、自分自身の「本質」を実現するために、発達過程でヒエラルキーの反転をすることをどの程度必要としているかに左右される。この必要だが困難な変更のせいで、「このクリトリスの興奮に頑固にしがみつくことによって［……］あるいは［……］過剰な抑圧によって、多くの女性たちの性機能は損なわれている」（「幼児期の性理論」5-101）。

こうした抑圧による発達障害（このために女の発達は男ほど直線的・論理的ではありえない）が、形而上的な思い込み、つまり純粋に女性的な本質あるいは純粋に男性的な本質があるという思い込みの背後にある要素の一つである。形而上学は幼児性欲（自体愛的な活動は男も女も同じだということ）というものを知らなかったので、女の子の「男性性」も女の両性性も認識できなかった。思春期における男性性の抑圧は、女の将来のヒステリーの原因ともなりうるし、男女の本質は不変で対立しているという形而上学的虚構の原因でもある。なぜなら女が女になる発達の**起源が忘れられ**、**隠蔽されてきたからだ**。思春期における男性性抑圧の結果であるこの「忘却」はまた、女は**生まれつき**男ほどマスターベーションをしないという間違った思い込みの原因でもある。実際は、女の子のマスターベーションは、抑圧によって彼女の男性的性愛のほとんどが除去されてしまったときに、**抑圧されてしまった**のだ。「いずれにせよマスターベーションはクリトリスでおこなうものだが、男性的な活動であり［……］クリトリス的性愛の除去が、女性性の発達の前提条件である」（「解剖学的性差」5-167）。ここでもまた抑圧はつねに成功するとは限らない。女の子、あるいは成人女性がマスターベーションの虜になって、それをやめるためにありとあらゆる努力をすることもある。抑圧の失敗は、子ども時代には少なくとも男の子の場合と同じくらい重要な「女性的」マスターベーションが存在したことを証明する助けとなる。女の子は何よりもまず小さな男の子なのだから。「女性的」マスターベーションの否定は、彼女の男性性・両性性と表裏一体の関係にある。

対象の変更

障害と危機なしには進まないこの女性の発生史において、女の子はその「道中」で第二の課題に出会う。彼女は性感帯を変えなくてはならないだけでなく、愛の対象をも変えなくてはならない(soll)。この二重の命令に従うことが女になるための条件なのだ。これはフロイトが課した規範的な実例ではなく、男の子/女の子が女になるための社会・生物学的必要性に従属する仮説的命令である(社会は便宜のために単性性を優遇して両性性を抑圧する、という意味で社会的必要性であり、また、女の男性性を否定して膣の優位を認めることが種の保存に繋がる、という意味で生物学的必要性である)。

女の子は、女性的というレッテルを貼られた性器をもっているがゆえに男性的段階から女性的段階へと進化するが、そのために第二の困難に出会い、第二の義務(Aufgabe)をまっとうしなければならない。すなわち**転移**を達成し、母への愛から父への愛へと移行しなければならない。

男の子は、自然に依怙贔屓されているために、この課題もまた免れる。男の子の場合、事態は単純である。最初の愛の対象は母親であり、オイディプス・コンプレックスの形成期を通じて、いや心の底では一生、この対象に固着している。最終的に彼が選ぶ女性は母親のイメージであり、したがって女は女へと発達することによって、自分の配偶者にとっては母親になる。男の性愛は、最初の愛の対象である母親への固着のおかげで、断絶も危機もなく、スムーズに発達する。女の子の場合は、男の子の場合から類推すると、最初の愛の対象は母親あるいは母親代理物と考えられる（"Auch für Mädchen muss die Mutter...das erste Objekt sein": 女の子にとっても最初の対象は母親にちがいない。[「女というもの」1-482]）。仏訳はmuss(ちがいない)を訳し落としているために、女の子の性愛に関するこの断定の推測的な性質を隠してしまっている。女の子の性愛は、男の子の例にもとづいた推測であり、しかも観察にもとづいているのではなく、どちらの性にも与えられる初期の保育の（仮定的）同一性から、最初の生の欲求の満足から(のみ)生まれると思われる最初の対象備給の同一性へとすすむ論証にもとづいている（grosse und einfache Lebensbedürfnisse)。出発点は男女とも同じだとされながら、女の子の発達は男の子とは異なる。女の子は危機を経て、余計な課題をこなさなくてはならない。オイディプス・コンプレックスの時期に、父親が彼女の愛の対象になるのである。しかも、男の子にとっての母親とはちがって、女の子はいつまでも父親に固着したままではいない。正常な発達を遂げた場合、女の子は父親的対象から、別の決定的な対象選択へとすすまなくてはならない。女にとって、「正常」とは、一つの場所に落ち着かないことであり、気まぐれに変化しつづけることである。

以上のことから、出発点は男の子の場合と同じだとしても、どうして女の子はひとつの愛の対象から別の対象へ、つまり母親から父親へと移行しなければならないのだろうか。どうして、またいかにして、母親との最初の絆は解けてしまうのだろうか。フロイトはその問いを別の言葉で述べ、このように表現しても同じだと述べている――どうして、またいかにして、女の子は「男性的段階から、生物学的に運命づけられている女性的段階へとすすむのか」(「女というもの」1-482)。

この等式化は当然と考えられる。ただしそのためには、男根期だけでなくそれ以前の段階、すなわち子どもの主な生存の要求が母親によってみたされていた段階でも、女の子は小さな男の子であり、それ以外のものではありえなかったことを認める必要がある。だとすれば、この時期に女の子が男の場合と同じく母親に愛着していたとしても、それは驚くべきことではないし、推測しうることである。フロイトは、後年になってあらわれる性差を発見すればするほど、最初の「同一性」をますます拡大する。最初は、自分の目的のために作り上げた補足的段階である男根期へ、次いで、肛門サディズム期、口唇期へと。男根の優位は、まるで伝染病のように、ある段階から別の段階へと浸透していく。フロイトが最初の同一性を強調すればするほど、男性的段階から、女性的段階（この段階で、女の子は母親を捨てて父親に向かう）への必然的移行が困難になる。そこでフロイトは「生物学的宿命」なるものを持ち出す。しかしこれは運命の不可避性と解釈してはならない。というのも、もしそうだとしたら、「どうして」女の子は最初の愛着の対象を捨てるのか、と不思議がる必要はない。フロイトがあまりに単純に信じたのとは裏腹に、男の子のオイディプス・コンプレックスと女の子のそれとは対称ではない。男の子は母親に、女の子は父親に、というふうな、ある特定の年齢で異性に愛情を向けるような、**化学的**必然性も**生物学的**必然性もないし、そんな自然の法則はない。子どもが自分とは異性の親を好きになるような、そんな道筋があらかじめ決まっているわけではない。「精神分析からすると、男がもっぱら女に対して性的関心を向けることも、解明する必要のある問題であり、究極的には化学的な牽引力にもとづいているというような自明な事実ではない」（「性欲論三篇」5-16–17）。

したがって、異性がたがいに相手に惹きつけられるような、そんな神秘的な、分析に抵抗する力は存在しない――こうした単純で思弁的で詩的な視点は、豊富な観察例にもとづいた「地道な」精神分析的研究によってのみ発見される現実を見落としてしまう。「神秘的な力」

について論じることは、問題を言葉によって形而上学的に重要視することになり、それを解決することではない。両性性を無視して男女両性の対立を唱える、じつに単純で怠惰な態度である。したがって、フロイトが講義調の論文「女というもの」の冒頭と末尾で、フロイト自身にいわせれば自分の言説を確証あるいは「完成」するために、詩人を引き合いに出しているが、それによって、安易な解決策として詩人に助けを求め、自分の偏見を権威づけようとする態度がいかに無責任で不真面目であるかをみずから暴露している。

もし、（詩人の「天才」に誘惑されて、私自身は長い間そうしてきたが）思弁する代わりに、観察や地道な研究に自分を捧げるならば、オイディプス・コンプレックスの優位を含め、あなたが思弁によって作り上げたものすべてに疑問を投じるような、じつに驚くべき発見（überraschende Feststellungen）をするだろう。その点で、女性の発達の道筋と同じく、詩人ソフォクレスは長い間私を惑わしてきた。多くの女は長い間父親的対象に固着し続ける。かならずしもそうではないのではないか。優しく、強烈で、長続きする、父親に対する女の愛情は、より以前の母親への愛情の転移なのではないか。オイディプス・コンプレックスはたんに、すべての愛の原型である母親との前オイディプス的関係の「反復」にすぎないのではなかろうか。

われわれはもちろん母親への愛着という予備的段階があったことは知っていたが、それがこれほど内容豊富で持続的であり、固着と素質への誘因をこれほど多く残すものだとは知らなかった。その段階では父親は厄介なライバルにすぎない。母親への愛着が四歳以降まで続くこともある。後に父親との関係の中に見出されるもののほとんどすべては、それ以前の母親への愛着の中にすでに存在していて、それが後に父親に転移（übertragen）されるのである。要するに、この**前オイディプス的な母親への愛着**を理解しないかぎり、女性を理解することはできないという印象をわれわれはもっている。（「女というもの」1-483）

父親とのとくに強い絆がある場合にはかならずそれ以前に、母親との、排他的で濃厚で情熱的な絆の段階があったのだ。[16] 逆説的だが、女の子の愛情の際立った特徴はここでもまた、男の子の場合と同じく、母親への愛情である。父親に対する愛情は、それ以前の母親への愛情の隠喩的翻訳（置換）にすぎないのだ。男性モデルにもとづいた男女の対称関係を諦める——それは差異を認める方向を強化するかもしれない——ことは、同一性と男根の優位を強化することになる。女の子は男の子と同一だから、母親を愛するのだ。母親の何を愛するのかといえば、それは男根を持っていると考えられる人物に他ならないのではなかろうか。

女の子と母親とのリビドー関係

能動的／受動的、男性的／女性的

男女両性の厳密な同化を強調するために、フロイトは、前性器的な三段階を通じて、女の子もまた母親とリビドー的関係をもつこと、しかも出鱈目にではないことを明らかにする。フロイトは、それらのリビドー的欲望が受動的傾向だけでなく能動的傾向をもあらわしている（vertreten sowohl aktive als passive Regungen）という事実を強調する。ここでもまた問題なのは、対立する用語の区別をぼやかし、女性性と受動性とを安易に結びつける態度を排除することである。受動性は女の「本質的」性質ではなく、女はそれを「歴史的」に身につけるのだ。受動性は、女が、最初の両性性の絶対に完成されない決定的な限界によって、成人女性へと発達していくことと、結びついている。

しかし、フロイトが受動的傾向を女の子だけと結びつけないのは、男女の差異がまだあらわれていないからである。ということはつまり、いったんこの「差異」があらわれれば、受動性は女の「決定的性質」となり、能動性は男の決定的性質となる。われわれの伝統全体がそう言っている（「女というもの」の冒頭からは、それとは反対のことが予想される。フロイトはそこで、女の最初の両性性を強調し、心理学を批判して、「男性的行動を能動性と、女性的行動を受動性と結びつける」(1-479)だけでは不十分だと述べている)。だからこそ、延期された行動の期間は、女の子の能動的傾向と受動的傾向を、それぞれ**男性的**、**女性的**と呼ぶことができる。しかし、それはできるだけ避け**なければならない**(**was man aber möglichst vermeiden soll**)。なぜなら、正確にいえば、最初の二つの段階には女性性も男性性もなく、第三段階には「男性性」しかないのである。

だとすると、この二つの文章はたがいに矛盾しているのだろうか。受動性を女性性と結びつけるとき、フロイトは、いったん否定しておきながら、ふたたび形而上学の伝統的な見方を反復しているのだろうか。

問題の文章をもっと詳しく検討してみる必要がある。フロイト自身が繰り返し強調しているように、それらの複雑さは男性性とか女性性といった概念そのものの複雑さに匹敵する。第一に、発達の最初の三段階においては男女とも両性的であり男女の性差はないという理論を打ち立てているので、**能動性・受動性といった特徴をそれぞれ男性性・女性性と結びつけることはできない**。最初の一組の決定要因が次の決定要因よりも先に存在するので、それらは男の子だけではなく女の子にも見出される。女性性あるいは男性性があらわれるためには二つの性質のうちのどちらかが抑圧される必要があるが、たとえそうだとしても、両性性が全面的に根絶されるわけではないから、女が完全に受動的で男が完全に能動的だということはありえない。さらに、女の発達がカント的な意味では純粋に限界的な概念であるのと同様に、受動性の発達は全面的あるいは決定的に保証されることはありえない。女にとって「正しい」ものはつねに「正しくない」のである。

だから、女性の望む「未来の」受動性を女の子に与える一般的な思い込みにとっては逆説的だが、フロイトは、母親への女の子の欲望の異質性を、そして子ども時代に経験される能動的・受動的傾向の「両性的」混同を、強調する。この混同は、男性性と女性性の総合とは見なされない。なぜならこれらの決定的要素はまだ存在していないからである。この混同から出発して、「純粋な」女性性あるいは「純粋な」男性性――純粋に理論的な構成物、あるいはカント的な意味での限界的概念――を獲得しなければならないのである。

これらの論文はすべて最初に、**能動的**／**受動的**決定要因の独立性を強調する。それらの決定要因は肛門サディズム期と繋がっており、それはさらに**男性的**／**女性的**決定要因と関係し、それらは性器期と関連し、思春期にならないとあらわれない。

思春期になってはじめて男性的性質と女性的性質の鋭い区別が生じる。(「性欲論三篇」5-75)

男性性と、生殖機能によって導入される女性性との対立は、前性器的な対象選択の段階にはまだ存在しえない。その代わりに、能動的目的をもった傾向と、受動的目的をもった傾向とが、見出される。［……］能動性は、共通の支配欲動（これが性的機能に奉仕するときには、サディズムと呼ばれる）によって供給される。じゅうぶんに発達した正常な性生活においてすら、能動性は重要な補助的機能を果たしている。受動的傾向は肛門性愛によって供給されるが、その性感帯は古い、まだ男女の区別のない排泄腔に対応している。（「強迫神経症の素質」）

第二の前性器的段階は、肛門サディズム的体制である。ここでは、性生活全体を貫いている二つの流れがすでに形成されている。しかしながらその二つの流れは「男性的」「女性的」と呼ばれるべきではなく、たんに「能動的」「受動的」と呼ばれるべきである。**能動性**は、統御への衝動によって、身体の筋肉系統を通じて発動する。いっぽう、他の何よりも**受動的**な性的目標をもつ器官は、性感的な肛門の粘膜である。（「性欲論三篇」5-59）

前性器的な肛門サディズム的体制の段階では、男性的・女性的という問題はまだなく、**能動的・受動的**という対立が支配的である。いまや明らかになった、幼児の性器体制における次の段階では、**男性性**は存在するが、女性性はない。ここでの対立は、**男性性器**をもっているか、それとも去勢されてしまったかである。性的発達が完了する思春期にいたってはじめて、性的両極性が男性性と女性性という対立と合致する。(「幼児期の性器体制」 11-101)

『文明とその不満』は、男性性・女性性という概念の曖昧さを強調し、この二つがあまりに安易に能動性・受動性と同一視されていると主張する。

性別はひとつの生物学的事実であり、われわれの心理生活に対してきわめて重大な意味を持っているとはいえ、これを心理学的に捉えることはむずかしい。われわれは気安く、すべての人間には男性的な衝動・欲求・属性と女性的なそれが混在している、と言うが、男性性・女性性の特徴を指摘しうるのは解剖学であって、心理学にはそれはできない。心理学では男女の性別が能動と受動の対立にすり替えられ、能動と男性性、受動と女性性が安易に同一化されるが、これは人間以外の動物ではけっして普遍的に認められることではない。両性性の理論にはまだ曖昧なところが多く、この理論と欲動の理論との関連性がいまだ明らかにされていないことは精神分析にとって大きな障害であるといわざるをえない。それはともかくとして、すべての人間はその性生活において男性的願望と女性的願望を二つながら満足させようとするのが事実だと仮定すれば、それらの［二つの］願望が同じ対象によって満たされることはないし、また両者を引き離してそれぞれに似合った特定の水路へと導かない限り、両者はたがいに妨害し合うだろうという可能性がじゅうぶん考えられる。（3-465）

どの文章も同じように、男の子の行動と女の子の行動のどちらも能動的であると同時に受動的であると主張している。このように両性的素質のために、オイディプス・コンプレックスは想像以上に複雑なのである。たとえば男の子のコンプレックスは、能動的と受動的と、二重の方向性をもっている。男の子もまた母親の愛情の「対象」になりたがる（「解剖学的性差」参照）。

一般的に子ども時代には、男の子の場合も女の子の場合も同様に、「依存」状況を克服するために、どのような**受動的行動**も能動的反応への傾向を刺激しうる。たとえば人形で遊ぶことは、ひときわ「女性的な」遊びだと見なされているし、実際、女性性の兆候であるが、発達のある特定の段階では、**女性性の能動的側面**のあらわれであり、母親との絆の排他性を証明している。

「幼い少女は母親に何を求めているのか。ひたすら母親に愛着している時期の性目標はどのような種類のものか」。［……］母親に関する限り、少女の性目標は受動的であると同時に能動的であり、子どもがリビドーのどの発達段階を通り抜けているかによって決まる。そこでは能動性と受動性の関係がひときわ興味深い。性の領域だけでなく心的体験の領域すべてにおいて、受動的な印象を受け取ると子どもは能動的反応を示すということが、容易に観察される。［……］これは子どもに課せられた、外界を征服するという仕事の一部である。［……］子どもの遊びもまた、受動的な経験を能動的な行動によって補い、それによっていわば受動性を帳消しにするというこの目的に役立つようにできている。［……］そこには、受動性に反抗し、能動的な役割のほうを好むという明らかな傾向が見られる。［……］母親との関係における子どもの最初の経験は、性的なものであれ、性的な色合いを帯びたものであれ、当然ながら受動的な性質をもつ。子どもは母親によって授乳され、食物を与えられ、体を洗ってもらい、服を着せてもらい、ありとあらゆる行動を母親から教えられる。子どものリビドーの一部はそうした経験にいつまでも執着し、それらと結びついている満足を享受するが、別の一部はそれらを能動性に転換しようとする。まず最初に、母親の胸で授乳されていたのが、積極的に吸う行為に取って代わられる。その他の経験については、子どもは自立［……］に満足するか、あるいは、受動的な経験を遊びの中で能動的な形で反復することで満足を味わう。あるいはまた、実際に母親を対象にして、母親に対して能動的主体として行動したりする。(「女の性」5-149-50)

最初の三段階では、能動/受動の対立がいまだ存在しない男性/女性の対立と混同されることは絶対になく、能動性への際立った傾向が男女をともに特徴づけている。他方、最初の対立は「後に男女の対立としっかり結びつく」(「強迫神経症の素質」)。思春期以後、この二組の対立は、男性性と能動性、女性性と受動性との同化を必然的に伴う。それ以後は、能動的傾向は男性的と、受動的傾向は女性的と呼ばれるようになる。フロイトは時おり、これは純粋に「名目上の」因習的な同化であって自分はかならずしも支持しない、と強調する。別の場所では、彼自身が同化を強調しているが、その場合、能動性を男性性に同化するのではなく、反対に、男性性を能動性に同化しているように思われる。それによってフロイトは女性に、能動的である程度には「男性的」になりうる可能性を残している。彼は強調する——能動性という意味での男性性を生物学的な意味での男性性(精子を製造する器官をもっている者を指す)と結びつける必要はないが、ただしほとんどの場合は両者が一致する、と。フロイトは——この点に関してはまったく慣習として——リビドーは「男性的」であると主張するとき(その主張の仕方が無数の誤解を生んだわけだが)、「男性的」という語を「能動的」という意味で用いている。正しくいえば、リビドーはいかなるジェンダーにも由来しない、とフロイトは直裁に述べている（仏訳はこの文の肝腎な部分［Wir konnen ihr［リビドーに］selbst kein Geschlecht geben］を変えてしまっている）。「リビドーには一つの種類しかない。その一つが女性的な性機能に奉仕したり、男性的な性機能に奉仕したりするのである。リビドーそれ自体には性別をつけることはできない。能動性と男性性を結びつけるという慣習に従って、リビドーを男性的と呼ぼうとする場合でも、リビドーが受動的な目標をもった傾向をも含んでいることを忘れてはならない[17]」（「女というもの」）。

注意深く読めば、フロイトの文章はきわめて明晰である。たとえば（「性欲論三篇」に一九一五年に追加された註の中で）、男性性とか女性性といった、一般にはまったく明白だと思われている概念も、科学的見地からするときわめて複雑である、と述べた後で、フロイトはこれらの語の少なくとも三通りの用いられ方を区別する。

「男性的」とか「女性的」という語は、時には能動性と受動性の意味で、時には生物学的な意味で、また時には社会学的な意味で用いられている。これら三つの意味のうち最初のものが、最も本質的な意味であり、精神分析にとって最も利用価値のある意味である。たとえば先の文章の中で、リビドーは「男性的」だと述べたが、「男性的」という語をこの意味で用いたのである。というのも欲動は、たとえ受動的な目標をもっているときですら、つねに能動的だからである。「男性的」「女性的」に関する第二の生物学的な意味は、その適用範囲を最も明快に決定できる。すなわちここでは「男性的」「女性的」は、精子あるいは卵子があるかどうかによって、またそこから生じる諸機能によって特徴づけられる。能動性とその副次的諸現象（より強い筋肉の発達、攻撃性、より強度なリビドー）は概して生物学的な雄と結びついている。ただしかならずしもそうではなく、反対に雌のほうがそうした特質をもっている動物の種もある。第三の社会学的な意味の内容は、現実に存在する男性や女性の観察から得たものである。観察によれば、人間の場合、心理学的な意味でも生物学的な意味でも、純粋な男性性あるいは女性性は見られない。むしろ個々人においては、その人が属する性の性格特徴と反対の性のそれが入り混じっていて、その性格特徴がその人の生物学的な性と矛盾するかいなかにかかわらず、能動性と受動性の混合を示す。（「性欲論三篇」5-75）

フロイトは繰り返し強調する――「精神分析的な」意味と「生物学的な」意味とは合致せず、その結果生じるジェンダーとセックスの混同によって、いかなる特徴も、男性の決定的特徴とも女性の決定特徴ともいえない、と。そして、たとえ一般に精神分析が男性性と能動性を、女性性と受動性を同一視する（その逆はありえない）としても、精神分析は、そうした同一視がたんなる慣習にすぎないことだけでなく、不十分で満足できないものであることを知っている。対象選択の型から生じる違いはより決定的であるように思われる。男性的な型は対象の過大評価によって、女性的な型はナルシシズムによって特徴づけられ、前者は愛されることよりも愛することを好み、後者は逆である。だがそれと同時に、これらの決定は用語の生物学的な意味とは関係がない。生物学的な意味では女である人間が男性的な型の対象選択に従って愛することだってありうる。たとえばフロイトが「ある女性同性愛者の事例の心因」で報告している女性同性愛者について考えてみよう。フロイトは、この女性は実際に肉体的にも（「彼女は柔らかで女らしいというよりはきつい顔立ちをしていた」）、心理的にも（彼女の知的特性のいくつかは男性的だった。たとえば激情に支配されていないときの鋭い理解力、明晰な客観性」）、男性的な特徴を示していたことを指摘した後で、「これらの区別は科学ではなくむしろ慣習的なものである」と付け加えている。彼にとって「より重要」なのは次のようなことらしい。

自分の性愛対象に対する行動において、彼女は終始一貫して男性的な態度を示した。すなわち恋する男に典型的に見られるような、謙遜と性的対象の過大評価、いっさいのナルシシズム的満足の断念、愛されるよりも愛するほうを好むといった態度が見られた。したがって彼女は自分の性愛対象に女性を選んだだけでなく、その対象に対して男性的な態度をとった。〔……〕精神分析は、慣習的な意味で、あるいは生物学的な意味で「男性的」とか「女性的」と呼ばれているものの本質を明らかにすることはできない。これら二つの概念をそのまま取り入れて、それを研究の基礎にするだけである。一歩でも先にすすもうとすると、男性性は能動性に、女性性は受動性になってしまい、これではあまり役に立たない。(11-37, 52)

おそらく「男性性」「女性性」ほど曖昧で複雑な概念は他にないので、フロイトは、自分が**いかなる意味で**これらの用語を用いているかということに、かならず注意を喚起し、かならずこれらの概念が曖昧で複雑で慣習的であることを強調する。

にもかかわらず、いくつかの論文では、警告をいっさい忘れて、あっさりと、男性性を主体・能動性・ペニス保有と、女性性を対象・受動性・膣保有と結びつける。「幼児期の性器体制」は、「男根優位」を繰り返し強調している、つまり最初の性的無差別が男根に有利であることを強調しているが、この論文では、セックスとジェンダーがいちばんはっきりと区別されている。「性的発達が完了する思春期にいたってはじめて、性的両極性が**男性性**と**女**

性という対立と合致する。男性性は主体性・能動性・ペニス保有［といった要因］を統括し、女性性は対象性・受動性［といった要因］を継承する。いまや膣はペニスが休むところと評価されるようになり、子宮の遺産に含められることになる」（5-101）。これが、フロイトの結論とまではいえないまでも、彼の最も「男根主義的」な論文の結びの言葉である。能動的な傾向と受動的な傾向は、思春期にいたって、男女の対立としっかり結びつくので、フロイトは大胆にもさらにこう言い切る――性感帯の自己性愛的な活動は男女とも同じであり、最初は男女の区別はなかったのだが、思春期以後は、女の子と男の子は最初から違った存在であり、女の子はつねにより受動的だと断言することができる、と。「性愛に対するさまざまな抑圧の発達は［……］女の子の場合のほうが早く、抵抗も少ない。一般的に、性的抑圧への傾向は女の子の場合のほうが大きいようである。部分性欲動があらわれる場合も、受動的な形を好む」（「性欲論三篇」5-75）。別の場所では、「どちらの性の」子どもも受動性に反抗する傾向があり、能動的な役割をより好むと書いているにもかかわらず、フロイトはこう付け加える。「これに関する子どもの行動をみれば、子どもがその性愛においてどの程度の男性性・女性性を示すかについて、結論を下すことができる」（「女の性」5-149-50）。たしかに、男性性と女性性の強さの比率は男の子の場合でも女の子の場合でも計ることができようが、**受動性**の受け入れは**女性性**と、受動性に対する反抗は男性性と結びつけられる。男は

「自分の受動的あるいは女性的な態度に対して闘う」という表現からもわかるように、この問題に関するフロイトの結論は明確に、受動性の拒否を女性性の拒否と同一視している。自分の内でも外でも女性性を拒否する。両性ともに、それは去勢不安から生まれたものである。だから男の場合、受動性の拒否は本質的に、他の男に対して受動的な態度をとることに対する恐怖のあらわれである。

今後、これらの文章を読む際に、フロイトの分析の脱構築的な性格――「男性的」は「能動的」しか意味せず、「女性的」は「受動的」を意味するが、いかなる個人にあってもどちらの特徴も生得的なものではなく、どの個人も能動性と受動性の混合である――を主張することもできるだろうし、同じ文章の「形而上学的」な性格を強調することもできよう。というのも、伝統にしっかりのっかって、女性性はかならず受動性と、男性性はかならず能動性と同一視され、絶対にその逆はないのだから。たしかに、フロイトは「慣習にしたがって」古い用語を使っていると断ってはいる。しかしフロイトにとって、慣習はかならずしもまったく**慣習的**でまったく**恣意的**だというわけではないらしい。そのため、リビドーにはジェンダーはないと述べ、さらに**慣習的に**男性性と能動性は同一視されているからという理由でリビドーを男性的と呼んだ後で、リビドーを女性的と定義するような別の慣習があるかもしれないという可能性を認めることを断固拒否している。

だが「女性的」「リビドー」という語の連結は絶対にありえない。しかもわれわれの印象では、リビドーが女性的機能に奉仕させられるとしたら、それはリビドーにより多くの強制が加えられたためであり、そして——目的論的にいえば——自然はその「女性的機能の」要求を男性の場合ほど慎重には考慮しないようだ。その理由は——やはり目的論的に考えると——生物学的目標の達成はこれまで男の攻撃性に任され、女性がそれに同意するかどうかにはあまり左右されない、という事実の中にあるのかもしれない。女性の性的冷感症はまだじゅうぶんには理解されていない現象ですが、これが頻繁に見られることはこの女性の冷遇を証明しているように思われる。（1-493）

他に証拠が見つからないときにはかならず、フロイトは生物学を、いやある種の自然目的論を引き合いに出すが、ここでもそうだ。それによって「慣習」を正当化しようとする。その慣習たるや、けっして無邪気な慣習ではなく、男性性と能動性を混同し、リビドーに女性的というレッテルが貼られることを禁じ、女のリビドーの自由な表現を男の場合よりも厳しく禁じる。もし「リビドーが女性的機能に奉仕させられるとしたら、それはリビドーにより多くの強制が加えられたため」だというのが事実だとしたら、それは残酷な継母である〈自然〉が男の欲求よりも女の欲求を考慮に入れないためではなく、ある特定の社会のイデオロギーにとっては、女の性的欲求を過小評価し、女を冷感症にし、その冷感症の責任を自然になすりつけるほうが都合がいいからである。「［冷感症は］時には心因的なものであることもあり、その場合は影響を受けやすいが、それ以外の場合は体質的に決定されていると仮定されるし、さらには解剖学的な要因が関与しているとすら想定される」（「女というもの」1-493）。

このようにフロイトの文章は、例によって、一筋縄ではいかない。能動性と男性性、受動性と女性性という直接の同一化を拒否する一方で、きわめて伝統的なイデオロギーの枠内に閉じこめられたままである。その時々の戦略的必要性に応じて、そのどちらか一方が前面に出てくるのである。

だからテクストのこのレベルでは、両性性と最初の男女の無差別を強調したいときには、フロイトは、母親に対する娘の欲望は受動的であると同時に能動的であると主張するのである。

両義性

同じ理由で、女の欲望は**両義的**であるとフロイトはいう。愛情深いと同時に激しい憎悪に満ちている、と。最も広く流布している偏見とは裏腹に、能動性が男の子の専売特許ではないように、最初の三段階では攻撃性は男女どちらにも共通している。したがって前オイディプス的感情の両義性はオイディプス・コンプレックスによって説明することはできない。後者の両義性は最も初期の両義性の反復に過ぎない。それがオイディプス的ライバル関係の中で「再活性化」されるのである。女の正常な性愛をも病理学的な性愛をも理解するために重要なのは、母親との両義的な（前オイディプス的な）関係である。母親に殺されるとか毒を盛られるといった不安を掻き立てるようなイメージになってあらわれる、母親に対する娘の攻撃性が、後に起きるかもしれないパラノイアの中核をなしている。[18]

こうした精神分析の研究成果は一般的な意見や偏見を驚かす。それはとくにそうした成果が直接的な観察や知覚から得られたものではないからだ。少女の不安を掻き立てるようなイメージが母親に対する攻撃的な態度の変形であることを解明するには、精神分析の方法論で武装する必要があるのだ。[19] 精神分析の魅力的な点のひとつは、他の方法では見えないものが見えてくるということだ。一般大衆は、それは思弁に過ぎない、観察によればその主張は間違っている、と主張するかもしれない。だが一般大衆は観察することができないのだ。観察においては、われわれは科学あるいは芸術全体に太鼓判を押されて、次のように結論することができる――男根期には、いくら奇妙に思われようとも、女の子は子どもを産んで母親に捧げたい、あるいは母親に子どもを産んでもらいたいと願う。[20] しかし、そうした信じられない欲望は間違えようもなくはっきりとあらわれる。とくに、男根期においては男女の性別はないと確信しているからだ。女の子が受動的かつ能動的な二重の欲望をもつということは、彼女が性差も、また生殖における父母それぞれの役割分担をも理解していないことを示しているし、膣の存在をまだ知らないことを物語っている。もしこうしたことが逆説的・思弁的に思われるとしたら、それはあなたがたが後年に起きることを初期発達段階に投影し、実際には断絶と危機があるにもかかわらず間断なく続いていると思い込んでいるからである。あなたがたこそ、断絶を認めるのが怖くて、そして何か新しいものに脅かされるのが怖くて、妄想と思弁に耽り、独創的な発見がかならずもたらす快感の恩恵に浴すことから後込みしているのだ。

私、フロイトは思弁はしない。私は偏見に囚われてはいない。なぜなら自分自身の発見に最初に驚かされたのは私自身であるし、私は自分の過去の誤りをつねに修正している。そこで、母親に対する少女の受動的欲望を翻訳するリビドー的関係のいまひとつの例として、体の世話をされるときに少女が感じる官能的な性器の興奮を挙げたい。**母親が少女の最初の誘惑者である。**[21] 実のところ、私は長いこと、娘の後年のヒステリーの原因であるその誘惑者は父親だと思い込んでいた。やがて私は、それはヒステリー症者の側の純粋な幻想であり、彼女のオイディプス・コンプレックスの表出であることがわかった。いまや私はこう信じている——この幻想はじつはより初期の幻想、すなわち母親に誘惑されるという幻想の反復である、と。というのも、私の見るところ、オイディプス・コンプレックスはたんに母親との前オイディプス的なリビドー関係が父親に転移されたものにすぎない。唯一の違いは、母親の場合、おそらくそれは幻想ではなくて事実だろうということである。おそらく、父親に誘惑されるという幻想は、母親による実際の誘惑に対する隠蔽記憶という役割を担っている、とさえ言ってもいいだろう。いずれにせよ、この幻想は私にとっては長いあいだ隠蔽幕として機能してきて、私が少女と母親との前オイディプス的関係の重要性を把握するのを阻んできた。だから、真の「科学者」としては、私は骨を惜しまず努力して、少女と母親との前オイディプス的関係の本質的性格を発見したのである。私の患者たちが話すことで満足していたほうがはるかに単純で楽であったろう。とくにこの点に関しては、患者たちは異口同音に同じことを語ったから。これらの場合、われわれが扱っているのは事実ではなく幻想なのだということをやっと理解したわけだが、それは男としての偏見のせいではない。偏見に囚われていたなら、(父親は法を課すためにいるべきものだというのに、また、愛を交わして娘をヒステリーになりやすくするよりも、法を課すほうに歓びを見出すべきなのに)その男=父親が娘を誘惑しうるという仮説は、男である私にとっては辛いものだったろう。それどころか、私は父親が誘惑者だという考えを捨てることは辛かった。というのも、その仮説は、一般の道徳には反しているかもしれないが、女性が共通して誘惑の幻想を抱くという仮説よりもずっと受け入れやすいものだった。結局、私はこの「幻想」が母親による実際の誘惑のことを語っているのだと考えた。それはこの仮説が私の男としての偏見と合致するからではない。そうでなければ、どうして私は母親が誘惑者だと最初から宣言しなかったのだろうか。最も重要なのは父親ではなく母親だと主張できるようになるまでには、そして女の子のオイディプス・コンプレックスは男の子と対称をなしていないということを理解するまでには、長い年月がかかった。

フロイトの誇張

フロイトがその発見をするまでに長い時間がかかったのは、その発見が「観察」だけから得られたものではないからだ、という反論の声が挙がることだろう。その発見はなんらかの「思弁的」要素を含んでいるにちがいない。小さな女の子を観察する機会が豊富にある他の人びとにはまったく知覚できなかったことが彼だけには「見えた」のは、その要素のおかげではないか、と。最も平凡な経験からすると、女の子と母親の前オイディプス的な絆の強烈で決定的な性質、「豊かさと強さ」(「女というもの」1-484)を強調するフロイトの描写は奇妙に、驚くべきものに、意外なものに見えるかもしれない。フロイトは、ある妄想に駆られて、誇張している。彼の誇張は狂った誇張であり、それは観察された対象の狂気と関係があるにちがいない。というのも彼は病理学的な事例から結論を引き出したのである。

以上のような反論は弱い。「見る目さえあれば、子どもの中にじゅうぶんなものを見てとることができる」（同右。**Man kann genug an den Kindern sehen, wenn man zu beobachten versteht.** この一文は仏語訳には欠落している）。精神分析というアリアドネの糸をもった観察者こそが本当に観察することができるのだ。なぜなら、観察された現象は、よく言われるように、「みずから語る」ことはできない。とくに、「子どもはその性的願望をわずかしか前意識的に表現できないし、伝達できない」（同右）からである。子どもはその欲望を、観察のための「生の事実」としては差し出すことができない。実際、それらの欲望の意識的あるいは前意識的表現すらも欠けているからこそ、精神分析の助けによって解読されなければならないのである。精神分析によってのみ、われわれは件の欲望の性的特質を認識でき、それらが母親に向けられていることを見抜くことができる。「精神分析」の介入はさらに必要である。なぜなら、これらの衝動が後になって父親に向けられるようになると、「観察者」は、遡及的投影の効果によって、初期の母親との絆を覆い隠してしまいがちである。フロイト自身がそうした隠蔽操作の犠牲者だったにちがいない。分析の助けを借りることは、また別の理由からも必要である。これらの衝動は母親から父親に転移されるだけでなく、しばしば変装して現れる。たとえば、母親への敵意が不安という形であらわれる。これらさまざまな理由で、精神分析だけが子どもの欲望を正しく評価し、じゅうぶんに「観察」できる。なぜなら精神分析は病理学的事例に依拠しているからである。それらの事例は、科学的に不利であるどころか、これらの事例のみが、そこに含まれるすべての過程を誇張して、よりはっきりと知覚されることを可能にする。範例《パラダイム》[22]のように、それらの事例は、正常者がごくわずかしか提供してくれないものを拡大して見せてくれる。病理学的な事例は、隠されているためにふつうは知られることのないある種の関係を際立たせ、誇張して示す。これらの事例のおかげで、われわれは母親に対する最初期の感情の「痕跡と結果」を研究することができる。よき実証主義者として、フロイトは、正常なるものと病理学的なるものとの対立を取り払い、序列を反転して後者を上にもちあげ、かくして病理学的なるものが正常なものを理解するための原理となる。両者の間には程度の差しかない。この場合には、取るに足らない差異しかない（「われわれの研究は深刻に異常な人びとについておこなわれたのではない」（同右））。だから得られた結果は信憑性があると考えられるのである。

母娘関係の変容

もしこうした結果をどうしても信じられないとしたら、つまりそれらがあまりに突飛に見えるとしたら、それはこの娘と母親のきわめて強烈な絆が永遠には続かないからである。ある特定の発展段階で、二重の変容が起き、そのせいで、それ以前の関係の存在が信じられなくなる。まず、娘の感情は陽性から陰性に変わり、愛は憎悪に変わる。同時に娘は愛の対象を変え、母親への固着から父親への固着へと移行する。理解されなければならないのは、あれほど強烈だった母親への固着がいかにして終わりを告げ、その反対物に変わってしまうのか、女の子はいかにして母親から父親に乗り換えるのか、ということである。というのも、この二重の変容は偶然ではなく、本当の「運命」に由来するからだ。「これが、周知の通り、ふつうの運命なのだ」（同右。**Wir wissen, das ist ihr gewöhnliches Schicksal**）。第一の変容は第二の変容の必要性に支配されている。母親への愛着は「父親への愛着に場所を譲る運命なのである」（同右。**Sie ist dazu bestimmt, der Vaterbindung den Platz zu räumen**）。（ここでも仏語訳では一文全体が抜けている）。母親への愛着がたどる運命、つまりこの強い絆の必然的解消は、女の子がおとなの女性へと成長するのに必要なのである。それは、満たされるべき場所と、空っぽのままにしておくべき空間の問題である。リビドーがどこかに落ち着くとき、それは空間全体を占め、この備給はいっさい他のもののための余地を残さない。両親のどちらかへの子どもの愛情は排他的である。対象の変更が起きる——これが女性性の正常な運命である——ためには、空間が作られなければならない。女の子は母親から自分を引き離さなければならない。彼女にできる唯一の方法は、かつての愛を憎悪に変えることだ。この変容は、その愛が最初は両義的であったおかげで可能なのである。

女の子の憎悪は、いわば自然の目的——母親から父親への移行——に奉仕させるための自然の策略である。この事実は、その憎悪の過度の性質、過度に持続するという性質の中に、容易に見てとることができる。この憎悪は一生持続することもある。母親に対するこの憎悪の持続に匹敵するのは、両義的なところのまったくない、母親に対する男の子の愛情の持続をおいて他にはあるまい。かつてはまったく同じように母親に愛情を寄せていたこの両性の対照ぶりは問題である。というのも、ここから、母親に対する女の子の「憎悪」は客観的な理由に動機付けられているよりもむしろ母親を棄て、その領域をうまく放棄するための手段として必要とされているのではないかと推測されるからである。憎悪の持続は時として、明らかな愛情の過剰補償という偽装を入念にほどこされることもある。しかも一般に、女の子はこの極端な立場には至らない。憎悪の一部は持続するが、残りは克服される。彼女の憎悪の最終的運命にとって決定的なのは、女の子の個人史とそのヴァリエーションである。

この憎悪は、オイディプス・コンプレックスを可能にする条件であるから、オイディプス・コンプレックスを源泉としているとは考えられない。問題は、二次的な合理化を超えて、いかに真の起源を発見するか、である。二次的な合理化とは、患者が提示する意識的な動機である。患者はつねに精神分析家に、母親に対する批難・罪状列挙を長々と聞かせる。

罪状の一覧表

母親に対する告発のリストを見渡しても、明快な動機は見あたらない。どれも、女の子だけでなく、男の子にもあてはまるように思われる。しかし男の子は、どんなことがあろうと、母親への愛情を無傷のまま持ち続ける。だとしたら、隠蔽幕となっている告訴の向こうに、実際に決定的な特殊要因を見つけ出さなくてはならない。

〈第一の申し立て〉。母親は子どもにじゅうぶんな乳を与えなかった。これはつねに愛情の欠如の印として解釈される。たしかにこの申し立てには正当な理由がある。原始的民族と比べると、「文明社会の」子どもはひじょうに早くから乳離れさせられる。これらの批難はあまりに頻繁に聞かれるので、それに相応する事実があるとは考えにくい。むしろ――たとえ原始的民族と同じくらい授乳が続いたとしても――母親の乳房という絶好の「食堂」あるいは「授かりもの」を失うことをどうしても諦めきれない子どもの、癒されぬ空腹感の印であることのほうがずっと多い。こういう仮説がたてられるかもしれない（もちろん論証不能だから、疑問が投じられるだろうが）――原始的民族でも同じ不平が述べられるのではなかろうか。したがって「本当は」、母親あるいは乳母が悪いわけではないのだ。際限のない欲求不満の起源には、限度をしらない欲望があり、この不満が終わりを知らない憎悪の源泉なのだ。母親を批難するのは、際限のない内的な原因を、より克服しやすい、はっきりした外的な原因と置き換えるためである。したがってそれは、構造的理由から必要な欲求不満を、幻想の中で、克服しようとする企てである。この防衛的行動は本質的に魔術的・アニミズム的である。病気の原因を、母親の乳房の喪失に求めるようなものだ。というのも、子どもの目から見ると、原始的民族にとってもそうだが、偶然などというものはないのである。彼らの目から見ると、病気も死も「自然なこと」ではない。そして子どもとおとなの間、文明人と未開人との間には程度の差しかないから、原因や責任者を自分で作り上げることによって、死や病気に対する不安――それらの出来事において偶然性が演じる役割によって掻き立てられる不安――を克服しようとする人間的な傾向を、今日でも、たとえば神経症者の中に、見出すことができる。子どもにとって、その原因はつねに母親の乳房の喪失である。この喪失はしばしば毒を盛られるという不安を掻き立てる。子どもにとっては、母親の乳以外の食べ物はすべて毒なのである。

精神分析の法廷の判決では、この告発の最初の動機は崩れ、告発者自身に跳ね返る。

〈第二の申し立て〉。これは第一の申し立てと密接な関わりがある。短期間のうちに次の子どもが生まれると、乳離れはますます早くなる。「母親は［上の］子どもにはそれ以上乳を与えられなかったか、与えようとしなかった」(「女というもの」)。上の子が生まれてからまたすぐに次の子どもを身ごもった場合には、この申し立ては正当である。だが、先の例のように、重要なのは乳よりも母親の愛情である。新しく生まれた子どもは、上の子から母親の愛情を一切合切奪ってしまった闖入者・ライバルとして登場する。子どもは、王座から引きずり降ろされ、いっさいの権利を剥奪されたと感じる。そのとき以降、彼は弟や妹に嫉妬に満ちた憎悪を向け、彼らに愛情と自分自身を分け与える不実な母親に対して憤りを感じるようになる。これらのことすべてが行動の変化、すなわちより初期の段階への退行を生じさせる。とくに、攻撃性の印として、また母親の全関心をふたたび自分に惹きつけるために、排便をコントロールするのをやめる。このパターンは広く知られ、認められている。精神分析独自の貢献、すなわちそれまで誰も考えつかなかったことは、この幼児の嫉妬の強度と、後の発展に対するその多大な影響の強調である。その嫉妬は、下の子の誕生ごとに**反復され**、そのたびに**衝撃度**を増していく。たとえ一番上の子が母親の「お気に入り」であっても、それは無関係だ。なぜなら子どもの愛は無限だからだ。それは独占を要求し、分配を許さない。

ここでもまた、母親は無罪である。母親に対する子どもの途方もない憎悪の真の原因は、この幼児的要求の不均衡であり、その憎悪はそれに劣らず不均衡な愛の裏返しにすぎないのである。

〈第三の申し立て〉。母親に対する最初の二つの批難は、**口唇期**における剥奪に源泉がある。だが告発はそこで留まらない。というのも、リビドー発達の各段階で、子どもはつねに母親を憎む格好の理由を見つけ出す。一般的にいって、子どもの欲望は留まるところを知らない。その欲望は必然的に満足させられないままなので、憎悪に口実を提供する。最も強力な欲求不満が起きるのは、**男根期**に、母親がマスターベーション――母親自身が掻き立てた肉欲的快感の源泉――を禁じ、この禁止を強い不快感と厳しい威嚇に結びつけるときである。

全体として、これらの動機は、もし――母親をけっして諦めない――男の子にも同じようにあてはまらなかったとしたら、正当だと思われるかもしれない。女の子に必然的に訪れる回れ右は、幼児性欲の性質、つまり愛情の要求が過剰だとか、どうしても満足することができないといったことからは説明がつかない。また、子どもの感情の最初の両義性に起因するわけでもない。もし起因するとしたら、母親との絆は、それが最初の絆だというまさにその事実のために、消えなければならないのだ、と言わなくてはならない。この最初期の愛着の力が意味しているのは、それがつねに、子どもが失望や剥奪を経験するたびに、強い攻撃的傾向を伴うということである。憎悪は激しい原初的情熱の裏返しである。最終的に憎悪が愛に勝つのは、憎悪が強化されるからである。これは本質的に量的な問題である。もしこの最初の両義性が捨てられたら、幼児期の愛情の消滅は、母親と子どもの関係の特殊な性質に対する反動、つまり子どもが受けるしつけに対する反応と見られるかもしれない。というのも、たとえどんなに甘いしつけでも、ある程度の拘束を伴う。この見方からすると、子どもは自分の自由へのこの必要な制約に対して、反逆と攻撃への傾向で反応する。

たとえどのような説明がなされようとも、そしてその説明がどんなに興味深いものであろうと、それによって何ひとつ説明がつくわけではない。なぜならそれは男女どちらの子どもにもあてはまるからだ。男の子と女の子の行動の違いを説明することはできないのである。

ここに挙げたさまざまな要因が不変だとしたら（だとすると、両性は最初から同一、あるいはほとんど同一であり、母親は両性に対して同じようにふるまうということになる。フロイトによれば、男の子だけが母親の最も深い欲望に答えるのだということを思い出してみれば、これは疑わしい）、それだけで母親に対する女の子の愛着の衰退を説明しうる特殊要因を探し出す必要がある。その特殊要因とはいったい何だろうか。

特殊要因——ペニス羨望

「われわれはその特殊要因を発見したと私は信じている。しかも予想していた場所で。ただし驚くべき形ではあったが」（「女というもの」1-487）。もし予想通りだとしたら、この「発見」は本当に発見といえるものだろうか。探していたものを見つけたというだけにすぎないのではなかろうか。あるいは、この発見はそれほど驚くべきことではないのではなかろうか。発見者は、女の子の行動を男の子と区別する特殊要因を探していたのだから、こう確信していたことだろう——そうした要因は性差が位置している場所にしか見つからないだろう、それは解剖学的差異の中にあるだろう、いや、その解剖学的差異の心理への反映の中に、要するに**去勢コンプレックス**の中にあるだろう、と。

フロイトの似非発見は、それが提示される形式の中に、驚きの要素を提示している。「しかし、分析によって、女の子はペニス欠如の責任を母親に負わせ、母親がこのような損害を与えたことは許せないと考えていることがわかったのは意外だった」[23]（同右）。

たしかにこの形式は「驚くべき」ことに思われるかもしれない。当たり前のこととは考えられないし、直接に観察で得られるものでもなく、分析によってはじめて「明らかにされる」のである。女の子が、自分のこうむっている不利益について父親ではなく母親を責めるというのは驚くべきことに思われるかもしれない。いずれにせよ、母親にもペニスがないことを知ったとたん、女の子は母親に対する憤りを捨てて、ペニスをもっている唯一の人である父親に憎悪を転移するのではなかろうか。ところがフロイトが述べている動きはその正反対である。女の子は母親を嫌うようになり、長い間欲しかったペニスを手に入れるために父親の愛を得ようとする。たしかにこれは「驚き」だ。あまりに意外なことなので、フロイトは大義（フロイト自身の大義）のためにこのきわめて特殊な憤りを（発見したのではなく）発明したのではないかとすら思われる。とくに、母親に対する憤りが絶対に**決定的**な特殊要因だと述べられているのは、「女というもの」においてのみである。他のところでは、女の子の感情の根底的変化を説明するにはひとつの動機では不十分だと述べられている。この変容は、結局のところ、いかなる「理由」によっても――「ペニス羨望」によってすらも――克服できない不可避の運命のなせるわざなのである。それで「女の性」にはこう書かれている――母親に対する敵意は競合関係の、つまりオイディプス・コンプレックスの結果ではなく、それに先行する段階に由来し、それが後に「利用」されるのだ。この論文の中で、フロイトは、かつてはあれほど強く排他的に愛した母親という対象から女の子を別の方向へと向かわせるのに成功した「動機のすべて」を列挙している。この一覧表は、母親に対する娘の批難について詳しく述べている「女というもの」にあるリストとほぼ同じであるが、各動機の順番や、どの動機が重要と見なされているかは、双方で異なる。「女の性」では、弟妹に対する**嫉妬**が最初に来る。それは子どもの排他的で飽くことを知らない愛によって掻き立てられる嫉妬であるが、その愛はつねに失望に終わり、憎悪に取って代わられる運命にある。二番目にくるのが、ペニスをもたない子どもに対する**去勢コンプレックスの影響**である。したがって**マスターベーションの禁止**が重要な役割を演じる。最後に、**食べ物**をじゅうぶんにくれなかったという批難がくる。これは子どもの全般的不満の、そして幼児リビドーの大きな欲望の表現であり、母親はけっしてそうした欲望を期待通りに満足させることはできない。

ここでは「去勢コンプレックス」の動機が、他の動機と切り離されたり、特殊で本質的なものとされたりはしていない。たしかに、母親から離れる最大の動機は、母親が子どもに「真の」性器を与えてくれなかったことである。男の子ではなく女の子に生まれたのは母親のせいだ。この動機は子どもの究極的憎悪を正当化するには不十分だ。ここでは、フロイトにより強く訴えかけているのは**両義性**である（したがって男の場合、母親に対する両義的感情は女の子ほど重要ではないが、フロイトは用心深いので、あらかじめ捜査をせずには何も言わない）。

これらの動機はどれをとってみても、女の子の最終的な敵意を正当化するには不十分だと思われる。あるものは不可避的に幼児性欲の本性に由来する。他のものは理解しがたい感情の変化を説明するために後に作られた合理化であるように思われる。おそらく真の事実は、母親への愛着は、それが最初であり強烈であったからこそ、なくならなくてはならない、ということである。これと似たようなことは、最も激しく恋をしているときに最初の結婚をした若い女性によく見られる。どちらの場合でも、愛の姿勢は、避けがたい失望や攻撃へのきっかけの蓄積によって、難破してしまう。一般に、二度目の結婚のほうがはるかにうまくいく。

情動の備給の両義性は普遍的な法則である、とまでは主張できない［……］が、性愛生活の最初の段階では、明らかに両義性が支配している。［……］したがって、母親に対する小さい女の子の強烈な愛着はきわめて両義的であり、この両義性があるからこそ、（われわれが挙げた他の要因に助けられて）女の子の愛着は母親から引き離される。これもまた、幼児性欲の一般的特徴の結果である。

私の試みた説明に対しては、すぐさま疑問が投じられるであろう。「男の子の愛着も女の子に劣らないはずなのに、どうして男の子はそれを無傷のまま保持できるのだろうか」。これには、同じようにすぐさま答えることができる。「男の子はすべての憎悪を父親に向けることによって、母親に対する両義的な感情を処理することができるのだ」、と。だが第一に、そのように答えるのは、男の子の前オイディプス期を詳しく研究してからでなくてはならないし、第二に、これらの過程については、つい最近に知るようになったばかりで、まだはっきりと理解していないということを認めたほうが、おそらくはより慎重な態度だろう。（「女の性」5-148–9）

「女というもの」では、女の子の去勢コンプレックスが単独の決定要因であると提唱しているが、それは、「女の性」（一九三一）と「女というもの」（一九三三）の間に、男の子の前オイディプス期の研究がすすみ、母親に対する男の子の感情が必然的に両義的であることが明らかになったのだろうか。だが、「女というもの」においても、他のどの論文においても、フロイトはこの男の子の場合の両義性についてははっきりとは述べていない。フロイトによれば、母親との排他的で決定的な絆が持続する以上、男の子の場合の両義性は女の子ほど重要ではないにちがいない、と推測できるだろう。どうもフロイトは、母親に対する男の子の愛情を純粋で無傷のままにしておこうとした（この場合、「女の性」で示されている両義性の動機が決定的であろう）と同時に、両義性の動機を捨ててそれを去勢コンプレックスに変えたかったたかのようだ。二つの論文の間で、フロイトのいつもの慎重さはなりをひそめ、「思弁」が観察に取って代わったように思われる。かくして、男女の違いを説明する決定要因として、「ペニス羨望」が他のすべての要因を斥ける。説明は単一でなければならないという信仰、たったひとつの考えにひたすら集中することが、それを妄想的思弁に変えてしまったのである。結局、「ペニス羨望」は、フロイトの否定にもかかわらず、固着観念であり、ますます「固着」していって、他のすべての観念を放逐してしまったのである。

したがって特殊要因は**女の子の去勢コンプレックス**の中になければならない。なぜなら、私、フロイトは、去勢コンプレックスが男の子だけでなく女の子にもあると考える。理由なくしてあるわけではない。ただし女の子のコンプレックスの内容は男の子と同じではない。フロイトはいつものやり方で、男の子の去勢コンプレックスについての説明を始める。

男の子の場合、「去勢コンプレックスは、女性性器を見て（Anblick）、自分たちがかくも高く評価している器官がかならずしも身体に付いているとはかぎらないということを知った後に、発生する」（「女というもの」1-487）。男の子はまず、女の子にはペニスがない、大きいのも小さいのもないことに気づく。「男の子はそこで、その器官をいじって遊んだときに威嚇されたことを思い出し、あの威嚇は本当だったのだと確信し、**去勢不安**の影響を受けるようになる。そしてこの去勢不安こそが男の子のその後の発達において最も強力な動因となる」（同右）。女の子の性器を見ても、もしそれ以前に去勢の威嚇を受けていなかったら、そしてその威嚇が本当なのだと信じ込ませるような罪悪感を抱いていなかったら、女の子は去勢されたのだ、男である自分も去勢されるかもしれない、というふうには考えないにちがいない。女の子の性器を見ただけで、それもちらりと見ただけで、不安が掻き立てられるのは、マスターベーションと結びついた罪悪感のせいで、すでに不安が潜在的な状態で存在していたからである。次の段階で男の子が女の子には小さなペニス、すなわちクリトリスがあると考えるようになるのは、その不安から身を守るためである。

女の子の場合、出発点は男の子と同じだ。他人の性器を、やはりちらっと見た（Anblick）だけで、女の子の去勢コンプレックスが発生する。ちらりと一瞥しただけで、女の子は違いがすぐにわかり、「このことも認めなければならないが、その違いの意味もすぐに理解する」（同右）。では、女の子はそんなにすばやく何に気づくのだろうか。量的な違いだろうか、それとも質的な違いか。たんなる量的な違いが、女の子のその後の発達全体に決定的な刻印を残すほどの損害として知覚されるのだろうか。とくに、自分のもっていない物を所有したいというあれほどの欲望、羨望を掻き立てるのだろうか。「女の子は、自分はひどく損をしていると感じ、しばしば『あんなのが欲しい』と言う」[24]（同右）。一目見ただけで傷つけられたと感じ、ペニスへの根深い欲望を抱くようになるとしたら、見る前から、女の子は兄や弟よりも愛されていないと感じ、自分の性に関して傷ついていたにちがいない。ペニスを垣間見たことはたんなるきっかけにすぎず、その瞬間、すでに存在していた潜在的な不満感情が具体的な対象のせいにされたのだ（ちょうど男の子の場合に、女性性器を見たことによって、去勢不安が潜在的なものから顕在的で明確なものに変わるように）。女の子は、他の人の女性性器を見て、母親のえこひいきの「原因を説明する理由」を見つけるのであり、その点で、この発見は女の子をほっとさせる。全然理由がわからないよりは、たとえ認めがたいものであっても、理由があったほうがいい。それによって、漠然とした感情を明確な感情に置き換えることができるからだ。そのほうが不安が少ない。だからこそ、もし（フロイトの記述が正しいとして）ペニス羨望がこの段階で女の子を捕らえるとしたら（es...verfällt nun dem Penisneid）、女の子は救命ボートにすがるように、この「ペニス羨望」に飛びつくのだといえよう。

だがもちろんフロイトはそんなふうには言っていない。それどころか、彼の記述は徹頭徹尾、次のことを主張しようとしている――女の子が男の子の性器を見る前には、女の子の行動は男の子とまったく同じで、女の子に対する母親の行動も男の子に対するのとまったく同じであり、したがって、母親に対する女の子の特別な「敵意」はまったく説明がつかない、と。またフロイトにとって何よりも重要なのは、ペニス羨望が、副次的な現象、つまりそれ以前から感じてきた不満に対する反動ではけっしてなく、本質的で主要な現象であり、母親に対するすべての批難は副次的な合理化にすぎない、ということを示すことである。問題全体を要約すると――ペニス羨望（などというものがあるとして）は、主要な現象なのか（もしそうだとしたら、どうしてちらっと見ただけでこの羨望が生まれるのだろうか、その唐突さが疑問だ）、あるいは背後に他の現象が隠れている副次的な現象なのか。アーネスト・ジョーンズや、マリア・トロクのような現代の精神分析家たちは、後者の立場に傾いている（その説明の仕方はそれぞれ異なるが）。ところがフロイトは、ペニス羨望の重要性を引き下げようとする、あるいはフロイト[25]からみればそれを「否認」しようとする、そうした分析家たち[26]――ジョーンズを除いてほとんど女性――に対して必死に反論する。フロイト自身はこの現象に絶対的な重要性を与え、びくりともしない岩盤にしがみつくように自説に固執する。じつは岩盤はペニス羨望と男性的推論、「男性的抗議」であり、これは精神分析がぶつかる二つの限界であって、そのために精神分析は生物学に道を譲らなくてはならない。実際、ペニス羨望は主要な現象である。なぜならそれはどうしようもない「生物学的事実」であり、生命そのものによると同時に女性による、女性性の拒否のあらわれである。

われわれはしばしば、分析によってペニス羨望と男性的抗議にまで到達すると、すべての心理的な層を通り抜け、岩盤（Fels）に到達した、したがってわれわれの仕事は終わったという印象を抱く。この印象はおそらく正しい。というのも、精神の領域でも、実際には生物学的な領域が岩盤の役割を演じている。女性性の拒否は、ひとつの生物学的事実であり、女性の大いなる謎の一部に他ならないのである。（「終わりある分析」6-412）

すでにみたように、これが女の謎についてのフロイトの結論である。ペニス羨望こそ母親との決裂の決定的動機であるというフロイトの最終的・決定的固執において、いったい何が問題なのかを、いまやわれわれは理解することができる。「女の性」における動機の議論から「女というもの」における議論への移行において重要な役割を演じることになったものすべてを、理解できる。母親との決裂は、もしそれが自然そのものに基づき、あらゆる語りの生命による女性性の拒否に基づいていることさえわかれば、決定的で普遍的だということがいえる。

とはいえ、フロイトはいつもそうだが、精神分析を超えたところにある生物学に頼るときには、彼の「思考」においてもっても疑わしいものが隠蔽されている。それは観察から得られたものではなく、度外れな思弁、固着観念から得られたものだ。フロイトは生物学に、いや古生物学にすら頼る。「処女性のタブー」において、彼は、ペニス羨望の自然で生物学的で超えられないものであることを「確定」するためには、たとえ見当外れのように見えても、生物学や古生物学の思弁に依拠すべきである、とさえ述べている。彼はフェレンツィを引用する——

フェレンツィは——彼が最初かどうかは知らないが——女性の男性敵視は、両性が分化しはじめた時期にまで遡るという。彼の意見では、最初は似たような個人どうしの間で性交がおこなわれたが、一方が強くなり、弱い方に性的結合を強要するようになった。この服従に対する憤懣が現代の女性の気質の中にもまだ残っているという。過大評価さえしなければ、こういう思弁を用いてもなんら害はないだろう。（「処女性のタブー」10-344）

これこそまさにマッチポンプ式議論だ。(1)私は思弁はしない。観察する。思弁するのはフェレンツィだ。(2)いずれにせよ、時には思弁も悪くない。(3)私の観察の役にたち、私の固着観念に協力する限り、思弁も価値がある。フェレンツィはそれを「過大評価」してはならない。

この度外れな「膣の解決」——つまりペニス羨望——がいかなる欲望の戦略に対応しているかは、すでにみた。女性性が普遍的に拒否されるようにするには、フロイトはいくつかの観察を無視しなくてはならない。たとえば、アンドレアス＝ザロメがフロイトに指摘したように、神経症者の中には女性になりたいという願望を抱く者もいる。また、自分自身がユングの思弁を全面的に否定するために数年前に「ナルシシズム入門」で書いたこと、男は難攻不落のリビドー的立場にいる女を**羨む**（その逆はありえない）といったことを忘れなくてはならない。この論文は、ユングの思弁を全面的に否定するために書かれたものだ。彼はそうしたことすべてを忘れ、岩にしがみつくようにしてペニス羨望を守る。

かくして、女の子は、男の子の小さなペニスを見ただけで、「女の子の発達と性格形成に消しがたい痕跡を残す」ような欲望を抱く（「女というもの」1-488）（その痕跡のおかげで、分析によって、事実の後に、幼児期のペニス羨望を再構築することができる）。この羨望はひじょうに強いので、最も都合のいい場合でも、「心的エネルギーを相当費やさないと［……］克服できない」（同右）。一般に、女の子の、あるいは成人女性の、残りの人生では、この非合理的だが必要な羨望をどんなことがあっても満足させたいという、多かれ少なかれ幻想的な企てが繰り返される。女の子が自分にはペニスがないという事実を認めたとしても（die Tatsache ihres Penismangels anerkennt）、簡単にそれに屈服するわけではない。それどころか、自分もペニスをもちたいという欲望を長年にわたって抱きつづける。現実にはありえそうもないのに、もてるかもしれないという可能性を長いこと信じている。意識的レベルで、そうした可能性をもはやそれ以上認められなくなり、現実的な知識によってそれが否定されても、分析が示すように、その欲望は持続し、無意識のレベルで力を持ち続ける。抑圧されながらも生き続け、「有害な効果をあらわす」（精神分析で武装していない者の「観察」は逃れるかもしれないが）。精神分析的治療法は、控えめにいっても逆説的なかたちで、次のようなことを発見する。すなわち、分析そのものを動機づけている欲望のひとつはまさしく、長いこと欲していたペニスを手に入れたいという希望なのである。分析は、女性患者が諦めきれずに欲してきたものを与えることができないので、[27]女性は必然的に鬱の発作に陥り、その間は、分析治療などなんの役にも立たないと確信する。「われわれは、彼女が治療にきた最も強い動機が、男性性器が得られるのではないか（それがないことが彼女をこれまで苦しめてきたのだ）という希望であることを知れば、彼女が正しいことを認めざるをえない」（「終わりある分析」6-412）。しかし、分析がいつでも女性にとってまったくの時間の無駄というわけではない。分析によって彼女はペニス羨望を昇華し、たとえば知的職業につくことができるようになる。分析からそうした結果を期待することは「理に叶っている」のである。

しかし、昇華が欲動の目的からの発生的逸脱を意味するとしたら、どうして知的職業がペニス羨望の昇華と見なされるのか、わからない。実際、ペニス羨望と知的職業につきたいという欲望との間には、どんな類似性も共通性も見られないではないか。知的職業がペニスの代理物になるという意味だろうか。知的職業が女性にペニスではなく男根《ファロス》を授けるというならわかる（有名な公式によれば、先にいる者だけが先に行ける）。フロイトのいう「知的職業」が文筆だというなら、少しわかる。著書は子どもの代理だし、子どもはペニスの代理だから、本を書くことがペニス羨望の昇華だというのは理解できる。だから「処女性のタブー」においてフロイトは書いている。「このペニス羨望の背後に、男に対する女の敵意があらわれる。それは男女関係においてけっして消滅することなく、『解放された』女たちの努力や彼女たちの文学作品にはっきりと示されている」[28]（10-344）。

意識的にであれ無意識的にであれ、直接であれ昇華された形であれ、ペニス羨望は生き続け、多かれ少なかれ有害な効果をもたらす。いずれにせよ、その重要性は疑いない。たとえば、羨望とか嫉妬といった女性に特有の心理的パターンを理解するには、ペニス羨望がきわめて重要になる。[29]女は男よりも嫉妬深い。この（嘆かわしい）嫉妬の強さはペニスの欠如に起因する。女にこのような「特権」を与えるのはフロイトの男性的偏見ではない。ここには客観的な、計量すら可能な原因がある。「何かが欠けている」から、そのぶん「何かが多い」のだ。もし男もまた嫉妬深く、嫉妬という醜い「欠点」をもっていたとしても、もちろん、それは男に特有のなんらかの欠陥のせいではない。そうだ、嫉妬には他の源泉もあるのだ。女のペニス羨望が説明しうるのは、たんに、女においては嫉妬が「過剰」で（das Mehr bei den Frauen）、男の「正常な」嫉妬と比べると病的ですらある、ということだけだ。いずれにせよ、私、フロイトは、この嫉妬の過剰の原因はペニス羨望であると考えたい（wir sind geneigt）。彼は自分に言う――**そう考えたいと思う**、と。実際、それは疑問の余地がない！だが他の人びと――多くの精神分析家たちでさえ――は異なった傾向（Neigung）をもっている。たとえば、男根期の女の子にとってのペニス羨望の意義を軽視し、彼らの「目」にはより重要に見えるその後の発達を強調する。

これらのさまざまな傾向の中で、どれが正しいと判断すればよいのか。それぞれ口実を弁護するさまざまなテーゼ、相反する論文、欲動や傾向によって予想されたテーゼの中で。これらの思弁のどれを選べばいいのか。いずれにせよフロイトは、子どもの情動が第一次的に重要であり、それらはつねに主導的な役割(Richtunggebend)を演じる、と強調する。ただしそれら単独では決定的ではないし、すべての心的出来事、病理学的な出来事、いやたんに普通でない出来事の病因論においては、たがいに補完し合う二つの要因をつねに考慮しなければならない。時期尚早な固着と、さまざまな出来事や後の発達の影響。個人の素質と個人史。生来のものと後天的なもの。どちらの要因も一役買っていることはたしかで、一方の減少は他方の増加によって示されることは確かであるが、ペニス羨望の場合、幼児的情動が優勢であることは確実だ。私はそう**確信**する(Gerade im Fall des Penisneids möchte ich mit Entschiedenheit für das Übergewicht des infantilen Moments eintreten)。証明終わり。いいかえると、これらのさまざまな傾向のうちのどれを選ぶかを決めるのは私の傾向である。私の傾向が、私に有利なほうへと秤《はかり》を傾けるのだ。深層心理学が提起する一般的な問題――神経症あるいは倒錯の病因において先天的なものと後天的なものがそれぞれどのような役割を演じるか――に対して、フロイトは、擁護すべきテーゼに応じて、つまり**そのとき**の「傾向」(それが真の「てこ」なのだ)に応じて、いろいろ違った答えを出し、あるときはこっち、あるときはあっちというふうに、それぞれ違ったふうに秤を傾ける(この点に関して、「性欲論三篇」から「モーゼと一神教」までずっと、フロイトの変遷を辿ることができるかもしれない。前者では、二組の要因の間には協力・補完関係があると主張している――「素質的な要因が有効に働くためには経験を待たなくてはならず、偶然的な要因が働くためには素質的な土台がなくてはならない」（5-91）……にもかかわらず、精神分析にとっては偶然的要因のほうが優性であり、個体発生的発達が系統発生的発達に優先すると主張する。いずれにせよ、「理論」が先天的要因を優位においたとしても、個人の「歴史」は精神分析の実践よりも優位に立つのである。「モーゼと一神教」では、その大義をさらに押し進め、フロイトは**古代の遺産**、つまり系統発生的な出来事の原型の重要性を強調し、それのほうが実際の経験よりも重要だと述べる。「古代の遺産は素質だけでなく、内容、つまり昔の世代の経験の記憶痕跡をも包含している」（11-347）。

決定的転機――去勢の発見

このように女の子の性的発達において、ペニス羨望は決定的契機と見なされる。そしてそれは女の子の自分自身の**去勢の発見**から生まれる。男の子の性器をちらっと見ただけでわかるのは、彼女自身にはペニスがないということだけだ。彼女は、自然あるいは母親が彼女にひどい「損害」を与えたと結論するが、自分が去勢されたと考えるわけではない。どうしてフロイトは「女の子にはペニスがない」という記述から「彼女は**自分の去勢**を発見する」という記述に移行できるのか。これは女の子の視点か、それとも男の子の視点か、幼児性欲論の段階に固着しているフロイトの視点か。

「女というもの」は、まるで自然にそうなったかのように、その移行をごまかす。他の論文では、女の子にはペニスがないという観察から、女の子は去勢されたのだという確信への移行を、男の去勢不安だけのせいにしている。それが男の子のフェティシスト的な態度を生む。男の子は女の子にペニスがないことを否定し――

ちゃんとペニスが見えたと信じこむ。彼らは、女の子のペニスはまだ小さくてこれから大きくなるのだ、と自分に言い聞かせて、観察と先入観との矛盾をごまかす。それからしだいに、前はちゃんとあったペニスが切り取られたのだ、という情動的に意味深長な結論に達する。ペニスがないのは去勢のせいだと見なし、今度は去勢と自分自身との関係に折り合いを付けるという仕事に直面する。(「幼児期の性器体制」11-99-100)

右の論文において、フロイトは、男の子の去勢コンプレックスと男根が優勢な時期との関連について述べる際、「女の子においてこれに相当する過程はわからない」(11-99)と述べている。二年後の「解剖学的性差」や「女の性」(一九三一)では、女の子は男の子の視点を共有させられる。フロイトはまずこう述べる――男の子は女の子の性器を見たとき、最初は何も見えないが、去勢の威嚇に怯えると、女の子の性器は去勢されたのだと考え、「それまで笑っていた威嚇が本当だったのだと信じる」(「解剖学的性差」5-164)ようになる。フロイトはさらに、男性の性器を見たときの女の子の反応について述べる。その反応は即座に起きる。「女の子は瞬間的に判断・決定する。彼女はそれを見てしまったのであり、自分にはそれがないことを知っており、それが欲しいと思う」(同右)。ペニスが欲しいという叶えられない願いを克服するために女の子が用いるかもしれない手段のひとつは、**自分の去勢を否定**し、去勢の**事実**(**die Tatsache ihrer Kastration**)を否認することだ。それは、女の子にはペニスがないことを男の子が認めないことの、必然的な結果である。最初は、男の判断(男の子が去勢不安の影響下で、自分の見たものを否認すること)と結びつけられていたものが、いまや**事実**だとされる。そこでフロイトはさらなる否定をでっちあげなければならない。女の子が否定することだ。女の子が男の子の視点を自分のものとして受け入れない場合、つまり彼女が「去勢の事実」を認めない場合のためである。このように男の子の自発的なフェティシズムに対応するものが女の子にもあるということになる。彼女は「自分はちゃんとペニスをもっていると確信し、その後、男のように振る舞わざるをえなくなる」(同右)。女の子が「男性性器を見て自分の欠陥を発見し」(「女の性」5-146)、去勢の事実を認める場合は、彼女は男の子の視点を受け入れ、最初は、この去勢を個人的不運のせいにし、マスターベーションのタブーを破ったことに対する罰だと考える。ということは、女の子が性的快感を感じたことに対して罪悪感をおぼえればおぼえるほど、彼女は男の子が差し出す「助けの手」、すなわち女性性器の去勢とペニス羨望とを受け入れやすくなる。[30] 性的満足を経験していればいるほど、その罪悪感のせいで、自分の性愛は不完全であり、本当には快感を経験していないと考えるようになり、そのために、男の子ほど罪悪感をもたなくなる。

だがフロイトはそうは言わない。「去勢」がマスターベーション行為に対する罰と理解され、それが父親のせいにされる（男の場合も女の子の場合も）という事実の中に、フロイトは「延期された行動」を見出す。「これらの考えのどちらかひとつが優勢だということはない」。男女どちらの場合も、「威嚇はほとんどいつも母親からくるのだ」（同右）。

実際、フロイトにとって重要なのは、去勢の威嚇の責任は母親にあるということである。女の子にとって母親と決別するための唯一の方法は（フロイトにいわせれば）自分に「不運」をもたらした責任者として憎むことだからである。だが反対に、フロイトにとっては、女の子の去勢をマスターベーションと結びついた罪悪感と引き離すことも重要だ。というのも、もしこの二つが結びついていたら、「去勢の事実」はもはや事実ではなくなり、男女両性に共通な去勢不安という偏見によって説明しうる幻想にすぎなくなってしまう。しかも、どうして女の子が、去勢を個人的な不運と見なした後、それを最初は他の女の子に拡大し、次におとなの女性に、そして母親を含めてすべての女性にこの「否定的な特徴」を拡大するのかは、個人的な罪悪感だけでは説明できない。去勢の一般化によって、去勢は単純な個人的幻想とは見なされなくなる。それは去勢に、必然的な法則としての性格を与える。子どもは経験的な証拠から推論して気づくのではあるが。こうしてフロイトは、去勢は男の子の単純な「偏見」であるという考えを捨て、それは普遍的な不可避の法則であると断言することになるのである。フロイトの言う「去勢の事実」を受け入れようと否認しようと、女の子は、フロイトが「真理」だとする男の子の視点に囚われる。去勢もその否認も（それに伴うフェティシズムも）ペニスの価値を認めることを意味するからである。そしてペニスのみが基準となるのだ。去勢の威嚇の効果は、身体のその部分にどれくらいの価値をおいているかに比例する。そしてこの男性性器への関心はナルシシズム的な関心である。[31]

　女の子は「去勢の事実」を認め、自分のクリトリスを小さなペニス、つまり切り詰められた性器と見なし、男の子がもっている大きなペニスを羨むようになるかもしれないし、去勢を否定し、自分もペニスをもっていると信じる、あるいはそのうちに手にはいると信じるかもしれない。いずれの場合でも、彼女は自分自身の性愛を男の子の性愛と結びつける。彼女はすべての性的「差異」、すべての欠陥については知らないままでいる。彼女は自分「自身」

の性を抹消し、それを蔑視する。彼女は、「より弱い」性に対する男の子の軽蔑を「再生産」して、自分の性、他のすべての女性の性、母親の性を蔑視する。そして、男の子が自立するために、いわば自分の性を自立させるために、つまり去勢の威嚇から身を守るために考案した魔除けの防衛策として、女の子に与えた「劣性」を受け入れる。「オイディプス・コンプレックスの影響の残余のひとつとして、男は女を去勢されていると見なし、女に対する男の態度にはある程度の蔑視が含まれている。［女は］去勢の事実を認め、それとともに、男が優越で女は劣等だということを認める」（「女の性」5-143）。

去勢コンプレックスは——

女に対する男の子の関係を、持続的に決定する。不具にされた生き物に対する恐怖心、あるいはそれに対する勝ち誇った蔑視である。［……］女は、自分のナルシシズムにつけられた傷に気づくと、いわばその傷跡として、劣等感をはぐくむ。自分にペニスがないことを個人的な罰として説明しようという最初の試みを克服し、この性的特徴が普遍的なものであることを認めると、このあまりに重要な一点で劣っている性に対する男の蔑視を共有するようになり、少なくともそうした意見をもって、自分も男と同列だと主張するようになる。[32]（「解剖学的性差」5-165–6）

実際これが、フロイトの企て全体がめざしている方向である。すなわち、女を男の犯罪の共犯者に仕立て、女に自分の性を軽蔑させ、男の性に価値を見出させ、一般的法則として、生涯にわたる女性性の拒否を植え付ける。「女にはペニスがないことが発見された結果、女の子にとっても、男にとっても、また後にはおそらく成人男性にとっても、［女の］価値が下落してしまう」（「女というもの」1-489）。

だからこそ、女の子が「自分の」去勢を発見する瞬間は、女の子がその後どのような発達の道を辿ろうとも、女の子の発達における決定的な転機であり、彼女の後のすべての行動の源泉だと見なされる。もし女の子が実際に去勢の事実を「認める」としても、躊躇や抵抗なしに認めるわけではない。「彼女はこの歓迎すべからざる事態に抵抗する」（「女の性」5-143）。認めることは、抵抗と同じく、ナルシシズムの傷に起因する。傷は、女の自分自身の性に対する蔑視と、「傷跡」によって傷を被う必要性の、両方を掻き立てる。切り詰められ、大幅に引き下げられた、自分自身の性に対するこの「分裂した」態度から、三つの方向が生まれる。性的禁止あるいは神経症。男性コンプレックス、そして正常な女性性。

第一の道はしばしば、女の性欲動の大部分（ein gutes Stuck seiner Sexualstrebungen）の抑圧へと通じる。これは女の子が男性的・男根的な性愛から根本的に遠ざかることを意味するといえる。この抑圧の結果、性一般が抑圧されることになる。最初に問題になるのは小さな女の子のマスターベーション行為である。それは、男の子の性器を垣間見るまでは、母親に向けられた能動的欲望と結びついた満足をもたらしていた。いまやフロイトが示したいのは——そのために彼はここではマスターベーション行為を母親の表象と強く結びつける必要があるのだが、他の論文では性器レベルの単純な快感が示唆されている——女の子は「ペニス羨望のせいで」男根的性愛から満足を得るのをやめ、クリトリスのマスターベーションをやめると同時に、母親に対する愛情を諦める。この最後の点は重要である。母親からの離脱を説明する要因の所在が突き止められたのだから。男の子のほうが自分よりもいいものをもっている(ausgestattet)という女の子の比較がこの反転の原因である——というふうに議論はすすむ。もっているものが他者よりも少ないよりは、全然何ももっていないほうがましだ。女の子の自己愛についたナルシシズム的な傷は、彼女の性全体に影響を及ぼし、自分の性は去勢されたと感じられるようになり、男の子との比較でいっさいの価値を失ってしまった快感を断念する。まるで、それまで満足をもたらしてきたはずの快感を断念するのに、たんなる「比較」だけで、つまり他者を基準にして自分の性を計測するだけでじゅうぶんであるかのようだ。自分を他者と比較したがるということは、不満と羨望がすでにそこにあるということではないのか。そんなふうに器官の劣等性に影響され、快感や母親への愛を断念するようになるということは、女の子はすでに自分が「劣っている」と感じていたのではないか。しかし、母親を諦めることはマスターベーションの快感を諦めることとの直接的結果だと思われるかもしれないが、そうではない。母親は、それ以後抑圧される女の子の能動的欲望の対象として捨てられるのでも、女の子が被ってきた「剥奪」「損害」の責任者として捨てられるのでもない。そこには特殊要因があると思っていたのだろうか。冗談じゃない。女の子が、ペニスをもっていないのは自分だけでなく、母親を含めて全女性の報われない運命なのだということを理解したときにはじめて、母親が捨てられるのだ。それで母親への愛は、女性全般に対する蔑視に取って代わられる。ペニスをもっていない生き物に対する蔑視だけが、母親に対する女の子の憎悪と反転を説明しうるのである。

母親からの離反は唐突におこなわれるわけではない。というのも女の子は自分の去勢を最初は個人的不運と見なし、それから少しずつそれを他の女性に拡大していき、最後には母親にも拡大する。彼女の愛は**男根**をもった母に向けられていた。その母親が去勢されているという発見にともなって、母親を対象として捨てることが可能になり、長い間に蓄積されてきた敵意への動機が優勢になるわけである。(「女というもの」1-489)

しかし、もし男の子の目から見たときと同じく、女の子の目から見て、母親の価値を引き下げるのがペニスの欠如だとしたら、特殊要因はその特殊性をいっさい失ってしまう。だとしたら、男の子も母親から離脱するはずだ。だが、たしかに女性を蔑視したり、女性を怖れたりする男もいるし、同性愛やフェティシズムに陥る男もいるが、フロイトにいわせれば、男たちは母親に固着しつづける。男の子が異性愛者になることもあり、その異性愛は正常と見なされる。

フロイトが証明しようとしたことすべてに逆らって、リビドーの初期発達段階における母親に対する女の子の愛は男の子の場合と同じではないと仮定すべきなのではなかろうか。つまり、小さな女の子は小さな男の子ではない、と。母親を愛したり憎んだりする理由は男の子と女の子では違うのだと仮定すべきなのではないか。男の子の愛だけが依存型あるいは愛着型の愛で、女の子の愛はナルシシズム型の愛にすぎないなどということがありうるのだろうか。実のところ、フロイトが矛盾を怖れず、「女の子の愛は男根をもった母親に向けられる」と言うとき、右のようなことを主張しているように思われる。というのも、初期三段階における女の子と男の子の同一性を強調する際には、次のように述べている。

男の子の最初の愛の対象は母親であり、それはオイディプス・コンプレックス形成期においてもそうであり、本質的には生涯を通じてそうなのだ。女の子の場合も、最初の対象は母親（と、母親と融合する、乳母や保母）である。最初の対象備給は、生存にかかわる大きく単純な欲求の満足に依拠して起こり、育児の環境は男女どちらも同じだ。（同右 1-482）

この文章では、フロイトは時折の矛盾を気にしていないように思われる。何がなんでも「ペニス羨望」を女性的行動すべての究極の説明にし、「特殊な」決定要因にしようとして、フロイトは実際にはいわゆる女性的行動からいっさいの特殊性を取り除いてしまったように思われる。結局、彼は、ペニスの評価が、男の子だけでなく女の子の行動をも支配していると考えるからである。ここから先、フロイトは男女の行動の差異を説明できず、自己矛盾に陥ることになる。男の子は決定的に母親に固着しつづけると主張するとき、彼は男の子にとっても去勢不安が不動の岩盤であることを忘れている。フロイトはもはやたんに少女が男に「共謀して」いるとは述べないが、女の子を、男の子よりも女性嫌悪的・フェティシスト的な男の子にしてしまう。改宗したばかりの信者のように、女の子はさらに先へ行かねばならず、自分の性をいっさい拒否・蔑視する（女性同性愛者は除くが、フロイトはかろうじて彼女を失望した教条主義者に仕立て上げる）。

女の子の行動の、この誇張された過剰な側面は、（その記述にちゃんとした根拠があるとして)、次のような事実を強調する——もしペニス羨望なるものがあるとしたら、それはすでに存在していた憎悪に接ぎ木された副次的形成物にすぎない。フロイト自身、ペニス羨望によって「長い間に蓄積されてきた憎悪への動機が優勢を占める」(同右I-489)と述べているではないか。だとすると、それらの嫌悪感は、ペニス羨望という憎悪の真の理由を隠している単純な副次的合理化ではなくなる。それどころか、ペニス羨望によって、それまで「周辺」に追いやられていた女の子の憎悪が舞台中央に出てきて、愛の空間において中心的な立場を占める。ここでのフロイトのモデルはエムペドクレスである。[33] 純粋な愛が純粋な憎悪に変わるというのではなく、二つの力(エロスと死の欲動)が永遠に葛藤し、どちらか一方が一時的に優勢になり、その一方だけが存在しているように見える。ペニス羨望は憎悪が愛に(一時的に)勝ったことを示している。しかも、母親にペニスがないことに気づいたときに、女の子が母親を拒絶するとしたら、最初の三段階においては母親はもっぱらペニスの所有者として愛されていたということになる。男根期の前ですら、男の子の性器を見る前から、女の子は自分も母親も男と同じ性器をもっており、クリトリスはペニスだと信じていたということになる。初めて男の子の性器を見たとき、彼女はそれを自分の性器の「複製」だと考える。クリトリスを基準にしてペニスを評価するのであり、その逆ではない。ここで女の子は真の発見をしているように思われる。彼女は自分に不利な量的な差異だけを発見するのか、それとも、比較できるような類似性を発見するのか。このことが、「ペニス羨望」がそれ以前に女の子を捕らえなかったことを説明する。

最後に、もし前オイディプス期に女の子が男根をもった母だけを愛しているとしたら、母親に対する女の子の前オイディプス的関係は（ギリシア文明とはなんの共通点もないと考えられるミノア＝ミュケナイ文明の発見と比べてみるとわかるように、それは後の父親とのオイディプス的関係とはまったく違うものと考えられたかもしれない）、すでにオイディプス・コンプレックスをモデルにしている。女の子は母親をたんにペニス所有者として愛するのだから。それで女の子が愛の対象を変え、母親から父親に移行するとき、実際には彼女もまた男の子と同じように、単一の対象、つまりペニス所有者に固着したままである。母親から父親へと愛を移すことはたんに、それまでは何か間違っていたことに気づくというだけにすぎない。なぜなら、前オイディプス期とオイディプス期の間には完全な断絶があるという主張にもかかわらず、この見方からすると、いっさい断絶はない。父親という対象の背後と同じく、母親という対象の背後にも、求められているのはペニスである。これこそがフロイトが到達したいと願った結論であり、彼の言説すべてを支配している固着観念である。前オイディプス的関係と母親が最も重要であるにもかかわらず、フロイトはいろいろ工夫して、男性性器を女の子の行動基準にし、女の子の性的発達をペニス羨望だけに屈服させようとする。

かくしてフロイトは母親からの女の子の離脱に関する説明を見出した。だが彼はマスターベーションをやめることの重要性の問題に戻るべきだと考える。「マスターベーションをやめるということは［……］けっして易しい無関心なことではない」（「女というもの」1-490）。その後に、神経症者がマスターベーションに与える重要性の長い発達が続く。神経症者は自分のすべての問題をマスターベーションのせいにする。彼は誤って思春期のマスターベーションを槍玉にあげるが、神経症にとって真に責任があるのは幼児性欲のあらわれとしての幼児期のマスターベーションである。マスターベーションと、両親がそれに対して寛容であるか否か、そして本人がそれをどの程度抑圧できるかが、神経症の形成にとっても個人的性格の形成にとっても基本的である。「これらのことはすべて、彼の発達に消えることのない痕跡を残し」（同右、1-489）、この問題については述べるべきことが山ほどある。だがフロイトは「困難で退屈な仕事」（同右）であるその問題を長々と論じなくて済むことにほっとして、親や教師に実用的な助言を与えるのは苦痛だと言い切る。この「激しい」苦痛は、マスターベーションのもたらす利益あるいは害に関する理論的躊躇に由来するのだろうか。あるいは、マスターベーションに関する研究が「辛い」というのは、マスターベーションを扱う際に子ども（フロイト）がかならず感じる困難、つまりマスターベーションについて考えるとかならずアポリアに陥るという問題が、たんに「仕事」に転移されたものなのだろうか。マスターベーションについて論じると、行き詰まりに陥り、激しい内的葛藤に陥るというのだろうか。フロイトの不快感が生じるのは、この二重拘束《ダブルバインド》によって掻き立てられた幼児期の困難が「理論」の中に戻ってくる点であるように思われる。マスターベーションによって快感を得よと促す欲動の圧力に服従すると同時に、そのマスターベーションを禁じる母親（もしマスターベーションが見つかったら母親の愛が失われることになる）にも服従するという問題である。その葛藤の形跡はいつまでも消えず、もしマスターベーションによる快感が抑圧されると、それはいつまでも「恐ろしい誘惑」でありつづける。女の子の場合、この「誘惑」をうまく克服するためには、母親による禁止を内在化し、葛藤を自分の中に移し替え、自分で母親の役を演じなければならない。そうやって、母親の禁止に屈服するのではなく、状況を乗り越え、母親との葛藤を解決するのである。禁止が自分の内部からくるのであれば、それまでクリトリスがもたらしてくれた快感を諦めることができる。彼女は、断念する「理由」がまったくない、そして「抑圧」された後も彼女にとりつき、誘惑しつづける快感を自分自身に禁じるために、「ペニス羨望」という「物」にとびつく。それで、男の性器と比較し、自分の性器はまったく「劣等」だと考える。クリトリスの劣等性（**die minderwertige Klitoris**）を主張し、これはもはやいじる価値のない器官だと決めつけることは、手の届かない葡萄に対して狐が下した判断——「熟していると思ったが、きっとすごく酸っぱいにちがいない」――と同じようなものである。これはひとつのタイプの情動的行動であり、そこでは人は、理性ではどうすることもできない堪えがたい状況を支配するために、瞬きする間に「魔法によって」世界の性質を変える（現実、つまり母親とその禁止を変えることはできないので）。それがマスターベーションをやめることであり、それが全身全霊をあげて断念されることはけっしてないのである。

もちろんフロイトはそんなことは言っていない。ペニス羨望――これが彼の固着観念だ――が「最初の形成物」でなければならないからだ。それでもマスターベーションについての彼の補足的な説明は後書きみたいなもので、そこでは抑圧されたものが回帰している。そこでは、「マスターベーションの重要性」が、神経症の発生においてのみならず、娘を母親に反抗させ、母親から離脱させる葛藤にとっても認められている。したがってペニス羨望は、合理的でないものを合理的にするための第二次的な土台とみなされているともいえる。マスターベーションに対する反応や母親からの離脱[34]を動機づけるものは、根本的なペニス羨望やナルシシズム的恥辱ではなく、マスターベーションの禁止である。他の論文がこうした読解を裏付ける。他の論文ははっきりとこう述べている――マスターベーションの禁止が、禁止した人物に対する反逆の動機であり、自由な性的活動に対する妨害が、母親からの女の子の離脱において重要な役割を演じている（「女の性」）。また、母親による禁止が内在化されないと、マスターベーションはやまない。

もしペニス羨望がクリトリスによるマスターベーションに反対する強い衝動を呼び起こしたにもかかわらず、マスターベーションがやまない場合は、解放をめざす激しい闘争が起きる。その闘争において、女の子は、捨てた母親の役割をいわば自分で受け継ぎ、クリトリスから満足を得ることに必死に抵抗することによって、劣ったクリトリスに対する不満全体を表現する。ずっと後年になって、マスターベーション行為が抑圧されてから長い年月がたっても、ある関心が持続している。われわれはこの関心を、いまなお怖れられている誘惑に対する防衛と解釈しなければならない。それは、似たような困難を背負っている人に対する同情の出現というかたちであらわれ、結婚する動機となり、夫あるいは恋人の選択を左右することもある。(「女というもの」1-490)

クリトリスが「劣っている」にもかかわらず、女の子は、意識的にか無意識的にか、マスターベーションによる快感を追い続ける。この事実は、説得力をもって、次のようなことを証明している――クリトリスがそれほど冴えないものではなく、もし女の子を母親と闘わせる葛藤がそれほど激しくなければ、またもし女の子がある特定の時期に男根的性感帯から「本当に女性的な」[35]膣の部位へと移行したいという、生物学的運命に由来する欲求をもっていなかったら、彼女がマスターベーションをするのを止めるものは何もないのだ。実際、女の子はマスターベーションを全面的に諦めることはない。マスターベーションの断念と、その断念を可能にする条件――フロイトにとっては決定的な条件――であるペニス羨望の中に、われわれが何よりもまず見てとらなくてはならないのは、マリア・トロクが強調しているように、母親との葛藤を解決する方法である。マリア・トロクが考えているように、女の子は母親の愛を繋ぎ止めておくためにマスターベーションをやめるのだろうか。あるいは反対に、フロイトが考えているように、母親の愛を諦めることができるために、やめるのだろうか。快感を禁止する者を憎み、自分がその人物になりかわるためだろうか。いずれにせよ、この「後書き」は、母親を諦める（おそらく本質的な）動機はペニスの欠如であることを忘れさせ、マスターベーション、つまり「男性的な」型の快感を禁止する動機を前面に出す。その動機によって、ある一つの性感帯を捨てて別の性感帯に移行することの説明がつく。ちょうど、母親から、母親のせいで自分にはそなわっていないペニスの唯一の所有者である父親への移行を説明するには、母親のペニスの欠如という動機が必要であったのと同じことである。二つの動機を合わせることが必要だったのだ。というのも、女の子が女になるためには、（「男性的な」クリトリスによる快感から、女性的な膣の快感へと）性感帯を移さなくてはならないと同時に、（母親から父親へと）愛の対象を変えなくてはならないのである。

父親に対する欲望と女性性の確立

したがって女性性が確立するための第一条件は、女の子がクリトリスによるマスターベーションをやめることである。というのもこの断念は必然的に彼女の活動の一部を諦めることを伴う。これはつまり、たとえ受動性が女性の決定的特徴ではないとしても、女性性への移行は、厳密にいえば、受動性が優位に立たないかぎり起こらないということである。「いまや受動性が優位を占める」（「女というもの」1-490）。なぜなら、**受動的**な欲動（奇妙なことに仏語訳では「受動的な」という語が落ちている）に支えられてはじめて、女性性の第二条件である父親への傾倒もまた優位になることができるのだ。受動性と女性性を同一視できないとしても、少なくとも男根的**活動**の放棄が「女性性のための地均し」をするのだ。[36] 正常な女性性が確立されるためには、この男根的活動が全面的に失われ、抑圧されないことが必要である。正常とは受動性が優位に立つことを意味するが、それだけでなく能動的傾向が保持されることをも意味する。要するに、正常は両性性を意味するのである。神経症の場合には、男性的傾向が過度に抑圧され、それがヒステリーの症候となって帰ってくるのである。

フロイトは正常な人と病的な人との間には程度の差しかないと主張しているのだから、自分は去勢されたのだという発見の後、女の子が取りうる一方の道、すなわち神経症への方向だけを扱っているように見えながら、じつは同時に、正常な発達についても論じている。「正常」とは、女の子の男根的活動の一部が抑圧され、母親を憎み、父親のほうに向かうことである。異常とは、**すべての**男根的活動が抑圧され、**さらには**、「男性的」活動の抑圧は、受動的傾向の、つまりは性欲全般の抑圧を伴う。異常とは、かつての過度のマスターベーション行為のしるしであり、過度の抑圧である。神経症的に発達する女の子は、「その男根的活動をやめ、それとともに性一般や、他の領域にある自分の男性性の大部分を断念する」(「女の性」5-143)。父親という対象、オイディプス・コンプレックスへの移行は、発達が正常で、受動的傾向が「破滅を免れた」ときにだけ遂行されるのだ(同右)。もちろん、オイディプス的母親との絆のかけらが克服されれば、女性性への発達の道筋が開かれる。かくして女の子は父親のほうを向く。だが彼女は父親に何を求めているのか。かつて欲しかった、だが母親からは得られなかったものを、彼女は父親からもらおうとする。それはペニスである。彼女はそれ以前に、おっぱいを飲みたいという女の子の欲望を挫折させたように、ペニスがほしいという欲望を挫折させる(versagt)。

フロイトは欲望を反動的でヒステリー的な現象として描いている。欲望することはつねに、欠けている、要求する、請求する、不満を抱える、他人を羨むということである、と。「小さな女の子は母親から何を**求めている**のだろうか」（同右5-149強調引用者）。「女の子が父親に向ける欲望は、疑いなく、最初はペニスへの欲望であり、母親がこの欲望を叶えてくれなかったので、今度はそれを父親から期待するのである」（「女というもの」1-490）。

もし欲望することが本質的に要求・期待することだとしたら、女の発達全体がペニス羨望によって方向づけられていたとしても驚くにあたらない。だが男の子の欲望はどうなのだ？　それは本質的に異なるのか。男根期に先立つ時期を通じて、母親の乳に関して、女の子はつねに不満を抱き、男の子よりも貪欲なのは、女の子がつねにペニスを欠いているからなのか。母親の乳房への限りない欲望はすでにペニスへの欲望なのか、それともペニスに対する欲望が、別な形での、母親の乳房への欲望なのか。もし母親の乳房への欲望がペニスへの欲望だとしたら、この欲望は男の子のほうが少ないのか。女の子よりも「良いものをそなえている」のだから。フロイトは、男性的欲望が女性的欲望と本質的に違うものであるとは言っていないように思われるが、それでも、「反動的」特徴、恨み、羨望など、とくにそうした性質を「過度に」――「病的に」もつことは、女性だけに見られることであるかのように書かれている。女の子の欲望と男の子の欲望の違いは、病的なものと正常なものとの違いなのだ。両者は程度の差にすぎない。この見方からすると、欲望はその本質からして、男女どちらにおいても、無限の欠如、何物をもってしても満足させられない渇望である。男女どちらの場合も無限ではあるが、より大きな欠如と小さな欠如の差が男女の差であり、女の子のほうが過度の羨望を抱くのは、ペニスの欠如というより大きな欠如があるからだ。

能動性よりも受動性が優位に立ち、母親から父親、つまりペニス羨望を満足させてくれる可能性の高いほうへの移行が完遂すれば、女性性への女の子の発達は完成するはずである。だがそうはならない。フロイトはさらに条件を加えている。「しかし女性的状況が確立するのは、ペニスへの願望が子どもへの願望に取って代わられるようになってから、すなわち、古い象徴的等価性に従って、子どもがペニスに取って代わるようになってからである」(同右)。もし子どもへの願望がペニスへの願望の代理にすぎないものなら、どうして子どもへの願望のほうが、そのものずばりに対する欲望よりも決定的だと見なされるのか。「子ども」を欲することは女性的なことであり、いっぽうペニスを欲することはいまだに「男性的」であり、女性の男性的・男根的欲動から生じるものだからか。だとしたら、一方が他方の象徴的等価物、代理品になることなど可能なのだろうか。女性にとって、ペニスを羨望する、良い羨望の仕方と悪い仕方があるのだろうか。その一方が他方よりも、より女性的だということか。ペニス羨望の代理的派生物の中で、フロイトは子どもに対する欲望だけを、女性が恥ずかしがる必要のない欲望、女性性と両立する唯一の欲望として特権視しているように思われる。知的職業につくとか本を生産するといった、他の代理物はすべて、大胆な解放の兆候として見られるか（「処女性のタブー」参照）、本質的に神経症的な、不健康な結果と見なされる。（**満たされない）ペニスへの欲望にとって正常なことは、子どもへの欲望に変わることである**。この変化は、いわば道徳的な命令に由来する。「ペニスへの願望はやわらいで、子どもへの願望、ペニスを所有している夫への願望に変わる運命にある（soll）。だが妙なことに、男性性への願望が無意識中に保持されていて、その抑圧が原因で障害が生じるのを、われわれはあまりにしばしば目にする」（「終わりある分析」6-411）。

少なくともこれが、女性性と母性を同一視しているフロイトが「望み」、押しつける規範である。もちろん。だが、もし子どもがペニスの代理物だとしたら、つまりペニスと子どもとの間に象徴的等価関係があるとしたら、「いちばん」女性的とされているもの、女性性そのものの規範、すなわち母性は、女性の男性的欲望、女性の男性コンプレックスに対応することになる。たとえ女性性がしっかりと確立しているように見える場合でも、支配権をふるうのは依然としてペニスを所有したいという男性的欲望である。したがって結局のところ、次のように結論づけられる。フロイトの議論全体もこの方向に向かっている。すなわち、女におけるとりわけ女性的なものは、じつはペニスを所有したいという彼女の男性的欲望、つまりペニス羨望である、と。女の「男性的」性欲は、女性性が入る余地を空けるために消滅しなければならず、ペニス羨望はその男性的性欲の痕跡となると同時に、女にその女性性を最大限に開花させるのである。これはつまり、フロイトが「終わりある分析と終わりなき分析」で述べているように、女は女性性の拒否によって特徴づけられるということである。そしてこれは母性そのものにさえあてはまる。フロイトは女性性と男性性の両方を母性と同一視している、と言ってもいいだろう。何が「正しい」女性性で、何が正しくない女性性かといえば、そこには男性性しかないのである。「このように、ペニスを所有したいという古い男性的願望は、女性性が確立した後でも［noch durch die vollendete Weiblichkeit］まだかすかに見える。だがおそらくわれわれはむしろ、このペニス願望を、ひときわ女性的な願望と認めるべきであろう［vielleicht sollten wir diesen Peniswunsch eher als einen exquisit weiblichen anerkennen］」（「女というもの」1-491）。したがって子どもに対する女性の欲望は、いわば自然の策略のようなもので、これによって女は、ナルシシズムにもかかわらず、またナルシシズムへの傷のせいで、対象愛へと向かい、男性的な型の対象愛に従って愛するようになり、まず父親に、次いで恋人へと向かう。だが、そのどちらか一方へ向かうということは他方から遠ざかるということである。というのも、父親や恋人はたんにペニスの付属品として愛される、つまり、ペニスあるいはペニスとしての子どもという、欲しかったものを女性に与えることができるものとして愛されるのである。とくに、――女にとっての究極の幸福である

——ペニスをもっているペニス＝子ども、つまり男の子を与えてくれるものとして愛されるのである。男の子だけが、「むかしから欲しかったペニス」をもっているのだから。父親の子どもを産みたいというのは、じつは父親を後景に追いやることである。

幼児期のペニス願望が最終的にどうなるかというと［……］**男性**への願望に変わり、男をペニスの付属品と見なすようになる。したがってこの変化が、女性的な性機能に敵対する衝動を、それに好都合な衝動に変える。女はこうして男性的な型の対象愛にもとづいた愛情生活が可能になる。男性的な対象愛は女性的な対象愛と共存でき、ナルシシズムから生まれたものである。われわれがすでに知っているように、他の場合、ナルシシズム的な自己愛から対象愛への移行を可能にするのは子どものみである。だからこの点においてもまた子どもはペニスによって表象可能なのである。［……］ここに述べた過程の重要性は、若い女性のナルシシズム的男性性の一部は女性性に変化し、女性的な性機能にとって有害なふうには働かなくなる、という事実の中にある。（「肛門愛などにみられる欲動の変容について」5-387）

そして、意識のレベルでは、男に対する欲望は、子どもへの欲望からは独立しているように思われるし、自我心理学に属する諸動機から生まれたものかもしれないが、「昔からのペニス願望がその欲望に取り付いて、無意識のリビドーを強化する」(同右)。

このように、子どもが欲しいという欲望は、女性の性的機能から生じるわけではないとしても、基本的には依然として男性的素質へとわれわれの目を向けさせる。この欲望はペニス羨望と繋がっているのだから、究極的には、女性の去勢不安の枠内に分類される(同右)。だからこそ、神経症の女性の分析において、男のようにペニスを所有したいという抑圧された欲望に遭遇することは珍しくない。その欲望は意識的レベルでは子どもが欲しいという欲望に置き換えられている。この欲望は、実生活の中で満たされないと、神経症の引き金になりうる。「まるでこれらの女性たちは[……]自然は女性に与えなかったペニスの代償として子どもを与えたのだ、というふうに理解していたかのようだった」(同右)。女を男へと導く道は自然の企み、すなわち、ペニスという自然が女性に与えることを拒否したものを女に与えるために編み出された手段と見なされている。[37]

時として、ペニスへの欲望と子どもへの欲望は子ども時代に、交替しながら共存している。子ども時代の偶発的要因がこの交替を説明する。幼児の性理論には補強証拠が見出される。幼児の性理論はつねに真理の核を含んでいるものだ。子どもはどこから来るのかという問題に取り組み、女だけが子どもを産むことができると考えた子どもは、母親がペニスをもっているという思い込みを棄てる（それによって、去勢は例外的なことだという発想から、去勢は一般的なことだという発想に移行する）。時として子どもは、ペニスと子どもの交換を説明するために、きわめて精巧な理論を作り上げる。そうしたことにもかかわらず、女性性器はまったく発見されないようである。子どもは母親の胃の中に宿り、肛門から排出されると考えられる（「幼児期の性器体制」参照）。前性器段階のエロティシズムから生まれた一つの要素が、性器が優勢になった段階で使われるのにふさわしいものとなる。この要素とは、子どもと排泄物との同一視である。男の子が、女の子にはペニスがないことを発見すると、ペニスは体から分離できるものだと考えられ、男の子が断念しなければならなかった最初の身体的物質である排泄物と同一視されるようになる。

かくして昔からの肛門抵抗は、去勢コンプレックスの構成に参加することになる。［……］赤ん坊が生まれると、幼児は自分の探求に従ってそれを「ルムフ」と見なし、強い肛門愛的関心を注ぐ。子どもが社会的経験を通じて、赤ん坊は愛情の証あるいは贈り物と見なすことができるのだということを学ぶと、子どもが欲しいという欲望は同じ源泉から第二の援軍を得る。排泄物、ペニス、子どもはいずれも固い物体であり、三つとも無理やり排出されたり無理やり挿入されたりして粘膜管を刺激するものである。（同右5-390）

論文「幼児期の性理論」（一九〇八）は、性差がないことを強調し、子どもは赤ん坊を産む特権を女性に与えることを拒否すると主張する。子どもは排泄物だという理論が最も真実味があると見なされる。小さな男の子は、「自分も子どもを生むことができる」という幻想を抱くこともありうるが、だからといって「その子が女性的傾向をもっていると批難するには及ばない。彼はたんに、肛門愛がまだまだ活発であることを確証しただけのことである」（「幼児期の性理論」5-103）。もし男の子もまた自分で子どもを産みたいという欲望を抱くとしたら（赤ん坊が排泄物と同一視されようと、贈り物と同一視されようとも）、また、その欲望が男根期に先行するとしたら、子どもが欲しいという欲望とペニス羨望をそんなに安易に結びつけてよいものだろうか。この場合、男の子はどうして子どもがほしいという欲望を抱くのだろうか。最初の三段階では性差はないとされていたにもかかわらず、ここでもまた男の子の欲望と女の子の欲望を区別する必要があるのだろうか。フロイトは最終的に子どもがほしいという欲望とペニス羨望を同一視したいために、「幼児期の性器体制」（一九二三）において、子どもは女だけが子どもを産めると推測する、と述べている。フロイトは、子どもがその性的探求において抱く疑問の順序まで入れ替えている。それまでは一貫して、子どもの好奇心を最初に掻き立てるのは子どもがどこから来るのかという問題であると主張していたのに、「解剖学的性差」（一九二五）では、ずっと消極的になって、女の子の場合を男の子の場合と区別している。「子どもの性的関心は、思春期の場合とは違って、性差によってではなく、子どもはどこから来るのかという問題によって掻き立てられる、と私は信じていた。しかし、少なくとも女の子の場合は、これはまったくあてはまらないことがわかった。男の子の場合は、ある場合にはそうなるだろうし、ある場合は違ったふうになりうる。男女どちらの場合も、偶然の経験がなりゆきを決定するだろう」（5-165）。少なくとも女の子の場合、性差の問題を先にすることによって、明らかに、子どもが欲しいという欲望を去勢コンプレックスから導き出すことができ、子どもがどこから来るのかという問題を男根期にずらすことができ、去勢されたばかりの母親に、その代償として子どもを与える、つまり「ペニスと子どもを交換する」ことができるようになる。ただし、どちらの疑問が優勢かという問題に関して決定を下すのは、おそらく偶然ではない。フロイトは、その機会に応じて、また論争上の必要に応じて、一方を優勢にしたり他方を優勢にしたりする。だから講義「女というもの」において、子どもと排泄物の同一視には触れない。この同一視にしたがえば、子どもが欲しいという欲望は、男根期以前の、肛門愛から導き出されるからである。しかも、後のペニス＝排泄物＝子どもという等式は、男の子の、男の子の去勢コンプレックスだけに帰せられる。そして、「欲動の変容」では、無意識の産物（観念、幻想、症候）においては排泄物、金銭、贈り物、子ども、ペニスといった概念を区別することは困難であり、容易に入れ替わりうると主張しているにもかかわらず、引用している女性の病理学の補強的な例では、「小さなもの」のうち、二つ（子どもとペニス）の象徴的等価しか考慮に入れない。「（誰かに）子どもを与える（誰かの子どもを産む）」という表現においては、まるで子どもが贈り物であるかのように表現されており、子どもと排泄物が同一視されていることを裏づけている。また言語は、これがとくに男の子にあてはまることを証明している。[38] さらに、女の子の場合における欲動転換について要約する際、フロイトはペニスと子どもの同一視だけを取り上げる。

女の子の場合、ペニスの発見はペニス羨望を生み、それは後にペニスの所有者としての男性に対する欲望に変わる。この前にすでに、ペニスが欲しいという欲望は子どもが欲しいという欲望に変わり、後者が前者に取って代わった。ペニスと子どもとの有機的な類似は、両者に共通の象徴（「小さなもの」）の存在によって表現される。合理的な願望は、子ども願望から男性願望へと移行する。（「欲動の変容」5-387）

しかしながら、フロイトはそれ以前の主張をすべて否定するわけにはいかない。小さな女の子が、男の子の性器を見てペニス羨望が生まれるより前から、これらの変遷によって「邪魔」されていない男根期において(in der ungestörten phallischen Phase)、人形遊びが象徴しているように、すでに子どもを産みたいという欲望を抱いていたのを忘れることはできない。ここにいたって、フロイトは人形遊びに二つの異なる意味を付与せざるをえなくなる。人形遊びは女の子に特徴的な行為であり、そのため昔から、いみじくも、母親になりたいという欲望と結びつけられてきた。精神分析など必要とせずに。人形遊びは時と場合によってさまざまな意味をもつように思われる。ペニスを目撃することによって邪魔される前の男根期では、この活動はじつは少女の女性性のあらわれではない。人形遊びはたんに女の子が母親に同一化しているということを示しているにすぎない。これによって以下のことがわかるだろう。すなわち母親そのものになりたいというのはたんなる同一化ではなく、支配したいという欲望、つまり受動的に母親のいうなりになっている状況から、今度は自分が母親の役割を演じ、これまで母親が自分にしてくれたことをすべて人形に対してできるような状況へと移行したいという欲望だということである。「女の子は母親の役を演じていたのであり、人形は彼女自身だったのである」(「女というもの」1-490)。

ペニスが欲しいという欲望があらわれると、人形遊びの意味が変わってくる。人形=子どもは、最も強い女性的欲望の目標(das stärkste weibliche Wunschziel)である父親の子どもとなる。そうなると人形遊びは最も「女性的」なものと見なされる。ということはつまり、前段階では、女の子と同じくらい母親に服従していた男の子もまた、人形遊びをしたがる傾向を示すはずである。にもかかわらずどの段階であろうと、人形遊びは――男の子自身からも――女の子の遊びと見なされている。だがフロイトは、時として躊躇せず男女を比較するくせに、固定観念に取り付かれているために、想定される反論を無視する。

女の子のオイディプス・コンプレックス

したがって女の子は、子ども＝ペニスが欲しいという欲望において、ペニスの付属品にすぎない父親のほうに目を向けることになる。父親は愛の対象となり、女の子はオイディプス状況に突入する。女性のオイディプス・コンプレックスは、クリトリスの活動の抑圧、ペニスそのものへの欲望の抑圧に対する反動である。女の子の場合、オイディプス・コンプレックスは副産物である。女の子のオイディプス・コンプレックスに先立ち、それを準備するのは、去勢コンプレックスの後遺症である（「解剖学的性差」参照）。この時点で、それ以前からあった彼女の母親に対する敵意はぐんと強くなり、母親は、彼女が父親に求めている物をすべて奪ってしまう者として、ライバルとなる。この強烈な新しい敵意と新しい愛が、その強度と強力な持続によって、最終的には母娘間の前オイディプス的関係を覆ってしまう。女の子にとってオイディプス・コンプレックスは「長く困難な発達の結果であり、一種の暫定的解決であり、とくに潜伏期の到来が近く迫っているために、早くは立ち去りがたい憩いの場なのである。［……］女の子は、いわば避難所にでも逃げ込むように、オイディプス的状況に飛び込むのである」（「女というもの」1-491）。フロイトがここで用いている言葉はすべて次のような事実を強調している――女の子は、長く苦しい旅の間に数え切れない浮き沈みを経験してきた船にたとえられる。女の子にとって、オイディプス的状況は真の避難所、憩いの場であり、彼女はそこで、新しい危険な冒険に出発する前に、自分のナルシシズムに受けた傷を治そうとするのだ。彼女に港を去れと強制したり、オイディプス・コンプレックスを克服しろと強制するものは何もない。実際、女の子は「かなり遅く」、しかも不完全にしか克服しないだろう。フロイトはこのオイディプス的状況の「幸福感」をあまりに強調したために、それ以後、それにもかかわらず最後には、たとえ不完全とはいえ、女の子もオイディプス・コンプレックスを克服するという事実をうまく説明できなくなる。

牧歌的すぎて疑わしいこの記述の狙いは、女の子のオイディプス・コンプレックスと男の子のそれとの間に完璧な**非対称**を打ち立てることだ。この非対称は、男の子の場合と女の子の場合の、オイディプス・コンプレックスと去勢コンプレックスの関係の違いによって裏づけられる。男根期に発達を遂げた男の子のオイディプス・コンプレックスは去勢コンプレックスの影響で退くが、女の子のオイディプス・コンプレックスは去勢コンプレックスの中に可能性と持続の条件を見出す。男の子は去勢不安に脅えてこの立場を放棄する。つまり自分のペニスを失うという恐怖がオイディプス・コンプレックスの解消へと繋がる。オイディプス・コンプレックスは「最も正常な場合には徹底的に破壊される」(「女というもの」1-491)(次のような疑問を抱いても不思議ではない。フロイトはこの少し前のところでは、排他的で永遠の愛着が息子と母親を結びつけていると主張していたではないか。「息子にとって母親は最初の愛の対象であり、オイディプス・コンプレックスの形成においてもそうであり、本質的には生涯を通じてそうなのである」(同右1-482)。一体これはどういう意味なのか。これらの思弁がひとつならず矛盾をはらんでいることは確かだ)。とくに、去勢脅威がその衝撃力を全開するのは、女性性器を目撃することだ。これによって、自分もペニスを失うかもしれないという可能性が信憑性を帯び、まざまざと思い浮かべることができるからだ。去勢の可能性を受け入れること、そして女は去勢されているという観念が、オイディプス・コンプレックスの枠内で満足を得ることとの可能性を消し去る。オイディプス的満足を得れば、その代償としてペニスを失うにちがいないのだ。体のその部位へのナルシシズム的な関心と、父親という対象へのリビドー備給との葛藤において、前者が勝利を収める。子どもの自我はオイディプス・コンプレックスから目を背ける。オイディプス・コンプレックスはたんに抑圧されるだけでなく、圧殺され、破壊される(これらについては「オイディプス・コンプレックスの解消」を参照されたい)。ナルシシズムの勝利を特徴づけているオイディプス・コンプレックスの壊滅は、同時に、個に対する種の勝利でもある。フェレンツィによれば、ペニスはその異常に高いレベルの備給を、種の存続にとっての器官的重要性に負っている。反対に女の子の場合は、去勢コンプレックスがオイディプス・コンプレックスを可能にし、それを現実化し、維持する。男と女の違いは、「たんなる去勢脅威」と「完遂された」去勢との違いである。「女の子は去勢をすでに起きた事実として受け入れるが、男の子はそれが起きる可能性を怖れる」(「解消」6-313)。これでわれわれは、フロイトが、「女の子の去勢」はたんなる男の子の幻想ではなく、女の子自身によって「事実」と認識される(その事実は、去勢懲罰の結果と見なされる)、と主張した理由が理解できる。フロイトは、男女のオイディプス的運命の違いを説明するために、母親にペニスがないために女の子は母親から離れる、と説明し、たんなる個人的懲罰だという仮説を斥けるが、女の子は自分にペニスがないことを、去勢されたためだと考える、と主張する。「女の子は[……]自分にペニスがないことを性的特徴とは考えない。自分もかつては男の子と同じくらい大きな器官をもっていたのに、去勢されて失ったのだと説明する。だがこの仮説を他の成人女性にはあてはめず、男根期特有の考え方にしたがって、成人女性には大きくて完全な——つまり男性の——性器をもっていると考えるようである」(同右6-314)。

女の子の場合、去勢はすでにおこなわれてしまったので、オイディプス・コンプレックスが去勢不安に屈することはない。

さて男女間のこの差の結果は——これがこの議論の中心的問題だが——**超自我**の形成とかかわりがある。実際、男の子の場合は、破壊されたオイディプス・コンプレックス[39]に代わって強力な超自我が腰を据えるが、女の子の超自我の形成(Bildung)は妥協的である。女の子の場合の超自我は、文化的見地からはそれに必要だと考えられる力も独立も達成することができない。「はっきり言いたくはないのだが、女性の場合、何が倫理的に正常かというレベルが男性の場合とは違うと考えざるをえない。女性の超自我は、われわれが男性に要求するほどには峻厳でも非人間的でもなく、その情動的起源から独立していない」(「解剖学的性差」5-169-70)。フロイトがはっきり言いたくないのは、「フェミニストたちは、この要因が平均的な女性的性格に及ぼす影響について指摘されると、嫌な顔をする」(「女というもの」1-491-2)ということをよく知っているからである。というのも、男女の倫理的・文化的差異をオイディプス・コンプレックスの結果の違いのせいにすることは[40]、自然の名において女を文化的に抑圧するのを正当化することになるからであり、リビドーの進化を引き合いに出してすべての文化的・社会的不平等を正当化することになるからである。リビドー進化は、女の場合は長くて苦しいため、女は魔女キルケーのもとに留まったユリシーズのようにいつまでもオイディプス・コンプレックスのもとでぐずぐずしていて、それを「後になって」不完全にしか克服できず、いずれにせようまく処理できないために、超自我の、したがって女の道徳的・文化的基準の形成を決定的に曲げてしまうのを避けることができない。なぜ「オイディプス・コンプレックスの克服が」遅すぎてしまうかといえば、たとえ解消するにいたったとしても、女の子があれほどの歓びから簡単に身を引き離すことができるとは思えないのである。「女の子の場合、オイディプス・コンプレックスの解消の動機がないのである」(「解剖学的性差」5-170)。にもかかわらず、女の子の場合でも超自我が形成され、幼児期の性器体制が消滅することを説明するために、フロイトは、他の論文で、教育の結果、愛の喪失の脅威、父親の子どもを産むという欲望の挫折などを理由に挙げている。だがフロイトは、あまり自信がないといった調子で、こう結論づけている。「しかし、一般に、女の子の場合のこれらの発達過程に関するわれわれの知識は、かならずしも満足のゆくものではなく、不完全で、曖昧である、ということは認めざるをえない」(「解消」6-315)。

女の子の男性コンプレックス

女の子の場合、オイディプス・コンプレックスは、自分が去勢されたことを知った後のリビドー発達の、可能な結果のひとつにすぎない。それは正常な女性性へと続く道の終わりにあるが、正常な道と神経症への道とは、抑圧の程度が異なるにすぎない。これら二つの道は、女の子が「去勢の事実」を受け入れることが前提になっている。だが第三の道がある。フロイトは二つの道についてぐずぐず論じた後、いやいやながらこの第三の道について述べている。「ここで少し後戻りしてみよう」(「女というもの」1-492)。フロイトは自分の来た道をいやいや戻る。というのも今度は、女の子が去勢の「事実」をいっさい認めない場合にはどうなるかを扱うのだ。その場合、女の子は以前からの男性性を棄てず、それに頑固にしがみつく。いや誇張すらし、クリトリスによるマスターベーション活動に固執し、母親あるいは父親との同一化に救済を求める。要するにこの道は「強い男性コンプレックス」の道であり、女の子は自分はじつは男なのだと空想し、脅かされた自分の男性性に「反抗的な自己主張によって」何が何でもしがみついていようとし、「いつかはペニスを手に入れるという希望」に固執する(「女の性」5-143)。フロイトが用いている用語から察するに、彼は、自分の去勢を受け入れない女の子は異常に頑固だと仄めかしている。そういう女は男に逆らい、自分のペニスは切り取られてしまったにもかかわらず、男の大きなペニスが勃起しても、それに対して頭を下げることを知らない。図々しくも、軽蔑を受け入れず、へりくだることを知らず、ナルシシズムに受けた傷を感じず（「解消」参照）、自分が男より劣っていることに気づかない。結果的にそういう女は、男性の優位を脅かし、したがって男性優位を正当化しようとするフロイトの思弁を脅かす。この頑固さは、男のフェティシズムに相当する、女の盲目性に由来するとしか考えられない。女の子は「去勢という事実」を否認し、そんなものは我慢ならないと感じる。彼女の男性性コンプレックス、その誇張された男性性は、男のフェティッシュに相当する。フェティッシュは、去勢を隠蔽すると同時に、それを誇張することによって暴露する。つまり、男の子のペニスを見たことに対してペニス羨望で反応しない女の子は、にもかかわらず独断的ではなく、自分をじゅうぶんに満足させるような「正しい」女性性を誇示して男の子に立ち向かうのではなく、自分もペニスを見せ、自分も男なのだと主張して、男の子と張り合いつづける。要するに、彼女は男女の解剖学的性差を認めず、フェティシストと同じ態度を取り続けるのである。こういう女はペニスを羨まないが、それは自分ももっていると信じているからだ。この手の女は精神分析への真の脅威にはならない。法則、すなわち普遍的真理として打ち立てられたフロイトの固定観念を立証する例外なのだ。なぜなら彼女が最も一般的な反応態度と違う点は、ペニスを高く評価し、自分も持っている、あるいはいつの日か持つという空想的信念を抱いていることである。この型の女の特徴はしばしば、同性愛の対象を選択することであるが、それは他の女を所有したいという女の欲望ではなく、他の男を所有したいという男の欲望と考えられる。その他の女は、彼女のイメージのなかでは、ペニスをもっている女として捉えられている。彼女自身は自分を、男根をもった母親あるいは父親と同一視している。[41] 彼女の同性愛はたんに彼女の男性コンプレックスの結果にすぎない。このような女だけを愛する同性愛女性は異性に対して嫌悪感、あるいは少なくとも軽蔑を感じているだろう、と思われるかもしれないが、それは間違っている。女性同性愛者も一度は男を愛したことがある。父親である。オイディプス・コンプレックスを、つまり男がもっているペニスへの欲望を、避けて通ることは誰にもできない。いずれの時点でか、男性の優位を認めないわけにはいかないのだ。分析が教えるように、女性同性愛が幼児期の男性性の直接的延長であることは、仮にあったとしてもきわめて稀である。父親に対してどうしても失望せざるをえないからこそ、かつての男性コンプレックスへの退行を余儀なくされるのである。女性同性愛者の行動は、女性の発達の二つの段階を反映しており、補強的な証拠になる。彼女たちは「[父親との絆を反復して]たがいに男と女を演じるのとまったく同じくらいしばしば、また同じくらいはっきりと、母親と赤ん坊の役[男性性の優位と結びついた段階]を演じているのである」(「女というもの」1-492)。

それでもまだ疑問は残る。大多数の女の子もまた父親に失望させられることを避けられないのに、男性的性欲へと退行することなく、「運命づけられている」ところの「正常な」女性性へと成長するではないか。「正常な」女性性へと運命づけられている女の子もいれば、「男性コンプレックス」あるいは同性愛へと運命づけられている女の子もいるという事実をどう説明したらいいのか。フロイトはこの疑問から逃げはしないが、またもや（面倒な状況になるとかならずするように）、素質要因が決定的だという主張を繰り返す。実際、それ以外に、女性がペニスを欲しがらず、去勢の事実を頑固に認めまいとするような要因を、何一つ提出することはできないのだ（«Wir können uns nichts anderes vorstellen»）。そういう女性は素質的に女性的よりもむしろ男性的であり、それゆえに男性性に固執せざるをえないのだ、と理解しなければならない。彼女はいわば生まれつき、できそこないの男であり、やがては本気で自分のことを男だと思い込むようになるのだ。つまり彼女は素質的に「通常は男の特徴である」かなりの量の能動性（ein grösseres Ausmass von Aktivität）を有している。「この過程の本質的な点は、発達のこの時点で、女性性へと向かう道（die Wendung zur Weiblichkeit eröffnet）を開くはずの受動性の急増が忌避されているということである」（同右）。「能動性」が素質的要因だとは、いったいどういう意味だろうか。フロイトは先に、生物学的男性性（男性的とは精子をもつことを意味する）と心理学的男性性（男性的とは能動的を意味する）とを区別したし、この二つの意味はたがいに独立していると断言したにもかかわらず、かなりの量の能動性は通常は**男性の特徴**だという。これは矛盾ではないのか。この二つの意味は同じだと言ったときに初めて、「能動性」は素質的要因だということができ、「ペニスを欲しがらない」女は男性的であり、それにゆえに彼女は幻想の中ではなくいわば**実際**にペニスをもっているのだ、と結論できるのではなかろうか。もしそうだとしたら、そのような女性は「去勢の事実」を否定する必要はなく、いっさいなんの抵抗も示さずに合法的に「男に対抗する」ことができるだろう。その過度の能動性ゆえに、彼女は女性というより男性であり、真の異常、自然からの逸脱なのである。このように、女の子の男性コンプレックスを説明するために素質的要因を持ち出してくるのは、結局のところ、そうした女は自分のことを男だと思っているのだが、実際にも彼女は（ほとんど）男なのだ、と言っているようなものである。このように素質を持ち出すことは何一つ説明していないにもかかわらず、フロイトはこれによって、彼の固定観念とまったく相容れないように見える女性をも「取り込む」のである。真の女性は、男のもつ女性観には逆らわない。男性は自分に都合がいいように、不完全な性欲を女性に押しつけるのだ。女性がこれを拒絶すると、それは彼女が男だからだということになる。

フロイトは、自分の固定観念によってこれらの思弁をこれ以上ないというくらい先まで押し進めた上で――退歩の完璧な証拠だが――観察、すなわち分析の緻密な作業を持ち出し、女性分析家を自分の妄想の味方に引きずり込む。女性分析家は「例外的な」女性であり、女性的というよりむしろ男性的である。だから彼女たちがフロイトの発見を「先取り」できたことは驚くにあたらない。とくに、女性同性愛者は母子関係を反復しているということを証明したとされるのは、「女性」であるヘレーネ・ドイッチュ博士であり、前オイディプス的固着に起因すると考えられる神経症を初めて記述したのはルース・マック・ブルンシュヴィック博士である。「その事例は嫉妬パラノイアの形をとり、治療可能であることがわかった」（同右）。また、「母親に対する女の子の信じられないほどの男根的能動性を、確実な観察によって」（同右）突き止めたのは、ジャンヌ・ランプル・ド・グルート博士である。これらの例が選ばれたのは偶然ではない。これらの例の狙いは、女性自身が自分たちの根源的「男性性」を認めているということである。ここでフロイトは、自分の発見を先取りしているとして、彼女たちに「讃辞」を捧げ、彼女たちを男性的言説の共犯者にし、男性的言説から男根中心主義の形跡を拭い去ろうとしている。フロイトは自分の発見が彼女たちよりも後であることを認め、それによって彼女たちの言説を分析的真理の過程の枠内に収め、それによって彼女たちの言説から独創性を奪っている。

両性性の帰結

この講義はここで終わってもいいのかもしれない。たしかにフロイトはこれまで「女の前史」しか述べてこなかった。思春期から成人にいたる女性の発達についてはまだ述べていない。しかし、資料が十分にないのでそれについては説明するつもりはない、とフロイトは言う。それでも、彼はまだ話をやめない。女性の前史についての話を長引かせる。まるで、その話ならば彼も完全に安全な場所から話せるかのように。またおそらくは、前史はその後の発達にとって決定的重要性をもっているからかもしれない。その後の発達は葛藤と困難を抜きにしては進まない。実際、女が女になる過程はけっして確実なものではなく、その原因はまさしく前史に、つまり最初の両性性、いやむしろ初期の「男性性」にある。抑圧にもかかわらず、この男性性はかならず厄介な「残滓」を残す。前オイディプス的段階への退行はきわめて頻繁に起きる。ある種の女性たちの場合、交替が繰り返され、あるときは男性性が、あるときは女性性が優勢になり、葛藤が永遠に続くように思われ、女性は永遠に自分の「男性的存在」への郷愁を持ち続けるかのようである。女の不安定性と呼ばれるものは、おそらくあらゆる女性の生活を特徴づけているこの両性性、女性性と男性性との永遠の揺れ動きと関係がある。安定した立場をもたないために、男の目から見ると、女はどこにいるのかよくわからず、捕まえようとすると逃げ、謎めいている。男は女ほど両性性、つまり女性性と男性性の永遠の葛藤の影響を受けない。なぜなら男の場合はつねに男性性が優勢だからで、つねにペニスが主導的な部位だからで、もしある種の神経症あるいは精神病において抑圧されていた女性性があらわれるということがなければ、いったい男性の両性性とはどういう意味だろうかと首を傾げるほどである。「われわれ男が『女の謎』と呼ぶものの一つは、おそらく女性生活におけるこの両性性の表現に由来するのだろう」(「女というもの」1-493)。男は、女について論じようとすると、自分が誰について論じているのかがわからなくなってしまうため、女性には「本来の性質」や妥当性が欠けていることを克服しようとして、女性を所有しようとし、女の決定不能性に対しては、勝手に男性性のほうに引きつけて結論を下そうとする。要するに、女の決定的特徴は「ペニス羨望」だと決めつける。これにすぐに続く部分のフロイトの論の進め方は、そうした男性性に引きつけて結論を下そうとする態度の典型例だ。性生活は男性性と女性性という両極性に支配されているから、男女それぞれの性欲に相当するようなリビドーがあるにちがいないと推測するかもしれない。だがフロイトは、そういうものはまったくないのであって、リビドーには一種類しかなく、それが男性もしくは女性の性的機能に同じように奉仕するのであり、リビドーには性別のようなものはないのである、と断言した後で、すでに述べたように、リビドーは「男性的」であると言い切る。たとえ男性性と能動性とを同一視する伝統に従ってそう断言したのだとしても、その伝統はけっして恣意的なものではなく、それとは反対の伝統は考えられないのである。「にもかかわらず『女性的リビドー』という語の結びつきはありえない」(同右)。そうである——少なくともフロイトの印象では——のは、リビドーが女性的機能を支えるときにはより大きな束縛を受けるからである。この印象はすぐさま、「自然の目的」なるものへの過度に「思弁的」でイデオロギー的な依拠によって裏づけられる。自然は、生物学的な目的のために、女性の要求を男性の要求ほどには受け入れないのである。性における攻撃性は男性に委ねられ、「女性がそれに同意するかどうかは、ある程度まで無視されてきた」(同右)のである。例によって、フロイトは自分の思弁を補強するためにのみ生物学を持ち出し、男が女の性的欲望を自分の性的欲望に服従させ、それを彼自身の欲望に全面的に依存させるという文化的不公平(すべての文化的ルールはまさに女性の性的服従を目的とする)を自然のせいにする。

フロイトは「処女性のタブー」[42]においてこう述べている。「実際、文明的結婚生活を維持し、それを脅かす一夫多妻的傾向を食い止めるには、性的隷属が不可欠であり、われわれの社会共同体においては、この要因がつねに前提とされている」(10-334)。一方の性を他方の性に隷属させることを正当化するのは、一夫一婦制を維持するという社会的必要性なのである。しかし、男性ではなく女性が隷属することを正当化するものは何もない。ただ、「この隷属状態は男性よりも女性にはるかに多く見られ、はるかに強烈である」（同右）。それは男が若い女が抱いていた愛欲を初めて満たしてやり、彼女の抵抗を克服し、彼女との間に

永続的な関係を結ぶ。その可能性は、他のいかなる人間に対しても開かれることはない。この経験が女性の中に隷属状態を生み、この隷属状態のおかげで、男は誰にも邪魔されず彼女をいつまでも所有することを保証され、女のほうは新しい印象や他人の誘惑に抵抗できるようになる。［……］この隷属は、時として極端になり、独立した意志をいっさい放棄させ、自分自身の利益を最大限犠牲にするほどである。（同右 10-333）

したがって男の目的は、誰にも邪魔されず、いつまでも女を所有することであり、それによって女の不安定性は克服され、彼女は自分の性的関心を犠牲にすることになる。

このように「処女性のタブー」は、これ以上ないというほど明快に、究極の目的は（フロイトにしたがって自然と文明という対立を前提とするならば）自然ではなく「文明」の目的だと主張している。一種の計略として、文明は心的現象を悪用して（心的現象そのものは女が受ける教育や女の性欲の抑圧によって条件づけられている）、女の性欲を「犠牲」にし、彼女を完全に――彼女の意志を無視して――男の「攻撃性」に屈服させようとする。女を服

従させ、男の欲望の共犯者に仕立てることが、男の「攻撃性」が永遠に続く強姦と暴力にならないようにする唯一の方策なのである。

このように男は躊躇することなく女の性的関心を犠牲にする。ところが男たちは女がしばしば**冷感症**であることに驚かされる。フロイトは、冷感症は「また十分に解明されていない」現象だという。彼の理解を超えているというのだ。にもかかわらず、まるで「自由」連想法のように、自然は男に、ある程度女の同意を無視する性的攻撃性を授けたと断言したすぐ後で、女の性的冷感症をひじょうに意味深い言い方で論じている。この冷感症は女の「不利」を確証しているにすぎないのだ。フロイトは、心的原因がある場合もあるだろうし、したがって治療可能な場合もあるだろう、と述べながらも、他の場合には、彼は躊躇することなく、この冷感症を「自然」の戸口に置き、それをなんらかの素質的・解剖学的要因の存在のせいにする。冷感症に心的原因がある場合でも、男による虐待の結果ということはありえず、フロイトが躊躇することなく女の関心に対して要求する犠牲の結果でもありえない。そう、冷感症はつねに女の過ちなのである。冷感症によって、女は男に対する敵意を表明しているのだ。その敵意が何か別の形に化けていることもある。最初の性交後に夫を侮辱し、夫に対して手を挙げたり、ぶったりする女もいる。だが、その一例に見られるように、「その女性は夫を深く愛し、自分からセックスを求め、明らかにそれによって大きな満足を得ていたのである」（同右 10-340-1）。そうした敵対的な態度はたいてい性的禁止、すなわち冷感症という形で表現される。この敵意は女の依存状態に対する反動から生じるのではなく、処女喪失の際の器官の破壊から生まれたナルシシズムに対する傷に、より根源的には、女のペニス羨望に由来するのである。

このように冷感症のなかに痕跡を残している、破瓜に対する女の矛盾した反応の動機を数え上げてみると、以下のように要約することができよう。すなわち女の未熟な性欲が、女に最初に性交を教える男にぶつけられるのである。そうだとすれば、処女性のタブーは理に叶っているといえよう。その女との共同生活に入っていくことになる男に、そうした危険を避けさせる、というのがその意味なのである。文明がすすむと、隷属の約束によって、この危険に付与される重要性は減じる。（同右 10-344）

だからこそ最初の結婚で冷感症であった女の多くは、二人目の夫に対しては優しく満足した妻になる。それは、二人目の夫のほうが性的能力が高いとか、最初の夫よりも妻の欲望に対する思いやりがあるから、といった理由によるのではない。それはたんに彼女たちの「原始的な反動エネルギー」が「いわば最初の対象で使い尽くされてしまった」（同右 10-345）からである。

ラプソディ的補足

講義はここで終わってもよかっただろう。ところがフロイトは必要があるとも思えないのに、さらに続ける。といっても、先に「約束」したからという口実で、思春期から成人へといたる女性の発達全体について述べることは避け、若干の細かなこと、すなわち精神分析家の観察が明らかにした、成熟した女性性の特別な特徴のいくつかについてのみ述べる。どうしてフロイトはこの「約束」を守らなくてはならないのだろうか。女性に対する彼の特別な友情から、女の特異な性質を明らかにせずにはいられないのだろうか。それとも彼は女性を圧倒しようと企てているのだろうか。実際、相互に脈絡のないこれらの指摘が最後まで取っておかれたのは、これらが彼の議論全体の真の「目的＝締め括り」だったからではないかと思われる（これらの指摘のラプソディ的な性質がその真の重要性を隠蔽している）。同時に、この付録のラプソディはそれに先立つ証明に最後の裏付けを試みており、まさにそのことによって逆に、思弁による構築物全体の脆弱性を暴露している。この構築物は、補足的なコラム＝柱がなくては立っていられないのだ。そのフェティッシュな柱が、割れ目が見つからないように巧妙に組み立てられた議論のあちこちにあいている穴を隠すのだ。

成熟した女性の特異な性質は、ペニス羨望の重要性をさらに高める運命にある（私たちからみると、フロイトは、みずから否定しているにもかかわらず、固着観念の犠牲になっているという推測を裏づける）。「もしみなさんがこの考えをたんなる空想として斥け、ペニス欠如が女性的性質の形成に影響を及ぼすというのが私の**固定観念**だと言うのなら、私はそれに対して抗弁のしようもない」（「女というもの」1-494）。

最後のラプソディは、臨終に及んで身につけた防弾チョッキのようなものだ。それはフロイトが、補足的な証拠を積むことによって真理として押し通そうとするある固定観念を隠蔽すると同時に暴露する。何が性的機能によるもので何が社会的訓練によるものかを識別することはかならずしも容易ではない、とあらかじめ予防線を張ったうえで、フロイトは女性のいくつかの特異な特徴を挙げ、それらがすべてペニス羨望にもとづいていると言う。社会的訓練云々を口にしたにもかかわらず、結局のところペニス羨望はあまりに自然な、乗り越えることのできない「生物学的事実」、すべての層の下に見出される岩盤だというのである。この見方からすれば、女の**ナルシシズム**は男よりも大きく、それが女の対象選択に影響を及ぼし、女は愛することよりも愛されることをはるかに強く求める。女の対象選択はナルシシズム型である（女は自分自身あるいは自分の一部分、または自分がかつてそうであったものの、自分がなりたいと思うものしか愛さない。女は、男性型に従って愛情によって愛するのではなく、愛されたいという欲望のみによって愛するのである）。フロイトは、少なくとも「ナルシシズム入門」以降、何度も何度もこれを反復する（「ある女性同性愛」を参照）。女は、絶対に安全なリビドー的立場を維持してこられたので、男から羨まれる。それが初期の理論だった。いまや力点は奇妙に移動している。女がナルシシズム的だと言うことは、彼女が他者を愛することができないということ、そして愛されたいと欲求することを強調することに他ならない。その欲求は、自己満足と充実よりむしろ最初にナルシシズムに受けた傷を反映している。その傷とは結局のところペニス羨望に他ならない。愛されたいという欲望は欠陥がある証拠であり、男が対象を性的に過大評価するのは断絶のない最初のナルシシズムの痕跡である。それは他者に転移することが可能である。まだ去勢されていない、傷つけられていない男だけが、自分のナルシシズムを他人のために差し出すことができるのだ。女は自分で自分を抱きしめ、すでに傷ついているナルシシズムを必死に守ろうとする。彼女にできるのは我が身を守ることだけであり、自分を犠牲にすることはできない。このように解釈されれば、女のナルシシズムはもはやポジティヴでディオニュソス的な力と見なされることはなく、直接に死の欲動と結びつけられる。女の**身体的虚栄心**もまた、いまや、「ペニス羨望」の結果とされる。というのも女は自分の魅力を「最初の性的劣等性に対する後年の代償」（「女というもの」1-494）と見なす。思春期における発達や女性性器の形成は、最初のナルシシズムを増大させる。それは男根期に、男の子のペニスを発見して、もはや男の子と対等にはなれないのだと自覚したことによって、傷ついている。だから女の虚栄心は実際に「虚しい」のだ。それは女の性器には最初から欠陥があることのあらわれなのだ。いまは美は、「自然な」傷に対する自然の代償と捉えられる。美しい女はいまや付随的な美を伴う。それはペニスとあまりに密接に結びついた美であり、ペニスの欠如がいまだに否定的な評価をつくりあげているのだ。美は、女の不完全な性器の醜さを隠すために自然から与えられた美に付け加えられた、付属的な飾りである。それは女たちに教える――男を誘惑するには、謙虚になり、ヴェールやフェティッシュを発明すればいいのだ、と。女の場合、愛の対象の選択は、たとえ社会的強制によるのではなく、自由になされたとしても、「ペニス羨望」を示している。ある場合だけは、女のナルシシズム的理想に従って選択がなされる。つまり、小さいときに自分がなりたかったような男を選ぶ。この選択は女の子の「男性コンプレックス」に根ざしている。それを可能にする諸条件は子ども時代、すなわち女の子がまだ小さな男の子だった時代にある。つまりナルシシズム的理想に従った対象選択は、男根期固着なのである。他の場合は、女の子は父親にいまだに執着していて、オイディプス・コンプレックスの枠内に留まっており、父親タイプの男性を選ぶ。いずれの場合も女は、長いこと望んでいたペニスを手に入れようとしているのだから、同一化か、あるいは父親の代理によって子どもを得ることによって、幸福を達成しなければならない。いや、じつはそう単純ではない。女が自由に選択できる場合ですら、女の幸福とは何かということになると、けっして自明ではない。フロイトは説明しなければならない——どうしてこれほど多くの女が夫とうまくいかないのか、夫に敵意を示すのか、どうしてこれほど多くの女が複数の男性関係をもつのか、とくに、どうして二度目の結婚のほうが最初のときよりも幸福なのか。フロイトは一度たりとも、女が夫に敵意を抱くのは夫のせいだとは考えない。夫はたんなる父親の代理にすぎないのだが、その父親のせいだとも考えない。フロイトにいわせれば、夫に対する女の憎しみは、かつて母親に対して抱いた憎しみの痕跡なのだ。そう言い切るために、フロイトはまず、女の子が母親に背を向けて父親に向かってからも、母親に対する憎しみはなくならない、と断言する。次に、愛と同じく憎しみも母親から父親へと転移しうるということを説明しなければならない。フロイトはさらに、母親に対する女の子の敵意は女の子の愛情の両義性と結びついていることを証明しなければならない。これまでは、その両義性が母親に対する憎悪の決定的要因だとは見なされていなかったのに。以前、そして「女の性」において、フロイトは両義性を否定した。両性に共通でありながら、男の子はそれにもかかわらず母親に執着し続けるからである。母親に対する敵意を説明するのに「ペニスの欠如」を持ち出すわけにはいかなかった。女の子が母親から父親に移行しても、さらに父親の代理である夫に移行しても、欲しかったペニスを彼らがもっているにもかかわらず、母親に対する敵意は持続するからである。したがって、両義性という要因を持ち出す以上、母親と息子の関係には両義性がいっさい含まれていないと述べざるを得なくなった。実際、彼は数行先でそう述べている。

この論文の中で、フロイトが冒している矛盾は一つではない。その場その場の都合のいいように、あるときはある理論が、別のときは別の理論を持ち出してくる。ここで必要なのは、愛が母親から父親へとすんなりと移行したように、男に対する女の敵意がかつての母親に対する敵意が転移されたものに他ならないことを証明することだ。しかし、母親に対する愛といっても、それは男根をもった母に対する愛であったのだから、愛はつねに父親への、少なくとも父親のペニスへの愛であったが、敵意のほうはこれまでもこれからもずっと、男やペニスに対する敵意ではありえず、たとえ父親や夫に「転移」されていようとも、それはこれまでもこれからもつねに母親／女に対する敵意なのである。だからこそ二度目の結婚のほうが最初よりも幸福なのだ。最初の結婚では、夫は、母親に対する女の敵意を引き継がされ、それによって敵意は消える。敵対的反応は終わってしまったから、二度目の結婚のほうが幸福なのである。

すでに「処女性のタブー」において、フロイトは二度目の結婚のほうが最初よりも幸福である説明を試みている。そこでも結婚の失敗の責任は女が負わされている。だが男に対する女の敵意の原因は、彼女のナルシシズムを傷つけた処女喪失体験にあり、それ自体は結局のところペニス羨望と結びついている。「二度目の結婚のほうが一度目よりもうまくいくことが多いという事実も」、セックス拒否とか冷感症といった病的な形すらとりうる、男に対する敵意というこの原始的な反応によって説明される。「われわれ現代人には不可解な処女性のタブー、すなわち原始的部族では夫が怖がって破瓜を避けるという態度も、この敵対的反応によってじゅうぶん説明がつくのである」(「処女性のタブー」10-346)。もし母親に対する敵意が、女の子の受けた傷によって説明がつくならば、「女というもの」という講義は何も言うべきことがなかったろう。もしそうだとしたら、夫に対する女の子の「復讐」は、母親に対して直接にやりたいと思っていた復讐の転移にすぎないということになる。この考えに従っていれば、「処女性のタブー」から「女というもの」までの間に、フロイトは、夫は父親だけでなく母親の後継者でもあるということを理解できたはずだ。ところが実際はまったくそうでない。いまやフロイトはペニス羨望を持ち出さず、女の子が最初からもっていた感情のたんなる両義性こそが、敵意の底にある決定的要因だという。他でもない、それは、「女というもの」においては、女と男の関係からいっさいの敵意は洗い流され、女は男の共犯者となり、男との関係は安らかな憩いの場であり、母親に対する敵意だけがかすかに残っているだけだからだ。「女というもの」では、ペニス羨望と女の子の去勢コンプレックスはオイディプス・コンプレックスの起源とされ、オイディプス・コンプレックスはけっして終わるものではない。だからその同じペニス羨望や去勢コンプレックスが、夫に対する女の敵意を説明するために持ち出されたらおかしいだろう。それで、ペニス羨望は持ち出さず、「両義性」だけが持ち出されるのである。ペニス羨望は、ここでは離婚ではなく結婚の幸福を正当化するものとして引き合いに出されている。たとえ母親の後継者として妻から憎まれることがあろうとも、夫は今もこれからも子どもなのだから、あるいはペニスの代理物である子どもを妻に与えるのだから、愛されるだろう。「妻が夫をも自分の子どもにし、夫に対して母親として振る舞うことができるようにならないと、結婚も確固たるものにはならないのである」(「女というもの」1-495)。夫はもちろん男の子どもであり、妻に息子を与えなければ妻をじゅうぶんに満足させることはできない。「息子か娘かによって母親の反応が異なることは、ペニス欠如という古い要因が今になってもまだその力を失っていないことを物語っている。母親は息子との関係によってのみ無制限の満足を得るのである」(同右)。(こう述べたすぐ後で、母親はどちらの性の子どもに対してもまったく同じようにふるまうと述べるには、相当な勇気がいるはずだ)。どうして無制限の満足かといえば、母親と息子の関係は最も完璧な関係であり、何一つ、ペニスですら欠けていないからだし(es ist überhaupt die vollkommenste)、母親の側にとっても息子の側にとっても、あらゆる人間関係の中でいちばん両義性の少ない関係だからである(am ehesten ambivalenzfrei)。というのも息子によってようやく母親は頭をあげることができ、ナルシシズムに受けた傷を縫い合わせることができ、ふたたび男と対等になれるからだ。自分自身は男ではないが、少なくとも小さな男をこの世に送り出し、その男を自分の一部のように愛しているのだ。しかもその自分の一部は、彼女「自身」の男性性の証拠であるからこそ何よりも貴重なのだ。「母親は息子に、長いあいだ自分の中に抑えておかねばならなかった野心を転移することができるし、自分の中に残っている男性コンプレックスをすべて満足させることを息子に期待しうるのである」(同右)。「息子」は「御子」であり、母親にとって「救世主」である。どんな宗教もそれを知っている。子どもは母親の傷を自分に引き受け、母親に無傷の体を取り戻してやる。かくして母親は、何者も傷つけることのできない処女母となる。キリスト教のピエタの像では、聖母が血塗れのキリストを膝に乗せている。キリストは自分の身に引き受けることによって母親の傷を隠している。母になることは救済への道なのである。[43] 息子によって母親は、彼女自身と、そして子どものように愛している夫と、さらには自分の母とさえも、和解する。あらゆる予想に反して、最初の子どもを産んだ後、女はふたたび頭をあげることができるので、自分の母親を憎むのをやめ、母親に同一化する。場合によっては、単純な反射的反復の結果、この同一化によって、両親の不幸な結婚生活を反復することもある(もし不幸な結婚というものがあればの話である。というのもフロイトはこの世に不幸な結婚があるとは思っていないように思われる)。

女は母親への同一化によって、息子や夫に対して母親の役を演ずることができるが、この同一化は、幼児期における母親への同一化の再現である。それは二つの段階からなる。まず**前オイディプス的段階**においては、母親への愛着が優勢であり、娘は母親をモデル(**Vorbild**)と見なす。もう一つはその後の**オイディプス的段階**で、女の子は「母親を排除し、自分を父親のそばに置こうとする」(同右)。この二つの段階は多分に「将来まで残り[……]どちらも発達の過程でうまく克服されない」(同右)。女の将来にとって決定的なのは第一段階である。というのも、女の子が、後に計り知れないほど重要となる性的・社会的役割を演じるための特質を身につけるのは、母親への愛着段階だからである。

そこでフロイトは、女を、男を魅了できる「良い母親」(これが女の得る恵みである)に変える必要に迫られる。というのも、女の愛情状態は母親への愛着が他の対象に転位されたものにすぎないからである。それで男の利益のために、そのような必要に迫られるのである。そのためにフロイトは躊躇することなく母親と娘の関係をなんとも奇妙な形で単純化する。まず彼は前オイディプス期の両義性を抹殺する。フロイトはかつて、母親に対する、そして後には夫に対する女の敵意を説明するために、両義性を強調していたのだった。今やそれを抹殺して、肯定的で愛情にみちた関係だけを強調する。また他方、それと関連して、女の子の敵意を説明するために、なんとオイディプス・コンプレックスを持ち出す。これまではオイディプス的な敵意は「より古い敵意の再活性化」とされ、それ以前から存在する敵意の後景に置かれていたというのに。さらにその上、フロイトは、自分が前に言ったことを、私たちに対して「忘れてはいけない」と言っていたにもかかわらず、自分では「忘れ」ている。それは何かというと、前オイディプス期に——たとえば人形遊びをするときに——女の子が母親に同一化するのは、受動的な立場を克服したいからにすぎず、このとき女の子は女性的ではなく男性的な役割を演じているのだ、という主張である。

女の子がそれ以前から、つまりまだ何者にも邪魔されない男根期に、子どもを欲しがっていたことを、われわれは見逃してはいない。いうまでもなく、それこそが女の子の人形遊びの意味だったのである。しかしこの遊びは実際には女の子の女性性の表現ではない。それは受動性を能動性に置き換えようという意図をもった、母親への同一化だったのである。[……]ペニス羨望が生じることによってはじめて、人形=子どもは女の子の父親の子どもとなり、それ以降、最も強力な女性的願望の目標となるのである。[……]ペニ

ス＝子どもへの願望が父親に転移されるとともに、女の子はオイディプス・コンプレックス状況に入る。（同右1-491）

この文章、およびこれに先立つ講義の中で言われたことを信じるならば、前オイディプス期においては女の子は小さな男の子と同じようなものであり、女の子は男根をもった母に同一化するのであって、これによって女の子は男性的・能動的な役割を演じることになるはずである。だとしたら女の子はどうやって、女性的な役割、つまり受動性や膣の優位と結びついた役割が演じられるようになる「特質」を獲得するのだろうか。フロイトの説では、前オイディプス期には膣はまだ発見されていないのではなかったか。女の子が母親のようになりたいと願えるようになるのはオイディプス期になってからである。フロイトの言い方では、まるで第一と第二の同一化は切り離せないかのようだ。つまり母親のようでありたいという願いは、父親といっしょにペニス＝子どもを作りたいという願いを含んでいるかのようだ。結局のところ、前オイディプス期における女の子の同一化は、彼女に男性的役割、つまり男根母の役割を演じさせ、彼女が母親や成人女性になるのを邪魔することになるのだから。

それまでは「非常に重要だから忘れてはならない」と言っていたことを、自分ではすっかり忘れ、フロイトは、結婚生活の歓び、母性的な性質を身につけた魅力的な女性に魅惑される男の歓びについてあれこれ思弁する。しかし夫の幸福感は息子ほどではない。なぜなら男と女は時期のずれによって隔てられているからである。男女はすれ違いなのである。男はこれまでつねに妻を母親（自分の母親）として愛してきたが、妻は自分自身が子どもを産んだときにはじめて「夫を自分の子どもにする」ことに成功する。だが、それが男の子だった場合はとくに、女は愛情をすべて息子に注ぐ。息子こそが、彼女に誇りを抱かせてくれる唯一の存在なのだ。「母親は男の子との関係によってのみ無制限の満足を得る。母と息子の関係は、あらゆる人間関係の中で、最も完璧な、両義性から最も遠い関係なのである」（同右1-495）。

この講義の結びの部分で、フロイトはまるで、愛情関係が完璧であった子ども時代の至福の日々を、郷愁をこめて回顧し、彼に対してじゅうぶんに母親として振る舞ってくれなかった、子どもたちばかり可愛がって彼をおろそかにした、彼に対しては「不公平」だったとして、妻を批難しているようだ。嫉妬と羨望に駆られて、女を批難しているようだ――結婚生活が不幸だとしたらそれは女のせいだ、女は男に対してけっして公平になることができない、なぜならペニス羨望のおかげで正義感も公正感も奪われているからだ、と。

そこで講義を結ぶにあたって、まるで仕返しをするかのように、フロイトは、女には無数の不愉快な特徴があると言い、とくに文化的な視点からみれば、女は男よりも劣っていると強調する。ペニス羨望を持ち出すことによって、フロイトはあらゆる男性的偏見を正当化し、それらに「科学的」お墨付きを与える。われわれ（男？）は言う――女は男よりも**社会的関心が薄く、**欲動を**昇華させる能力が劣っている、**と。前者の特徴は「疑いなくすべての性的関係を特徴づけている反社会的性格」に由来する。「恋人たちはふたりだけの世界で満足し、家族もまた、より大きな団体に加えられることに抵抗する」（同右1-496）。この主張は、控えめに言っても、奇妙だ。女だけが社会的関心を欠き、家族関係に執着するというのでないかぎり、「恋する」女だけでなく、「恋する」男だって、社会的関心が薄いということになるではないか。この主張は、女のほうが社会的関心が薄いというだけでなく、第二の主張、つまり**女のほうが昇華能力が劣っている**（個人差は無視して）という主張を考慮にいれなければ、理解できない。実際、女は男よりも昇華能力が劣っているから、家族関係にしがみつき、外部へのはけ口を見つけることができず、男が彼女を後景に追いやって、社会的な責務のために夫や息子としての義務を疎かにすると、嫉妬する。かくして女は、自分から夫や息子を奪おうとする文明に対する敵対的な態度を育む。

じきに女たちは文明に敵対するようになり、文明化を遅らせ、押しとどめようとする。当初はその愛の要求によって文明の基礎を築いた、その同じ女たちがである。女は家族と性生活の利害を代表する。文明の仕事はしだいに男だけの仕事となり、男たちにますます困

難な仕事を課し、女にはほとんどできないような欲動昇華を強いるようになる。（3-463）

これが『文明とその不満』における主張である。たしかに女は文明に敵対するが、講義「女というもの」でフロイトが忘れているのは、彼自身が別のところで述べているように、愛の要求によって文明の基礎を築いたのは女だという事実である。『文明とその不満』は家族の起源を、性器的満足への要求に求めている。この要求は、「突然にやってくるが、いったん姿を消すと長いこと音信不通になるといった客のようなものとして」あらわれるのではなく、「いわば永遠の間借り人としてあらわれる」（同右3-459）。それは家と家族の存在を求める。性的要求に動機付けられて、男は女を身近に置いておこうとし、女は子どもから引き離されないように、いちばん強い男のそばに留まる。永続的に家族を維持するのは男ではなく女である。男は外的必要性に迫られて外に働きに出かけ、女は子守りをする。小さな者たちへの愛の力によって、女は子どもという自分の一部と離れることなく、また永遠の性的対象といっしょにいたいという要求から、男女は共同生活を維持していく。女はその後もますます愛と家族に精力を傾ける。文明それ自体が、その役割を演じるよう女に求めるからである。いいかえると、女のほうが昇華能力が劣っていることは、「女というもの」の結びの部分が仄めかしているように、女が本来的に劣っているからではなく、教育の結果である。男だけは文明から強制されて、衝動を昇華し、ますます困難になっていく仕事をやり遂げ、家族という「閉ざされた社会」から人類という「開かれた社会」へと移行し、文明のために働き、家族を自己完結させようとする死の欲動にではなく、エロスに奉仕する。エロスは、家族のみに限定されていたら抑制的になってしまう愛の力を、人類へと拡大することを可能にする。女のほうは昇華の訓練を受けない。女の昇華の「才能」はごく限られたものである。というのも、女は「人類の性的関心の実際の道具」(「いわゆる文明人の性道徳と現代の神経病」)だからである。

「女というもの」では、女の社会的劣等性や昇華への「適性」の欠如は、生まれつきの逃れられない劣等性であり、自然で根絶不可能な性格特徴だとされている。しかもその劣等性は女の超自我の劣等性であり、これもまた自然であり、「社会的存在としての女性の性格に特別な刻印を残す」(「女の性」5-144)。「女というもの」では、フロイトは「女性的性格特徴」に触れているが、それについて詳しくは述べていない。それはおそらく別の場所で詳しく論じたからであろう。あるいはそうした女にとっては「うれしくない」結果が、いま述べたばかりの、女が息子を生んでペニス羨望が満足させられたときの結婚生活の幸福とは対照的だからであろう。別の論文では(たとえば「いわゆる文明人の性道徳と現代の神経病」)、フロイトは女の幸福に関してもっと慎重である。フロイトにいわせると、女はたしかに性的対象の代理としての乳飲み子に満足するかもしれないが、成長しつつある子どもによって満足させられることは絶対にない。だが結婚によっても満足は得られない。

今日の文化的状況では、もうずっと昔から、もはや結婚は女性の神経症に対する特効薬ではない。［……］結婚に耐えられる女性はひじょうに健康にちがいない。［……］結婚が原因で起こる神経の病に対する治療はむしろ不倫であろう。ところが女性がより厳格に育てられ、文明の要求に従っていればいるほど、不倫という解決法を選ぼうとはしない。（「いわゆる文明人の性道徳と現代の神経病」）

性的本能を昇華する能力をもっていない以上、女に残された治療法は、神経症に逃げ込むことしかない。「病ほど、彼女の美徳をしっかりと守ってくれるものはない」（同右）。教育は、結婚する前に女の性欲を完全に抑圧してしまい、女をまったくの無知状態におき、結婚に繋がらないような愛情傾向をいっさい禁じ、それによっていわば麻酔をかけられたような女を作り上げる（教育を原因とする冷感症への傾向は、この場合は強力な性体験によっては克服できない。男の性的能力が下がっているためである）。「性的快感をおぼえずに出産する女性たちは、その後、出産の苦痛を繰り返し体験するのをいやがるようになる。このようにして、結婚への準備が結婚の目的そのものを否定してしまうというわけである」(同右)。子どもによって満足を得る(現在のような文明の状態ではなんの意味ももたない、純粋に理論的な解決法である)どころか、女は欲望の満足を得られないままか、不倫に走るか、神経症に陥るか、いずれかの道しか与えられていない。

一九〇八年に発表された「いわゆる文明人の性道徳と現代の神経病」には、女の不幸はすべて悲惨な教育の結果かもしれず、したがって改善されうる、という仮説が見られる。この見方では、女の不幸は、女の自然条件ではなく歴史的状況と結びつけられている。「女というもの」では、フロイトは慎重に「何が性的機能の影響で、何が社会的教育の影響かを見極めることはかならずしも容易ではない」(1-494)と述べているにもかかわらず、結局、力点は「自然」、女の「素質」、女の「欲望」に置かれ、女の不幸は女自身に責任があるとされている。こう考えずにはいられない——女を「物」に変えるこのやり方は、フロイト自身の深い欲望、つまり、たとえそれが女にどれほどの犠牲を強いることであろうと、女を、社会的進歩によっては絶対に変えることのできない「永遠に女性的なるもの」として、不滅なものにしたいという欲望と関係があるのではないか、と。かつて婚約者マルタに宛てて、フロイトは臆面もなくそれを認めている。

今とは違う教育がなされたならば、女性の繊細な性質——これらは非常に保護を必要としているけれど、強靱でもある——がすべて抑圧され、その結果、女たちも男と同じようにパンを稼ぐことができるようになるかもしれない。ただしその場合、世界がわれわれに与えてくれた最も魅力的なもの、すなわちわれわれが抱いている女性の理想が失われていくことを嘆いたりしてはいけないのだろう。でもぼくが思うに、法律改正も教育改革運動も、次のような事実を前にして、挫折するにちがいない。つまり、女性は、この社会で職業が得られる年齢に達するずっと前に、その美、魅力、善良さによって、自然の手によって男とは違ったものに決められてしまっているのだ。

いや、ぼくはこの点に関しては旧式な態度に執着し、ありのままのマルタに憧れている。マルタだって、違った自分になりたいとは望んでいないだろう。法律や慣習は女性たちに、これまで彼女たちから奪っていた権利を与えるべきだ。でも女性の立場は、現在のままでしかありえない。つまり、若いときには崇拝される恋人であり、成熟したら愛すべき妻になる、という以外にはなりえないだろう。[44]（フロイトからマルタ・ベルナイスへの手紙、一八八三年十一月十五日付）

女は男から慕われるのだから、女性の「差別」は——ジョン・スチュアート・ミル（婚約者に宛てたこの説教書簡の出発点は、この思想家の見解であった）の考えとは裏腹に――黒人差別とはまったく別種のものである！「どんな少女も、たとえ選挙権や法的権利をもたずとも、彼女の手に接吻し、彼女の愛を得るためならどんな危険でも冒す覚悟の男を、正しい道に導くことができるであろうに」（同右）。だから男を見本にして女を生存競争に駆り出すことはできないのだ。フロイト自身は、自分の共犯者にした愛する人を生存競争から引き離し、彼女の唯一の活動領域として平和な家庭を与えるためには、必要なことはなんでもするだろう。「家庭を取り仕切り、子どもを育てしつけることは、まるまる人間ひとりを必要とするから、どんな職業につくことも問題外だ。このことに関してはきみもぼくと同意見だろうと思う」（同右）。

婚約者を自分の共犯者にすることが必要であり、いつの日か女が男のライバルになるという可能性をいっさい排除しなければならないので、フロイトは彼女を、自分の「理想的な女性」にぴったり合うタイプに固定してしまう。

フロイトは自分の固定観念に取り憑かれ、まるで鉄の鎖に繋ぐように、女を身動きできなくし、監禁してしまう。そして講義の最後でこう述べる――男は柔軟で融通がきき、永遠に若く、けっして完結することなく、つねに変化し、自分を向上させることができるのにたいし、女は固定していて、ある年齢――なんと三十歳――を過ぎると成長することも変化することもできなくなる。まさしく女に対する死刑宣告だ。女性になる過程は楽ではないので、女はそこで可能性を使い果たしてしまい、それ以上成長することができず、ある姿勢のまま固まってしまう。精神分析は男が変わるのを手助けすることはできるが、女の場合は恐ろしい事態を招くだけである。三十歳の女性を前にした精神分析家は、この自分が作り上げたばかりのゾンビ、絶対に変わらない岩を前にして、まるで「死」そのものに直面したかのように、パニックに襲われ、恐怖に駆られ、逃げ出す。「[三十歳前後の]女性は[……]心理的に頑な[Starrheit]でまったく変わらないので、しばしばわれわれを脅えさせる[erschreckt]」(「女というもの」1-496)。

女がある年齢を過ぎると、精神分析は目をそらすことしかできないのだ。

精神分析が唯一、女に触れるのは、女を死体にするときだけだ。

女を死体にするとは、最後に今一度、捉えがたい謎めいた女の性質に取り組み、その不安定性と流動性を、不動の安定した一に固定しようと試みることである。「生命という蛇の腹の、誘惑的な黄金の煌めき」「女の生命」[45]。死のような女の硬直性は、女の「男性性」を抑圧状態におしこめておくのに役立つ。それによって、「女」の謎全体を構成している永遠の行ったり来たりを終わらせることができる。つまり、成熟した女、三十歳の女は、死――自分の中での男性性に対する「女性性」の勝利、それはエロスに対する死の本能の勝利であるように思われる――という犠牲を払わなくては、完全に女になることはできない。

これが、どんなに控えめに言っても陰気で恐ろしい、女の謎に対する答えである。この答えは、すべての存在、すべての通路、すべての接触を断つ。[46]「女というものについて私が言いたいのはこれですべてだ」。女たちよ、もし女に死刑を宣告するこの講義が不満だったなら、たとえば詩を読んで、自分を慰めることができよう。

たとえば、ジェラール・ド・ネルヴァル。

『東方紀行』の付録で、ネルヴァルはアダムとイヴの創造に対する「東方的」解釈を紹介している。[47]神はまず「高邁で微妙で光り輝く物質」を使っていくつかの種族、ディーヴ族、ドジン族、アフリット族、ペリ族を創造し、彼らに大地を与える。次に神は、もっと大地と密接に結びつき、自然と精霊との困難な結婚をもっとうまくもたらすことのできる新しい種族を創造しようと、土と石灰からアダムを創り、ディーヴ族のリリトを伴侶として与える。リリトは後に不義を犯し、首を切られる。このように、男と女の間には最初から根源的な差異があり、両者は別の種族であった。女はより霊妙で霊的な種族に属し、まさにそれゆえに、もっとずっと地上的な存在である男にとって危険である。女は男を誘惑し、欺き、正しい道(文明の道)を踏み外させる。「リリトは、アラブの伝統では永遠に呪われた女であり、悪魔の手先となって偉大な男たちを誘惑し、道を誤らせる」。第二期に、神は二つの異なる種族を結びつけたのは間違いだった（しかも男を傷つけた）ことを悟る。そこで今度は男と同じ物質を使って、男を見本にし、男と同じ形に、女を作ろうと決める。そうすれば女は男に不実を働くことはなく、男の欲望に自分を合わせる他なく、罪人ではなく男の共犯者、つまりヒステリー症者になる他ないだろう。女＝罪人は首を切られてしまった。神はアダムの肋骨から女を作ろうと決める。

その場面に「面白い」エピソードがある。神が男の傷を縫い合わせている間に（最初から女は男の傷なのだ。男は自分の物質の一部を女に与えるのだから）、猿が肋骨をつかんで逃げ出す。神が遣わした天使がかろうじて猿を捕まえ、尻尾を掴む。「主のところに持って帰ることができたのは、その尻尾だけだった」。厄介なことになったが、神はなんとか窮状を打開しようと、「おそらく芸術家の虚栄心は省みることなく、猿の尻尾から生き物を創った。それは外見は美しかったが、中には悪意と邪悪さが詰まっていた」。（これは以下のような事実の説明だ。すなわち、男は女を自分の一部にすることによって性差を克服しようとするが、女は「どうすることもできない」魔的な存在なのだ。女が美しく人間的なのは外見だけで、内に悪意と邪悪さ――つまり野獣性――を隠している。女の美は、女のほうが男よりも猿に近いことを男に忘れさせるための仮面である。このように女は、アルキビアデスがソクラテスを喩えているシレノスの正反対である。ソクラテスは外見は醜いが内は神的物質に満

ちている）。この伝説を理解するには、

女性原理がアシュタルテ、デルケート、ミリッタといった名で支配していたシリアの多神教に対する敵対心から、女の堕落した性質を強調した、古代の一神教どうしの闘争を思い出す必要がある。悪と罪の源泉はイヴよりも前に遡り、永遠に孤独な創造神を認めることを拒んだ人びとにまで遡ると考えられていた。彼らは古代の夫婦神がおかした罪について語った。それは宇宙が揺れるほど大きな罪だった。すべての天使の地上の生き物は、彼女の名を口にすることを永遠に禁じられた。原始的な創造論の薄暗い曖昧さの中にも、世界の母の記憶を消してしまうほどの、この「永遠なるもの」の怒りほど恐ろしいものは他にない。

徒《いたずら》に女の名を口にしてはならないのである。

註

〔フロイトの著作からの引用は、原則としてコフマンのテクストに従ったが、標準版英訳著作集と、邦訳がある場合には人文書院版フロイト著作集を適宜参照し、註には人文書院版著作集の巻数と頁数を示した。フロイトの著作の題名はできるだけ人文書院版著作集に従ったが、訳者の判断で変えたものもある〕

第一部　謎とヴェール

1　Luce Irigaray, *Speculum de l'autre femme* (Minuit,1974).

2　「女の性」（一九三一）を参照。そこでは、ドストエフスキーの『カラマーゾフの兄弟』に出てくる「両刃の剣」に喩えられている。〔ストレイチー版フロイト著作集の註によると、ロシア語原文は「端が二つある棒」である〕。

3　「女というもの」については、ドイツ語版全集からじかに訳した。現在のフランス語訳はあまりにひどく、脱落も多い。実際、私にいわせれば、フロイトにたいする批判の多くがフランス語「訳」に準拠していることは偶然ではない。リュス・イリガライは、どんなに正確な訳であろうと、「女というもの」についてのこのテクストの意味が変わるわけではないという（*Speculum*, p.9, n.1)。これには首を傾げざるをえない。どうしてイリガライは間違いだらけを知りながらフランス語訳を使うことに固執するのか。自分の主張に都合がいいからではないのか。「女性性」という目的にふさわしいからではないのか。ドイツ語原文に戻るということは、べつに何が何でもフロイトを救おうとすることではない(私にだってイリガライ同様、フロイトを救おうなどという気持はこれっぽっちもない)。そうではなく、他人が捏造した文章ではなく、その人自身の文章に基づいてその人を批判するという、最低限の知的誠実さを示すということである。それによって、批判はそれだけ信頼性を増すだろう。またフロイトの原文を読んでみると、それが、フランス語訳から受ける印象よりもはるかに複雑で多様性に富んでいることがわかる。このことについてはまた後に触れる。

4 「性欲論三篇」をも参照されたい。「したがって今のところ、リビドー理論をこれ以上展開することは、思弁的レベルでしかできない。しかしそれでも、もしユングの例に従って、リビドーを心の本能的な力一般と同一視し、リビドーの概念の意味を引き下げてしまったら、精神分析の観察によってこれまでに得てきたものすべてが犠牲になってしまうだろう」(一九二〇年に付加された一節)。

5 後に、第三のレベルで、止揚できない二元論が主張されることになる。エロスと死の欲動との対立である。

6 講義の結びはこんな具合だ。「もしみなさんがこの考えを荒唐無稽と見なし、ペニス欠如が女性性の形成に与える影響についての私の信念を固定観念だと批判されるのなら、もちろん私には抗弁できない」。

7 Sarah Kofman, "Freud et Empédocle," *Quatre Romans analytiques* (Paris, 1974) 参照。

8 「女の性」の書き出し。

9 Sarah Kofman, *l'enfance de l'art* (Paris: Payot, 1970; Galilée, 1985) 参照。邦訳『芸術の幼年期』赤羽研三訳、水声社。

10 コフマンの原文は"coupable (en tous les sens de ce terme)"（語のすべての意味で「罪がある」）。コフマンが言わんとしているのは、coupable（罪がある）という語がcouper（切る）という語とも関係があり、したがって「切れる」「切ることが可能」という意味にもなるということである。（英訳者註）

11 別のところでフロイトは息子が死んだという夢を欲望充足と解釈している。「より深く分析することによって、息子の身に起きた恐ろしい出来事によって満足させられるような隠された衝動が何であるかが明らかになった。それは老いた者が若者に対して抱く羨望である。彼はそうした羨望をすっかり捨て去ってしまったと信じている。もしそうした不幸が実際に起きたとしたら、それによって引き起こされる辛い感情はあまりに激しく、そうした抑圧されていた欲望充足を探し出し、なんらかの慰めを見出そうとするのだ。これは間違いない」（『夢判断』）。

12 H.Rider Haggard, *She* (London, 1887), p.78.（ライダ・ハガード『洞窟の女王』）。

13 ソフォクレス『オイディプス王』（『夢判断』）。

14 『夢判断』と「あるヒステリー患者の分析の断片」について、フロイトは後に、この二つは「ホラティウスの九年間ほどではないが、出版するまでに四、五年の間私が抑圧していた」（「解剖学的性差」）。

15 マリー・バルマリはその『彫像の男』（パリ、一九七九。岩崎浩訳、哲学書房、一九八八）で、自説の裏付けとしてこの夢に言及してもよかったはずだ。

16 ゲーテ『ファウスト』第一部（第四場）のメフィストフェレスの台詞。

17 私は先に『芸術の幼年期』において、次のように強調した。芸術空間はトーテム餐の代理であり、さまざまな形でトーテム饗を反復するものだが、この空間は、最初の詩人＝英雄による、この集団的父親殺しの空想によって切り開かれたものである。この空想は、息子は父親より母親を愛するという前提があってはじめて可能だが、そのことについては最近、フィリップ・ラクー＝ラバルトが、とくに『哲学の主題』（*Le Sujet de la philosophie*, Paris, 1979）と『一般的、芸術家の肖像』（*Portrait de l'artiste, en général*, Paris, 1979）において指摘している。

18　「メドゥーサの首」参照。「切り落とされたメドゥーサの恐ろしい首」（das abgeschnittene Grauen erwekkende Haupt der Meduse）。

19　たとえば、「レオナルド・ダ・ヴィンチの幼年期の思い出」第三章を参照。「そうした去勢脅威のもとで、彼はそれまでの女性性器に関する見解を見直す。これ以後、彼は自分が男であることに身震いするようになるが、同時に、彼が想像するにすでに残酷な罰が下された、女という不幸な存在を軽蔑するようになる」（3-115）。「西洋諸国においてこれほど激しい形であらわれ、非合理的な形で荒れ狂っているユダヤ人差別の嵐の一原因がここに求められると結論することは避けられないように思われる。無意識のうちに割礼が去勢と同一視されているのである」（同右）。

20　アリアドネはフロイトにとって母性的人物像である。「迷宮伝説は肛門出産の象徴だと考えられる。曲がりくねった廊下は腸であり、アリアドネの糸は臍の緒なのである」（「夢理論の修正」1-405、『新・精神分析入門』）。

21　人間＝人類（menschliches Wesen）の訳に関して、リュス・イリガライの用いたアンヌ・ベルマンによる仏訳では créatures という語が用いられているが、コフマンは être humain を用いている。標準版英訳著作集も human being と訳している。

22　拙著『芸術の幼年期』は、芸術に関するフロイトの主張をめぐって、このことを明らかにしている。

23　たとえば「解剖学的性差がもたらすいくつかの心理的帰結」を参照。「子どもの性生活における最初の心理的形成を研究したとき、われわれはつねに男の子を対象に取り上げた。女の子の場合も事情は似たようなものであって、多少の違いがあるだけだろう、と考えていたのである。成長過程のどの部分にそのような差異が見出されるのかを明確に決定することはできないのである」(5-162)。

24　男性モデルに与えられた特権的地位がまったく違ったふうに解釈されうることもある、ということについては後に述べる。

25　「幼児期の性理論」をも参照されたい。「内外の不幸な事情により、以下の観察は主に一方の性、すなわち男の性的発達のみにあてはまる」(5-97)。

26　たとえば「幼児期の性理論」。この論文は、自分の出自に関する子どもの質問に対して親がいかに逃げ腰で答え、そうした好奇心をもつこと自体を叱ったり(とくに女の子の場合)、神話的な説明をして誤魔化すか、について語っている。かくして子どもは、おとなたちは何か隠しているらしいという疑念を抱き、それ以降は自分の探究を秘密にしておく。そのために、より正確な知識とは矛盾する独自の間違った理論を生み出し、正確な知識は無意識のうちに抑圧してしまう。

27　この問題については、Jacques Derrida, *Eperons: Les Styles de Nietzsche* (Paris, 1978), および Sarah Kofman, "Baubo," in *Nietzsche et la scène philosophique* (Paris, 1979) を参照されたい。

28　ニーチェ『悦ばしき知識』第二書、第七一節。

29　ゲーテ『ファウスト』第一部(第一場)より。

30　先に引いた「性欲論三篇」を参照。

31　「精神分析と法的手続きにおける事実の確定」(一九〇六)参照。

32　『ヒステリー研究』。「私はしばしばカタルシスによる精神療法を外科手術にたとえ、自分の治療法を精神療法的手術と名付けて、化膿巣の切開やカリエスになっている患部の掻爬などにたとえたものである」（7-288）。

33　しかしフロイトは、この比較によって女性をひどく侮辱することになるということをよく知っていた。「自分の性器の外見に対して女たちが抱いている自負は、彼女たちの虚栄心の特別な特徴である。彼女たちは性器の障害を、嫌悪感や吐き気を催させるものと見なし、そのために、もし障害があると信じられないくらいの屈辱感を味わい、自尊心を傷つけられ、苛々し、神経質になり、何も信じなくなる。膣粘膜からの異常な分泌を、そうした嫌悪の源だと見なしている」（「断片」5-336）。

34　イルマの注射の夢については、モニク・シュネデール（Monique Schneider, "Œdipe et la solution-dissolution," *Critique*, Mai 1979）が、ジャック・ラカンの読解（Jacques Lacan, *Séminaire*, bk.2, Paris, 1978, p.196）について論じている。また、スタン（Conrad Stein, *La Mort d'Œdipe*, Paris, 1977）をも参照されたい。

35　たとえば、「フェティシズム」参照。

36　たとえばカントによれば、美とは、みずから自足し、独立し、何も欠けておらず、その充溢を享受し、自分の外にあるものすべてから切り離されているものではなかろうか。だとしたら、美しい女を、カントのいう非地上的な仕掛けに喩えることはできない。その仕掛けは自分の手を持たぬ凹面で、不完全に見えるが、しかしそれを完璧にする道具の概念につねに言及している。美しい女はむしろきれいなチューリップに喩えられよう。ペニスを羨望する女は「自由な美」、つまりカントのいう高尚な美によって美しいのではない。穴・隙間である女は、自分を完璧にしてくれるペニスに執着するからである。フロイトの手術では、女の性の「切除」が「純粋な」切除ではありえない。カントにおける自由な美と執着的な美については、ジャック・デリダ「パレルゴン」『絵画の真実』(Jacques Derrida, "Le Parergon," in *La Vérité en peinture*, Paris, 1978, pp. 127–135.) 参照。

37 人間は「幼児期の呪縛」に囚われている。「その呪縛は、彼らの公平とはいえない記憶力によって、妨げられることのない至福の時代として想起される」(『モーゼと一神教』11-325)。

38 ルー・アンドレアス＝ザロメのフロイト日記、一九一三年三月十四日。

39 Sarah Kofman, *Autobiogriffures* (Paris, 1976), pp.36ff.

40 元のドイツ語は Raubtiere である。これは猛禽だけでなく猫族全体を含む。どうして猛禽に言及したかというと、後に論じるルネ・ジラールはこれを「猛禽」を訳し、それによってプルーストと結びつけているからである。

41 ルーについて、ニーチェはペーター・ガースに宛ててこう書いている(一八八二年七月十三日)「彼女は鷲のように狡猾でライオンのように勇敢だが、それでもとても少女っぽい女だ」。

42 「積極的」というニーチェの用語と「ナルシシズム的」というフロイトの用語は、おそらくまったく相容れないわけではない。というのもわれわれが論じているのは一九一三年の論文であり、当時フロイトはまだナルシシズムと死の欲動の仮説を結びつけていなかった。

43 『悦ばしき知識』(Die frohliche Wissenschaft, in *Nachgelassene Fragmente, Juli 1882 bis Winter, 1883–1884*, ed. Giorgio Colli and Mazzino Montinari, pt. 7, vol. 1 (Berlin, 1977), sec.I [30], p.12.

44 『善悪の彼岸』、第七章、二三九節。

45 『道徳の系譜』、第一論文、一三節。

46 『偶像の黄昏』、「箴言と矢」、一六節。「婦人たちのあいだで。——『真理？ まあ、あなた真理をごぞんじではないのね！ それは私たちのすべての羞恥心の暗殺計画ではないでしょうかしら？』——」。

47 『ツァラトゥストラかく語りき』、第一部「蒼白の犯罪者」。

48 Jacques Derrida, *Eperons: Les Styles de Nietzsche* (Paris, 1978), および Sarah Kofman, "Baubo," in *Nietzsche et la scène philosophique* (Paris, 1979) を参照されたい。

49 「不気味なもの」(一九一九) [訳注「ある暑い日の午後、イタリアの小さな町の、人通りのまばらな道を歩いていた私は、ある一角に迷い込んだ。そこがいかなる種類の界隈であるかはすぐにわかった。立ち並ぶ小さな家々の窓から、化粧した女たちが顔を見せていた。私はあわてて次の角を曲がり、その狭い通りを後にした。ところが、しばらく闇雲に歩くうち、突然、自分がまたさっきの通りにいることに気づいた。私の姿が人目を惹き始めたので、あわててまたそこを後にしたのだが、急いだ結果、新しい回り道をしたあげく、三度同じ通りに入り込むはめになってしまった。私は不気味というほかない感情に襲われた。そこで、それ以上道を探し回るのは諦めて、さっき後にしたばかりの広場に戻ったときにはほっとした。(3-343)] 参照。

50 プラトンの『饗宴』で、ソクラテスは愛を不滅への欲望として論じ、ナルシシズムをもその枠内で論じることによって、他の参加者全員、とくにパイドロスとアガトンと対立している。パイドロスらは、最高の犠牲心を駆り立てる、愛の道徳的恩恵を讃える。

51 ルネ・ジラール『世の初めから隠されていること』(一九七八)。この本が出版される前から、女を子ども、動物、犯罪者に喩えている、フロイトのテクストのこの部分がきわめて重要な意味をもっていることに、私はすでに気づいていた。私以前にこの箇所に注目した人はいないようだ。だから、ジラールと私との一致を強調しておきたい。もっとも、このテクストをどう解釈すべきかについては、ジラールと私とは決定的に意見を異にする。引用にあたっては、邦訳(小池健男訳、法政大学出版局、五八七―六一八頁)を参照させていただいた。

52 先にも触れたように、彼がプルーストを引き合いに出せるのは、彼が Raubtier を「猛禽」を訳しているからにすぎない。

53　ナルシシズムに起源がある以上、自己満足というものは幻想である。絶対的自己満足、絶対的ナルシシズムというのは、フロイトにとって、純粋に理論的虚構である。そうしたナルシシズムの例は、女ではなく、母親の子宮の中にいる赤ん坊とか、原初的部族の原父の神話であろう。だが心理学的視点からすると、自分のことを自己満足していると信じるのと、実際に自己満足しているのとは、同じことである。ジラールは、フロイトは自己満足の幻想性に気づいておらず、そのためにその「現実」を、フロイト自身の幻想に、そして「コケット」の戦略や嘘にしてしまう（もっともジラールは後のほうで、「戦略」とか「コケット」というのは「レッテル」にすぎず、文字通りとってはならないと述べている）。

54　「処女性のタブー」（一九一七、一八）（「愛の心理学への寄与」）。「女は男とは違い、永遠に理解できず神秘的で、異質で、それゆえに敵意を抱いているように見える」（10-338）。

55　フロイトはこの夢の解釈だけを挙げているが、夢の顕在テキストをそのまま紹介してくれたほうが有益であったろう。

56　Cf. Sarah Kofman, "Judith," in *Quatre Romans analytiques* (Paris, 1974).

57　アンドレアス＝ザロメからフロイトへの手紙、一九一九年一月三〇日付。

58　『モーゼと一神教』「……母権制社会秩序が父権制社会秩序に取って代わられたが、これは当然ながらそれまで一般的であった法的諸条件の革命をともなっていた。この革命の余響は今なおアイスキュロスの『オレステイア』から聞き取ることができる。しかしこの母親から父親への移行はそれだけでなく、感性に対する知性の勝利、すなわち文明の伸展をも示している。なぜなら母権は感覚の証言によって証明されるのに対し、父権は結論と前提に基づく仮説だからである。このように思考過程を感覚的知覚の上に置くことは画期的な一歩だったのである」（11-358）。

59 Cf. Jean-Joseph Goux, "Matière, différence des sexes," in *Matière et pulsion de mort* (Paris, 1975).

60 [訳注＝「私は麦粉で何かこしらえて食べようと、台所に行った。そこには女が三人いた。ひとりは主婦で、手に何かをもって、団子でも作っているかのようにこねている。彼女は「もうすぐ終わりますから、お待ち下さい」と言う（これは、はっきりとした会話の形はとらなかった）。私は待ちきれず、腹を立てて台所を出た。外套を取り出したが、最初の外套は着てみるとやけに長いので、脱いだところ、毛皮の襟がついているので驚いた。次に着た外套には、トルコ模様の縫い取りのある長い縞がついていた。髭をはやした面長の男がやってきて、これはおれの外套だと言って、私がそれを着るのを邪魔した。そこで私はその男に、外套全体にトルコ模様の刺繍がしてあるのを見せてやった。男はこうたずねた。「あんたと、トルコ（模様、縞、……）と何の関係があるんです」。しかし、われわれはそれからバカに仲が良くなった」（『夢判断』2-171）]。

61 [訳注＝「彼は大勢の人といっしょにX街へと馬車を走らせていた。X街にはちょっとしたレストランがあった。その店では芝居をやっていた。彼は観客になったり、役者になったりした。芝居が終わると、町に戻るために着替えなくてはならなかった。一行の一部は階下の部屋へ、一部は二階の部屋に案内された。そのとき争いが起きた。二階の連中が、階下の連中の準備が終わらないために下に降りて行かれないといって怒りだしたのだ。彼の兄は二階に、彼は階下にいたが、あんまり強く押されるので、兄に対して腹を立てた（このあたり曖昧）。しかも、ここに到着したときにすでに、誰が二階で誰が階下かが決まっていた。そこで彼は上り坂になっているX通りを町のほうに向かって、ひとりで歩いていった。歩くのがひどく困難で骨が折れ、その場に動けなくなりそうだった。年輩の男性が近づいてきて、イタリア王の悪口をいった。坂の上まできたときには、ずっと楽に歩けるようになっていた」（『夢判断』2-238）]。

62 少なくとも「延期された行為」のときにはそういうふうに「夢みられる」ものである。「私は精神神経症のメカニズムにおける『延期された行為』という要因を説明するとき、いつもこのエピソードを引用したものである」(『夢判断』2-171)。

63 この教訓は、フロイトが『夢判断』に引用しているライダ・ハガードの小説『彼女『洞窟の女王』』にもあらわれている。「(この奇妙な光景にも)それなりの教訓がある。未来を信用するな。未来が何をもたらすかなど、わかったものではない。だから今日のために生きよ。人間の末の姿であるらしい塵を避けぬよう努力せよ」。

64 「もちろんわれわれはこう主張する覚悟ができていた——死は生の必然的結末であり、誰もが自然から死を課せられており、いつかは借りを返す覚悟をしていなくてはならない。要するに、死は自然であり、否定できず、避けられないものである。ところがわれわれは死を片隅に追いやり、生から排除しようとするという顕著な傾向を示してきた。[……]実際、自分自身の死を想像することはできない。いくら想像しようとしても、実際にはわれわれはまだ傍観者なのだということに気づかされる。[……]結局、誰も自分自身の死を信じていないし、同じことになるが、無意識においては誰もが自分の不死を確信しているのである」(「戦争と死に関する時評」5-409–410)。

母親の視覚的証明とは、要するに母親が息子に「死を見せること」ではなかろうか。なぜなら死を、とくに自分自身の死を、自分の目で見ることはできないのであり、死の観念は「表象＝再提示」においてのみ堪えられるものだからである。そこで母親の道を行くか、神話の道、「運命の三女神」の道を行くか、劇場性の道を行くか、芸術一般の道を行くかという必要性が出てくる。「こうしたことの必然的結果として、われわれは虚構の世界、文学や演劇に、実人生で失ったものの埋め合わせを求める。そうした世界においてのみ、われわれが死を和解できるような条件が満たされるのである」(同右、5-411)。

これがミメーシスの経済的・浄化的機能である。これに関しては次を参照。Philippe Lacoue-Labarthe, *La Césure du spéculatif* (Paris, 1977), *Le Sujet de la philosophie* (Paris, 1979), とくに"La Scene est primitive", "L'Echo du sujet"と題された章。またボブフ・フォッシーの映画『オール・ザット・ジャズ』を参照。そこでは死の舞台化によってのみ、瀕死の男は死／母親に「来てくれ」と言うことができる。

65 教育は必然的に神話から始まり、神話は女、母親によって語られるという考えは、すでにプラトンの『国家』(第三編)における教育にあらわれている。プラトンが欺瞞的な詩的内容を「真の」哲学的内容に置き換え、悪い神学を良い神学に置き換えたとしても、依然として市の守護者たちの最初の教育は女たちによってなされる。ただし彼女たちはいまや哲学者たちによって熟考された「内容」を伝えることが任務なのだが。(厳密にいえば、理想的な国家では、哲学者は男とはかぎらず女であってもいい)。

66 Cf. Sarah Kofman, *Quatre Romans analytique.*

67 フロイトはゲーテを引用している(『夢判断』2-173、註3)。So wird's Euch an der Weisheit *Brüsten* / Mit jedem Tage mehr gelüsten.「かくてなんじは智恵の乳房にしがみつき、日増しに歓びが増していく」(『ファウスト』第一部第四場)。

68 英訳標準版著作集の註によると、この詩の一行目はたしかにヘルダー作だが、二行目はフロイトの自由連想によるもので、実際にはゲーテの「イフゲネ・アウフ・タウリス」からの引用である。この註のことを教えてくれたシンシア・チェイスに謝意を表したい。

69 このことに関しては Monique Schneider, *Le Féminin expurgé* (Paris 1979) を参照されたい。

70 「三つの小箱のテーマ」を参照されたい。そこではフロイトは精神分析を魔術と同一視している。

71 「愛の領域における価値引き下げという普遍的傾向について」。

72 『続・精神分析入門』の「夢理論の修正」（1933a [1932],1-389-408）では、フェレンツィではなくアブラハムに従って、この恐怖のモチーフは、男根をもった母の象徴である蜘蛛に対する恐怖と関係づけられている。

73 フロイトはこの文章を発表しなかった。おそらく、「本当の」起源を明らかにしたわけでもなく（この文章では、たんにギリシア人の「強い同性愛的な」傾向にのみ原因が求められている）、また、一般的な方法ではなく比較構造的な方法によって、他の神話との類似関係を明らかにしているわけでもないので、この単独の象徴の解釈を主張する勇気はなかったのであろう。実際、この文章は次のように結ばれている。「この解釈を本格的に実証しようと思ったら、ギリシア神話のこの単独の象徴の起源を探求すると同時に、他の神話との類似関係をも探求する必要があるだろう。私――フロイト――はフェレンツィよりも慎重なのだ、というわけだ。

74 仏訳は「彼らの強い同性愛傾向によって」と訳しているが、「同性愛傾向」とは一体どういう意味だろうか。というのもフロイトはどこでも同性愛は特殊な傾向ではなく、両性的リビドーがなりうる可能な運命の一つだと主張している。

75 「男がおこなう特殊な形の対象選択」。

76 デリダは『弔鐘』の中で、「フロイトの一般化された公式から、代理／非・代理という伝統的な対立にはもはや含まれていない、というよりいっさいの対立には含まれていない、フェティッシュの『概念』を再構成できる」ことを示している。この点に関してはフロイトの文章は混乱している、とデリダは言う。そこには、フェティッシュの本質そのものに関して決定可能なものと決定不能なものが両方含まれている。デリダのいう「まわりを包む議論」が、決定された陳述の中に未決定なものを混入させているのだが、フロイト自身はこの展開全体を、フェティッシュはペニスの単純な代理であるという定義の単純な帰結として述べている。実際、フロイトは最初から自分が「フェティシズムのすべての例に同じ解答が当てはまるだろうと期待している」(「フェティシズム」5-392)と断言しているように、私には思われる。デリダは「フェティッシュのどんなにわずかな一貫性も、それとは反対の関心とのなんらかの関係を前提にしている」と言い、それを決定不能なものの一般的経済の中に入れているが、その点においてはフロイトに全面的に賛同しているように思われる。去勢とその否定との妥協を伴わぬフェティッシュはありえないし、フェティシズムの亀裂――フェティッシュがペニスの単純な代理であることはどんな場合にもありえない。もし実際にその二つの立場のどちらかに有利な決定がなされたなら、もはやフェティッシュを作り上げる必要は生じないだろう。私には、「決定不能性」のためにフロイトが引き合いに出す「まわりを包む議論」やその他の例が混乱しているようには思われない。しかもそれらは引き合いに出されている唯一の例であり、どんなに「洗練され、微妙で」あっても、ある規則の例外として提示されているのではなく、フェティシストの分裂した立場を強調する議論として提示されているのであり、この亀裂のみが、去勢とその否定という両立不可能な主張を可能にしているのだ。しかもこれらの議論の目的は、デリダのいうように「思弁的仮説を安定させる」ことではない。なぜならフロイトは、フェティシズムの亀裂についてではなく、神経症と精神病の差異について、思弁的な道を選択したのだ。フロイトは、この問題に関して、あるいは他の場所で、そうした思弁的な道を選んだのは間違いだったと告白している。「私は自分が先走りしすぎていたことを反省した」(「フェティシズム」5-394)。彼はその最も悔やまれる思弁的な道を捨て、フェティシズムの記述に戻る。彼はその記述を、ポジティヴに観察のみにもとづいたものと見ている。「フェティシズムの記述に戻ると、女性の去勢の問題に対するフェティシストの分裂した態度を示す、多くの重要な証拠がまだほかにもあるといえる」(同右、5-395)。もし本当に「決定不能なものへの経済的思弁」があるとしたら、フロイトの経済はここでは思弁に頼る必要はなかった。だとすると、デリダが『弔鐘』の中でフロイトの似非思弁（少なくともフロイトの文学的言説に的を絞れば）について思弁するのは偶然だろうか。最初は一つの欄に小文字で書かれ、次の欄では大文字で数ページにわたって書かれているこの分析は、『弔鐘』の、すなわち一般化されたフェティシズムの経済全体にとって本質的な物であるように私には思われる。それは、パロディ化されるフェティッシュの欄を補足する「欄＝柱」が各ページ毎に立ち上がるのを識別するのを可能にする。それは、「フェティッシュ」と二倍なるものとの間に関係を樹立するのを可能にする。『弔鐘』における一般化されたフェティシズムについては、Sarah Kofman, "Ça cloche," in *Les Fins de l'homme* (Paris, 1981), 89–116 参照。

77 この表現は、ジャック・デリダが『弔鐘』（パリ、一九七四）の中で用いている。

78 フロイトは **coupeur de nattes** というフランス語を用いている。女性の髪を切ることで快感を得る倒錯者。

79 フロイトはこれを註の中でのみ述べている（3-96）。そこでフロイトはR・ライトラー博士を引用している。

80 フロイトの英雄像としてのレオナルド、英雄になり損ねたドストエフスキーについては、マリー・モスコヴィチの優れた論文「フロイト思想における父親殺し」*Confrontations* I (1979) を参照されたい。ただしモスコヴィチはヒロイズムをフェティシズムの克服とは関係づけていない。

81 「そうした力を持った自然は、残忍に、容赦なく、圧倒的な力でわれわれに挑戦し、われわれが文明の働きによって回避しようと考えていた弱さや無力さを、あらためてわれわれに思い知らせる」（「ある幻想の未来」3-371）。

82 「ヒロイズムの合理的根拠は、主体自身の生命はある抽象的・一般的な善ほど貴重ではないという判断にもとづいている。だが私の考えでは、もっと頻繁に見られるのは、そうした理由のない本能的・衝動的ヒロイズムである。それは、アンツェングルーバーの石割人夫ハンスのいう、『何事も自分には起きない』という精神で、危険をものともしないのである」(「戦争と死に関する時評」5-417)。

83 この放棄はいくつかの点で、レオナルドの作品放棄を想起させる。彼の作品はほとんど未完成である。

84 拙著『芸術の幼年期』参照。

第二部 フロイトは探求する

1 この論文の男根至上主義を最初に指摘したのはリュス・イリガライである。私も結局は同じ結論に到達することになるが、イリガライとはまったく異なる読み方を提示する。すなわちフロイトの企ての複雑さを強調する。

2 ハイリッヒ・ハイネ『北海』第二部、七、「断片」。

3 芸術に対するフロイトのこの態度について、私は『芸術の幼年期』で指摘しておいた。

4 「人間は男か女のどちらかであると一般には信じられている」(「性欲論三篇」5-12-13)。

5 子どもが投じる疑問にどのような順番をつけるかに関して、フロイトは、たとえば「解剖学的性差がもたらすいくつかの心理的帰結」(1927)において、「より強く躊躇」しているが、そうした態度がいかなる戦略的な理由によるのかについては、後に検討する。ある註のなかで、彼はこう述べている。「この機会に、むかし述べたことを訂正したい。私は、子どもの性的関心は、思春期とはちがって、性差によってではなく、赤ん坊はどこから来るのかという問題によって掻き立てられるのだと信じていた。だが今では、少なくとも女の子の場合、そうではないということがわかった。男の子は、場合場合によって違うのであろう。あるいは男女どちらにしても、偶然の経験によって決まってくるのかもしれない」(5-165)。

6 仏訳では"Teile des männlichen Geschlechtsapparats sich auch am Körper des Weibes finden"(男性の性の一部も女性の身体にあらわれる)という一節の後、"wenngleich in verkümmertem Zustand"(ただし退化した状態で)という一節が脱落している。リュス・イリガライは"bien qu'en état de dégénerescence"(ただし退化した状態で)と訳し、フロイトの言説は侮蔑的だと指摘している。女を「退化した」男と見ている、と。しかし、イリガライは忘れているようだが、"verkümmert"(退化した)という語は男性にもあてはまるのだ。フロイトは「その逆もまた真である」と書き添えているではないか。

7 『文明とその不満』をも参照されたい。「人間も(他の動物と同じく)際立った両性性をそなえた動物である。個々人は二つの対称的な半分が融合したもので、この二つのうち一方は純粋に男性的で他方は女性的だという研究者もいるが、双方それぞれがもともと両性的だという可能性も同じくらいある」(3-465)。

8 リュス・イリガライは、フロイトの議論をばらばらにして、次のように主張する。フロイトは女性の「能動性」を強調してはいるものの、依然として能動性は男に与えられている。フロイトは男の能動性の限界について主張しているというのに、イリガライはこの最小限の能動性を〈能動性〉そのものに変えてしまう。イリガライの議論はフロイトのテクスト全体とはまったく矛盾している。彼女の主張は次のようにまとめることができよう——フロイトよ(それも、私にとって都合のいい、批判しやすいフロイトよ)

・あなたは女からいっさいの能動性を取り上げてしまう。
・あなたは女に超能動性を与える。
・いずれにせよ、あなたに言わせると、本質的に能動的なのは男である。

9 ***Speculum*** 参照。

10 したがって、イリガライの主張とは違って、「女性性という暗黒大陸」を直視することができず、この問題に圧倒されているのは講師自身ではない。

11 ここでもまたイリガライは、フロイトが論じている概念を彼の概念だとしている。「人びとはそう言う。私、フロイトもそう言う」とイリガライは書いている。

12 「『子どもが打たれている』――性的倒錯の起源の研究への一寄与」参照。

13 **clef du mystère**(謎を解く鍵)という仏訳は不適切だ。

14 **rückständig** をリュス・イリガライは「arrierée(後ろへ)」と訳しているが、これは誤訳だと思う。

15 「オイディプス・コンプレックスの解消」参照。

16 「女の性」参照。

17 やはり「女の性」参照。「精神分析がわれわれに教えてくれるのは、ただ一つのリビドーだけを扱えばいいということであるが、リビドーは能動的目標と受動的目標(すなわち満足を得ること)をもっている。この対立、とくに受動的な目標をもったリビドーの傾向があるということのなかに、われわれの残りの問題がある」(5-153)。

18 「[私が得た新しい考えの]ひとつは、このような母親への愛着の段階はヒステリーの病因とひときわ密接な繋がりがあるのではないかという疑いである。この段階も神経症もともにきわめて女性的であることを考えれば、このことも驚くにはあたらないであろう。もうひとつは、こうした母親への依存の中に、後の女性がかかるかもしれないパラノイアの萌芽が含まれているということである。というのも、母親に殺される（食われる?）という、驚くべきだがかならずあらわれる恐怖こそが、その萌芽なのである。この不安は、しつけや身体の世話を通じて子どもに課せられるさまざまな制約の結果生まれ、子どもの中で育っていく母親に対する敵意に対応するのではないか、また、子どもの早期の心的組織によって投影のメカニズムが助長されるのではないか、と仮定しても無理はないように思われる（「女の性」5-141）。

19　「女の性」をも参照されたい。「これら［母親に向けられた口唇的・サディズム的・男根的傾向］を詳しく報告することは難しい。というのもそれらはしばしば不可解な本能的衝動であり、それが起こったときには子どもがそれを理解するのは不可能であり、後になってはじめて解釈を下される、当初のものとは明らかに違う表現形態をとって分析の中にあらわれてくるからである。［……］少女の攻撃的な口唇的・サディズム的願望は、早期の抑圧によって強制された形式、すなわち母親に殺されるという不安としてあらわれるが、この不安が今度は、もし意識された場合には、母親が死ねばいいという願望を正当化する。［……］母親に対して強い愛着を示す女性患者は［……］口をそろえてこう告白した――母親から浣腸をされたときには激しく抵抗し、恐怖と怒りの叫びで反応した、と。［……］ルース・マック・ブルンシュヴィックは［……］浣腸の後の激怒の爆発を、性器が興奮した後のオルガスムに喩えている。それにともなう不安は、掻き立てられた攻撃への欲望が転化されたものと解釈できる、と彼女はいう。私もその通りだと思う。肛門サディズム期の段階では、直腸に激しい受動的な刺激を受けると、攻撃欲望が爆発して応酬し、この欲望は直接に怒りとなってあらわれるか、または抑圧の結果、不安となってあらわれる」（5-150–151）。

20　「女の性」によれば、男の子だけでなく女の子も、母親に子どもをつくってあげたいという欲望を抱くのは、妹あるいは弟が生まれたときである。また男根期のクリトリスによるマスターベーションは母親の表象を伴う。それは性的目的をもたない表象ではあるが、それでもなお母親に対する能動的欲望の強い衝動を示している。「幼い女の子は、男の子とまったく同じように、自分が母親にこの新しい赤ん坊をつくってやったのだと信じたがり、この出来事に対する反応も赤ん坊に対する態度もまったく男の子と同じである。もちろんこのことは馬鹿げて聞こえるだろうが、それはこれがあまりに聞き慣れない響きだからにすぎない」(5-152)。

21 「男根期の受動的な衝動に関して注目すべきは、女の子はつねに母親から誘惑されたとして母親を責めることである。それは女の子が、体を洗ってもらったりトイレの世話をしてもらったときに、必然的に、最初の、あるいは少なくとも最も強い性器の興奮をおぼえたからである。[……] 私の考えでは、このように母親がやむをえず子どもを男根期へと誘うという事実のせいで、後年の幻想の中で性的誘惑者としてあらわれるのはいつでもきまって父親なのである」(「女の性」5-151)。

22 プラトン『国家』第二巻、368 d-e 参照。

23 「ペニス欠如の責任はほとんどつねに母親が負わされる。娘をまったく不十分な備えのまま世に送り出したというわけである」(「解剖学的性差」5-167)。

24 quelque chose de semblable. リュス・イリガライの用いている仏語訳では un machin comme ça となっている。ドイツ語原文は es möchte auch so etwas haben.

25 "L'Envie du pénis chez la femme," Nicholas Abraham and Maria Torok, *L'Ecorce et le noyau* (Paris, 1978)

26 「女の性」において、フロイトはカレン・ホーナイの解釈を批判している。ホーナイによれば、男性的傾向が強いのは、女性的傾向、とくに父親との女性的絆に対する防衛として機能する副次的ペニス羨望のせいである。「父親への愛着と男性コンプレックスとの間に対立があることはたしかである。それは能動性と受動性、男性性と女性性との間の一般的対立である。しかしだからといって、その一方が第一次的で、他方はその強さをもっぱら防衛にのみ仰いでいると仮定する権利はわれわれにはない。女性性への防衛がそれほど強いとしたら、子どものペニス羨望の中に最初の表現を見出し、それにちなんで名付けられるに値する男性的傾向以外のどこから、それはその強さを得ることができるだろうか」(5-155–156)。またフロイトは、女の子の男根期は真の発達段階ではなく副次的な防衛反応であるとするジョーンズの解釈にも反論している。

27 「分析の仕事において、『馬の耳に念仏』ではないかという疑念にいちばん苦しめられるのは[……]実現不可能だからペニス羨望を諦めなさいと女性を説得しようとするときである」(「終わりある分析と終わりなき分析」6-412)。フロイトはここでフェレンツィの「素朴」な要求に反駁している。フェレンツィは「女性患者はすべて、その神経症が完全に解決されたと見なされるためには、その男性コンプレックスを捨てて、怨恨をいっさい残さずに女性の役割のもつ可能性を情動的に受け入れなくてはならない」と考えた(同右)。

28 ニーチェも参照されたい。「女性にとって」*aut liberi aut libri*(『偶像の黄昏』「或る反時代的人間の遊撃」二七節)。

29 他の論文では、フェミニズムそのものもペニス羨望の「落とし子」とされる。子どもの頃からずっと「男性コンプレックス」を持ち続けたという例の女性同性愛者もその一例である。「元気のいい少女で、いつでもはねまわり、喧嘩好きで、年のほとんど違わない兄に負けていなかった。兄の性器を見てから、彼女は際立ったペニス羨望を抱くようになり、この羨望から生まれた思考が依然として彼女の頭を占めていた。彼女は実際にフェミニストだった。処女が少年と同じ自由を享受できないのは不公平だと感じていて、女性の運命全般に反抗していた」(「ある女性同性愛」11-50)。

30　マリア・トロクは「女性のペニス羨望」においてそのように説明し、さらに、女の子はどんなことをしても母親の愛を手放すまいとしてそうするのだ、と補足している。だがそうだとしたら、同じ「ペニス羨望」のせいで母親を拒絶して父親のほうに向かうという事実は、どのように説明できるのだろうか。

31　「幼児期の性理論」、および「解剖学的性差」を参照。

32　フロイトは註の中でこう説明している――これこそがアードラー理論の中核的真理である。アードラー理論は「ためらうことなく、この只の一点（「器官劣等性」「男性的抗議」「女性的流れからの離脱」）によって世界全体を説明しようとし、性愛からその重要性を奪い、代わりに権力への欲望を重要な位置につけたと自慢している。いっさいの曖昧さもなく、その名前で呼ばれるのに値する唯一の「劣等な」器官はクリトリスであろう。他方、数十年研究してきたが、去勢コンプレックスの存在を示すものは何一つ発見できなかった、と自慢する分析学者もいるそうだ。この偉業には脱帽しなければならない。ただしこの偉業は否定的な偉業であり、見落としと間違いの技術が生んだ傑作である。この二つの理論は興味深い対立を形成している。後者は去勢コンプレックスのなんの痕跡もないといい、前者は去勢コンプレックスの痕跡しかないという。

33　Cf. Sarah Kofman, "Freud et Empédocle"

34　「遠い昔の男根期の分析が私に以下のようなことを教えてくれた。すなわち女の子の場合、ペニス羨望の最初のしるしが見えた後すぐに、マスターベーションに反対する強い感情の流れがあらわれる。それは子供の世話をしている人の教育的影響だけのせいにするわけにはいかない。［……］男根期のマスターベーションに対して女の子が示すこのような反抗は、この快感を生む活動に対して彼女を激しく抵抗させるような同時発生的な要因があると仮定する以外には、説明がつかない。そのような要因はごく手近なところにある。それはペニス羨望と結びついたナルシシズム的屈辱感以外ではありえず、この点に関しては男の子とは張り合えないのだから張り合わない方がいいという戒めにちがいない。このようにして男女の解剖学的性差を認識した女の子は、男性性や男性的マスターベーションから引き離され、女性性の発達へと繋がる新たな道へと向かうのである」(「解剖学的性差」5-167–168)。

35 「少なくともクリトリスによるマスターベーションは男性的活動であり[……]クリトリスによる性愛の除去が、女性性の発達への必要条件である」(「解剖学的性差」5-167)。

36 「女の性」参照。「母親からの離反は[……]たんなる対象の変更にとどまらない。[……]この離反と手を携えて、能動的な性衝動が著しく低下し、受動的な性衝動の勃興がみられる」(5-152)。

37 ここでプラトンの『饗宴』(203b–c)を思い出さずにはいられない。そこでは、「愛(エロス)」は、ペニアとポロス、すなわち窮乏と富(=頼みの綱)との間の子であるが、とくにペニアの策略によって生まれた。ペニアはポロスが眠っている間にエロスを身ごもる。エロスはペニアにとって唯一の頼みの綱であり、自分の苦悩、困窮、アポリアから逃れるための唯一の手段である。子どもは女にとって頼みの綱である。子どもによって、窮乏の中にあり、アポリアの状態にあった死すべきペニアは不滅の生、つまりペニスを手に入れる。

38 しかし、「オイディプス・コンプレックスの解消」において、フロイトはこう書いている。「[女の子は]いわば象徴の等式に沿って、ペニスから赤ん坊へと横滑りする。女の子のオイディプス・コンプレックスは、長い間抱き続けることになる、父親から贈り物として子どもをもらいたい、つまり父親の子どもを産みたいという欲望において頂点に達する」(6-314)。

39 「男の子の場合[……]コンプレックスは[……]去勢脅威のショックによって文字通り粉々にされてしまう。[……]その対象は自我のなかに取り込まれ、それが超自我の核を形成する。超自我はオイディプス・コンプレックスの後継者となるのである」(「解剖学的性差」5-168–169)。
40 「オイディプス・コンプレックスと去勢コンプレックスとの相互関係におけるこのような差異が、社会的存在としての女性の性格を特徴づけている」(「女の性」5-144)。
41 この点について、リュス・イリガライはきわめて的確に「hommosexualité」という言葉を用いている。
42 原始的民族における処女性のタブーと文明化された民族における処女性の尊重はいずれも同じ目的をもっている。女性を服従させることによって、ペニス羨望ゆえに女性によって表象される危険から身を守ることである。
43 Cf. Sarah Kofman, *Nerval: Le Charme de la répétition* (Paris, 1979).
44 フロイトからマルタ・ベルナイス宛ての書簡。一八八三年十一月十五日付。
45 ニーチェ『権力への意志』五七七節、あるいは『悦ばしき知識』三三九節。
46 Gerard de Nerval, *Œuvres*, ed. Albert Béguin and Jean Richer, vol.2 (Paris, 1961), pp. 687–688.
47 ネルヴァルからジュール・ジャナン宛て、一八五一年十二月二十七日付 *Œuvres*, vol.1 (1960), p.1015.

訳者あとがき

今から十年前、訳者は東京の都心から近郊の鎌倉に転居した。都心では高層マンションに住んでいたが、鎌倉では木々に囲まれ、日が暮れればあたりは真っ暗という一軒家に住むことになった。引っ越して間もなくの頃のある晩、家族三人でリビングルームにいたときに、当時小学一年生だった娘が、トイレに行きたくなった。それには暗いホールを横切って、さらに長い廊下を抜けて、家の反対側まで行かなくてはならない。新しい家にまだ慣れてないこともあって、娘はもじもじしていたが、そのうちに決心がついたかのように、私に近寄って、いきなり私の股間を掴み、その手を自分の股の間にもっていって、「恐いから、パパのチンチンをつけていこう」と言い、リビングルームを出ていった。

この体験だけで、「ペニス羨望」を目の敵にするフェミニストたちを批判するつもりは毛頭ないが、この体験以来、フロイトの女性論の核心ともいうべきペニス羨望については頭を悩ましてきた。が、凡才の頭に画期的な説明が浮かぶわけもなく、いまだによくわからないことだらけである。この本を訳そうと考えたのも、日頃、この問題についてあれこれ考えてきたからである。

さて本書は、Sarah Kofman, *L'énigme de la femme: La Femme dans les textes de Freud* (Editions Galilée, 1980) の全訳である。原著の扉裏に書かれているように、本書はパリ、ジュネーヴ、バークレーで、一九七七年から七九年にかけて執筆されたようである。

邦訳に際して使用したテクストは、一九八三年に出た第二版・改訂版である。フロイトからの引用の表記、註のつけかたなどに関しては、英訳（*The Enigma of Woman* translated by Catherine Porter, Cornell University Press, 1985）のほうがすっきりしているので、そちらに従った。

フロイトの古いフランス語訳とそれを使用しているリュス・イリガライに対する批判が、コフマンが本書を執筆するひとつのきっかけであったように思われる。そのため、フロイトからの引用については、コフマン自身がドイツ語原文から翻訳しているようである（出版されているフランス語訳と対照する時間的余裕はなかった）。邦訳に際しては、『フロイト著作集』（人文書院）を参照させて頂きつつ、ドイツ語原文と英訳（いわゆる標準版）を見比べながら独自に訳出した。タイトルも、人文書院版には従わず、独自に付けた。ただし本文冒頭にしるしたように、読者の便宜を考えて、人文書院版の巻数・頁数をしるしてある。

本書の内容を一言で要約するならば、フロイトの女性論の批判的読解ということになろう。フロイトのさまざまな論文が俎上にあげられるが、まず重要なのは三つの「女性論」である。

「解剖学的性差がもたらすいくつかの心理的帰結（**Einige Psychische Folgen des Anatomischen Geschlechtsunterschieds.**）」（人文書院版では「解剖学的な性の差別の心的帰結の二、三について」）——一九二五年、国際精神分析学会のホンブルク大会で、アンナ・フロイトによって代読され、同年、「国際精神分析年報」に掲載された。フロイトの最初のまとまった「女性論」である。一九二五年というと、自伝的スケッチが書かれた年で、フロイトはすでに六十九歳だった。女性の性的・心理的発達への言及は、はるか以前からちらほらとはあるが、まとまった論考はこれが初めてである。コフマンが「フロイトの遅延」と呼ぶ所以である。

「女の性（**Über die Weibliche Sexualität.**）」（人文書院版では「女性の性愛について」）——一九三一年に「国際精神分析年報」に発表された。六年前に発表された「解剖学的性差」が精神分析学界の内外で大きな論議を呼んだため、フロイトはふたたびこのテーマを取り上げざるをえなかったのである。先行論文との比較については、コフマンが緻密に検討しているので、ここでは繰り返さないが、ごく簡単にいえば、女の子の前オイディプス期により大きな力点がおかれ、また、女性性における能動性が強調されているのが、この論文の特徴である。

「女というもの（Die Weiblichkeit.）」（人文書院版では「女性的ということ」）——一九三三年、精神分析出版社（「フェルラーク」）より『続・精神分析入門』（の五番目の章（第三三講））として出版された。『精神分析入門』は、第一次世界大戦中にウィーン大学で二学年にわたって講義されたものであるが（一年目は講義の後でその内容が書き留められ、二年目は先に原稿が作られて、それが講義で読まれた）、『続・精神分析入門』は実際に講義されたものではなく、精神分析出版社の財政危機を救うために、『精神分析入門』に合わせて講義調で書かれたものである。その内容の一部は、「夢理論の修正」のように、正編で述べたことへの補遺であるが、この「女というもの」は、正編ではまったく扱われなかったテーマについて論じており、右の二つの論文の延長上に位置づけられる。

これ以前の著作に、女性の発達への言及がまったくないわけではない。これについても、コフマンが丹念に跡づけているが、標準版フロイト全集の解説が明快に要約しているので、ここではそれに沿って、ごく簡単に振り返ってみよう。

まずフロイトは『性欲論三篇』（一九〇五）、「幼児期の性理論」（一九〇八）などにおいて、

「男の子の発達過程はよくわかるが、女の子の場合はよくわからない」と告白している。そして、よくわからないために、「男の子の場合と同様であろう」という推測がなされる（『夢判断』、『精神分析入門』第二十一講、『自我の分析と集団心理学』、『自我とエス』など）。だが一方、「解剖学的性差」でまとめて述べられていることは、それよりはるか以前に、断片的ながら、すでに指摘されている。『性欲論三篇』では、女の子の支配的な性器はクリトリスであり、したがって女の子の性欲は男性的特徴をもっているが、思春期にそれが抑圧されて、クリトリスは膣に、男性性は女性性に取って代わられる、と述べられているし、「幼児期の性理論」では、その過程がペニス羨望と去勢不安に結びつけられており、「いくつかの性格類型」（一九一六）では、女の子のナルシシズムが傷つくことによって母親への反感が生じると指摘されている。

その一方で、フロイトは最後まで、女は「暗黒大陸」であり、「謎」であると告白している。

フェミニストたちはフロイトの「男性中心主義」「女性差別」を批判してきた（本書の冒頭に書かれているように、フロイト自身がそう予測していた）。ごく大雑把にいえば、フェミニズム運動の初期には、そうした主張が精神分析の全面的否定へと向かう傾向があったが、じきにフェミニストたちは「フロイトの再利用」の必要性を痛感するようになった。すなわち、女性＝自分とは何か、女性はいかにして作られるのか、という問題に取り組む際に、多くのフェミニストたちは精神分析を使わざるを得ないという結論に達したのである。

コフマンは、イリガライとはちがって、自分をフェミニストと規定していないし、実際、いわゆるフェミニスト運動にはまったく関わっていなかった。しかし客観的にみれば、彼女の思考は広い意味でのフェミニズムに属していることは明らかである。フロイトの女性論を検討するに当たっての彼女の姿勢は、次の文章（第一部の註3）に言い尽くされていると思われる。「ドイツ語原文に戻るということは、べつに何が何でもフロイトを救おうとすることではない（私にだってイリガライ同様、フロイトを救おうなどという気持ちはこれっぽっちもない）。そうではなく、他人が捏造した文章ではなく、その人自身の文章に基づいてその人を批判するという、最低限の知的誠実さを示すということである」。この文章の行間からは、自分のほうがイリガライよりもドイツ語に堪能で、きちんとフロイトを読んでいるという自信が感じられる。

コフマンの著作には、直接にフロイトを扱ったものがいくつかあるが、そのうち次の二冊がすでに邦訳されている。本書は三冊目となるわけである。

『芸術の幼年期』（赤羽研三訳、水声社、一九九四）（*L'enfance de l'art: Une interprétation de*

l'esthétique freudienne, Editions Galilée, 1985）
『人はなぜ笑うのか?』（港道隆他訳、人文書院、一九九八）（*Pourquoi rit-on?*, Editions Galilée, 1986）

　これらの著作に共通しているのは、哲学者という立場からフロイトのテクスト（それもドイツ語原文）を緻密に読み込み、「フロイト自身がわれわれに教えてくれた解読方法にしたがって、彼の言説の中で彼が言っていることと彼が実際に行っていることとを見分けながら彼のテクストを読む」（『芸術の幼年期』）という姿勢である。これはじつはかなり込み入った複雑な方法論である。

　ペニロピ・ドイッチャーは「複雑な忠誠／コフマンのフロイト（『芸術の幼年期』と『女の謎』を読む）」（ペネロピ・ドイッチャー、ケリー・オリヴァー編『謎／サラ・コフマン論集』、コーネル大学出版局、一九九九）の冒頭に、一九八六年におこなわれたコフマンへのインタビューを引用している。「私は［ホフマンの］牡猫ムルみたいなもので、私の自伝は、さまざまな作家からの引用を集めたものにすぎません。……この『私自身』というのは幻想ではないでしょうか。私の著作一覧から浮かび上がってくるもの以外に自伝がありうると考えるのは幻想ではありませんか」。こう言いつつ、コフマンは『オルドゥネ街、ラバ街』という自伝を出版しているのだが、それはともかく、ドイッチャーはこの「私の否定」を踏まえて、コフマンの「模倣的方法論」について述べている。

右と同じインタビューのなかでコフマン自身が自分の仕事について「模倣的方法論」という言葉を用いており、自分はニーチェ、フロイト、デリダに同一化するのだと述べている。たしかに、ルソー、コントといった哲学者たちについて論じるとき、コフマンはオイディプス・コンプレックス、去勢不安といった概念を武器として用いる。さらにはフロイト自身に対しても精神分析を適用する。その意味で、コフマンはきわめて忠実なフロイディアンなのだが、これは外見ほど単純ではない。ドイッチャーが指摘するように、この「忠誠」はかなり複雑なのである。

本書でも、コフマンはフロイトの女性論について論じるにあたり、「回り道」をする。すなわちフロイト自身の夢を取り上げて、フロイト自身の去勢不安を暴き出し、ペニス羨望がフロイトのフェティッシュであったことを踏まえたうえで、女性について論じたテクストに向かうのである。そしてそのテクスト読解も、「複雑な忠誠」のために、フロイトに忠実に従いながら、同時にその「虚偽」を暴いていくという姿勢が貫かれているために、フロイトを無批判に支持しているわけでも、単純に批判しているわけでもない、という一筋縄ではいかない論のすすめ方になっている。訳者の非力もさることながら、本書の「読みにくさ」はそのあたりに由来する。

サラ・コフマンは一九三四年に生まれ、一九九四年に亡くなった（自死だそうである）。長いこと、パリ第一大学の哲学の教授をつとめていた。彼女の生涯とその思想、とくにニーチェ、フロイト、デリダとの関係について詳しくは、港道隆氏によるインタビュー「この女を見よ——あるいは人はいかにして哲学者‐女性となるか」（神山すみ江訳、『現代思想』一九九一年一一、一二月号）を参照されたい。コフマンの著作すべてをお知りになりたい方には、右に挙げた英語のコフマン論集の巻末に詳細な著作一覧がある。

邦訳に際していちばん頭を悩ましたのは、コフマンの原文をできるだけ忠実に日本語にすべきか、それとも言葉を補って解説的に訳すか、ということだった。前者の姿勢を貫くことが翻訳者としての誠意だとは思ったが、コフマンの省略的な文章は、接続詞を補わないとわかりにくい文章の典型であり、引用以外の地の文章に「私」が用いられている場合、それはほとんどの場合、著者ではなく、フロイトであったり、ジラールであったりする。「フロイトに言わせれば」とか「ジラールの論理に従えば」という一言を補えばよくわかる、という箇所が少なからずあるのだ。それは先に触れたコフマンの方法論のせいである。しかし、その原文をいったん解体し、解説的に再構成していくと、もはや翻訳の領域から逸脱してしまう。そこで、最低限の言葉を補うという妥協的な解決策をとることにした。また、『夢分析』に挙げられたフロイトのさまざまな夢への言及も、該当部分を付記した方が読者には便利だとは思ったが、それをするとなると、それぞれの夢に関して、『夢分析』の該当部分を数ページずつ訳出しなければならないので、これも断念せざるをえなかった。フロイトの著作をかたわらにおいて読んで下さい、というのが訳者から読者へのお願いである。

二〇〇〇年六月

訳者識

著者紹介

サラ・コフマン（Sarah Kofman）

1934年フランスでユダヤ人の両親のもとに生まれる。父はアウシュヴィッツに送られた。1960年、哲学の教授資格取得。高校の哲学教師を経て、1970年よりパリ大学（ソルボンヌ）の哲学教授。アメリカ各地の大学の客員教授もつとめる。1994年に死去。著書は27冊あり、フロイト（6冊）、ニーチェ（5冊）をはじめプラトン、コント、ルソー、ネルヴァル、マルクスを論じる。『ニーチェとメタファー』（宇田川博訳、朝日出版社）、『芸術の幼年期』（赤羽研三訳、水声社）、『人はなぜ笑うのか？』（港道隆他訳、人文書院）が邦訳されている。

訳者略歴

鈴木　晶（すずき　しょう）

1952年東京生まれ。東京大学文学部露文学科卒業、同大学院人文科学研究科博士課程満期退学。現在、法政大学国際文化学部教授。専攻は文学批評、精神分析学、舞踊史。著書に『フロイト以後』（講談社現代新書）、『グリム童話／メルヘンの深層』（同）、『フロイト／精神の考古学者』（河出書房新社）、『フロイトからユングへ』（ＮＨＫ出版）、『「精神分析入門」を読む』（同）他。訳書にフロム『愛するということ』（紀伊國屋書店）、ストー『フロイト』（講談社選書メチエ）、スティーヴンズ『ユング』（同）、ジジェク『斜めから見る』（青土社）ほか多数。

女の謎――フロイトの女性論

2000年7月15日　第1刷発行

著　者　サラ・コフマン
訳　者　鈴木　晶
発行者　佐伯　治
発行所　株式会社せりか書房
　　　　東京都千代田区猿楽町2-2-5　興新ビル
　　　　電話 03-3291-4676　振替 00150-6-143601
印　刷　信毎書籍印刷株式会社
装　幀　工藤強勝

ISBN4-7967-0227-X
